無法者が塗り替える中東地図

宮田律

毎日新聞出版

無法者が塗り替える中東地図

装丁・デザイン　前橋隆道
本文DTP　川端光明
カバー写真　ロイター
化粧扉写真　アフロ
本文写真提供　著者

はじめに——中東の戦争に前のめりになるトランプ政権

一九七九年二月の革命で親米的なシャー（国王）体制が打倒されると、イランでは一九五三年にCIA（アメリカ中央情報局）の策動で民主的に選ばれたモサッデク政権をクーデターで打倒し、大量に、また無秩序に兵器を売却するなど王政を支えていたアメリカに対する敵対的な感情が沸騰した。多くのイラン国民は、王政の弾圧にもアメリカのCIAが協力していると考えていたが、実際CIAは王政の秘密警察であるSAVAKの創設にも手を貸した。イランの王政は「ペルシア湾岸の警察」を自任するなど冷戦時代のアメリカの中東秩序づくりに貢献していたが、強力な同盟国を失ったアメリカは、湾岸地域におけるパートナーを変更せざるを得なくなり、イランと敵対するイラクのサダム・フセイン政権に接近していった。サダム・フセインは現在のサウジアラビアのように、イランの宗教体制を打倒することを目指していた。

一九八〇年にイラクがイランに侵攻すると、現在イエメンを空爆するサウジアラビアに対して行っているのと同様に、アメリカはイラクに軍事目標に関する情報や武器を供給するなど、イラクを支援していった。アメリカはイラクが最前線で化学兵器を使用していることも黙認した。イラン・イラク戦争ではおよそ五〇万人のイラン人が犠牲になった。

また、一九九〇年八月にサダム・フセインのイラクがクウェートに侵攻すると、サダム・フセインは欧米諸国から「第二のヒトラー」と見なされ、一九九一年の第一次湾岸戦争で軍事的にクウェートから撤退させた。さらに、二〇〇三年にイラク戦争（＝第二次湾岸戦争）でサダム・フセイン政権を打倒し、イラクでシーア派の政治家主導の新体制をつくったものの、アメリカが嫌うイランの影響力がイラクに浸透することになった。サダム・フセインは、スンニ派の人物であったが、アメリカはスンニ派を排除して、シーア派を重用していったが、こうした図式的な分断統治がその後のイラクの混乱を招くことになった。

現在、トランプ政権のイランに対する敵対的姿勢によって第三次湾岸戦争が勃発する可能性があり、アメリカ、イスラエル、サウジアラビアの同盟にとってイランがその敵となっている。二〇〇三年のイラク戦争開始時と同じように、アメリカのトランプ大統領は、ボルトン国家安全保障担当大統領補佐官、ポンペオ国務長官などイランに対して敵対的で、好戦的な閣僚を周囲に配置している。イラン核合意からトランプ政権が離脱したことはアメリカとイランの対立を高め、第三次湾岸戦争の予兆として感じ取られるものであった。言うまでもなく、アフガニスタン・イラク戦争など同時多発テロが発生してからのアメリカの広域中東圏に対する関与を勘案すると、対イラン戦争が良好な結果をもたらすとはとうてい考えられない。

アメリカのイラク戦争などへの軍事介入は、ＩＳなどの冷酷で過激な武装集団の台頭をもたらし、アメリカはその制圧にさらなる莫大な資源を用いざるを得なかった。アメリカがイランを攻撃すれば、さらなる混乱と流血をもたらすことになることは明らかだが、トランプ政権はすでにサウジアラビアに特殊部隊を送り、イエメンとの戦争を支援している。

第三次湾岸戦争となれば、一方でイラン、レバノンのヒズボラ、シリア・アサド政権、イラクやイエメンのシーア派組織と、アメリカ、イスラエル、サウジアラビア、ＵＡＥ（アラブ首長国連邦）との戦いになる。戦争が始まれば、「イラン同盟」の側にロシアが武器提供を行う可能性がある。ロシアは、イランに近代的な兵器を供給してきたが、イランはそうした武器をアサド政権やレバノンのヒズボラに提供している。緊張が高まれば高まるほど両勢力の間で軍拡競争や軍事的威嚇《いかく》が激しくなることは明らかだし、イランの軍隊にはサウジアラビアやUAEとは異なって実戦の経験もある。アメリカやイスラエル、サウジアラビア、UAEは地上戦ではなく、空爆やミサイルなどでイランの軍事施設に対する攻撃を繰り返すだろうが、それを想定してイランは市街地にも軍事施設を移動させることだろう。市街地が軍事目標になれば、少なからぬ市民の犠牲が出ることは間違いなく、現にサウジアラビアやUAEはイエメンの首都サナアへの空爆を執拗《しつよう》に行い、婦女子など多数の市民の犠牲が出ている。

戦争の形態はイラン・イラク戦争の再現となり、双方とも石油施設や市街地への空爆やミサイル攻撃を行うことになるだろう。世界有数の産油国であるサウジアラビア、UAE、イランの石油施設が破壊されることになれば、日本を含めて世界の石油事情に重大な否定的影響を及ぼすことは明白であり、また戦争が長期化すればするほど、世界経済を深刻な混乱に陥れるだろう。

イラク戦争はアメリカの思惑通りに進行せずに、アメリカは完全撤退まで九年近くを要し、さらにISの台頭とともに再派兵を余儀なくされた。戦争を意図するアメリカ、イスラエル、サウジアラビアの思惑やプラン通りには進行しないだろうし、またこれらの国にはかりに戦争に勝利したとしても、イランの将来像に関する具体的ビジョンがなく、イラン政治の主導権をめぐって各勢力が対立や衝突を繰り返すなどイラン国内は混乱し、イラン革命後のように中央政府の権威が地方に浸透せずに、イラン各地で少数民族の反政府運動などの暴力的現象が見られることだろう。

いずれにせよ、トランプ大統領の核合意からの離脱によって、中東情勢はより不透明になり、紛争の危機に近づき、シリアにおいてイスラエル軍はイランの軍事関連の施設を攻撃するようになった。イスラエルの主張では、イランはシリアでアサド政権を支援する軍事施設を築き、またレバノンのヒズボラに武器を移転している。五月一〇日に、イスラエルの戦闘機は、シリアのイラン軍事関連施設を空爆したことがイスラエル軍によって公表された。イスラエル軍の主張では、イスラエルがシリアから占領するゴラン高原に、シリアからイラン軍兵士が放ったロケット弾が着弾したという。イスラエル軍の攻撃は、イランがイラク、シリア、レバノンに影響力を拡大するにつれて、継続していくに違いない。

さらに、ペルシア湾でイランと米軍の艦船が衝突する可能性もある。米軍は、バーレーンに海軍基地をもち、狭いホルムズ海峡の海域では、両国の軍艦がニアミスを繰り返す可能性が高い。

ささいな軍事的衝突が、大規模で本格的な戦闘に至る可能性は高い。イラン・イラク戦争、湾岸戦争は石油というファクターが重要であり、サウジアラビアはアメリカへの主要な石油輸出国で、サウジアラビアからホルムズ海峡を通ってアメリカに輸出される石油は、アメリカ経済にとっても不可欠であった。一九八〇年一月の「カーター・ドクトリン」によって、アメリカはサウジアラビアや他の湾岸産油国の輸出が滞るようだと武力を行使することもいとわないことを明らかにする。

レーガン大統領は、一九八〇年代のイラン・イラク戦争中にカーター・ドクトリンを最初に実際に行使し、サウジアラビアやクウェートのタンカーに星条旗を掲げさせ、米海軍の艦船に防御させた。石油をめぐる地政学は、一九九一年の湾岸戦争でも顕著に見られた。一九九〇年八月にサダム・フセインがクウェートを侵攻すると、ジョージ・H・W・ブッシュ大統領は、アメリカがこの地域に石油輸入の半分を依存し、アメリカ経済に重大な脅威となると訴えて、サウジアラビアに米軍を派遣した。サウジアラビアの主権を擁護することは、アメリカにとっても欠くことができない利益だと述べた。

さらに、二〇〇三年のイラク戦争を前にしてチェイニー副大統領は、サダム・フセインがペルシア湾の石油輸送にとって重大な脅威であることを強調した。今の「イラン脅威」の強調と同様の訴えである。さらに、イラクの国営石油会社をアメリカのスタンダードを基準に民営化し、アメリカの石油企業が経営することを唱えたが、トランプ大統領は二〇一六年の大統領選挙のキャンペーン中にも、同様に「我々はイラクの石油を維持すべきであった」と語っていた。

現在、ペルシア湾岸ではサウジアラビアとイランが対立しているが、トランプ大統領は、イランに対する嫌悪を明らかにし、イスラエルのネタニヤフ首相もイランに対するパラノイア的ともいえる強迫観念から、本来は相容《い》れない異教のイスラムの盟主を自任するサウジアラビアに加勢し、「サウジアラビア・アメリカ・イスラエル」枢軸が実質的に成立している。

アメリカでは、シェール・エネルギーが採掘されるようになったことで、石油の海外依存が劇的に減りつつある。ＢＰ（イギリスの石油メジャー）によれば、二〇〇一年にはアメリカの海外からの石油輸入は、全体の消費の六一％であったのに、二〇一六年には三七％に減った。しかし、アメリカは中東イスラム地域の戦争に二〇年近くも関与し続けている。中東イスラム地域はアメリカの重要な武器市場であるし、また同盟国イスラエルの存立にアメリカは強く関わっている。

アメリカの対テロ戦争の一環として行われたアフガニスタン、イラクでの戦争は皮肉にもアメリカが嫌うイランの影響力を高めることになった。アフガニスタンのタリバンは、一九九八年にアフガニスタン北西部の都市マザリシャリフでイラン人外交官八人を殺害するなど、イランと険悪な関係にあった。サダム・フセインのイラクは一九八〇年代に八年間にわたってイランと戦争するなど、イランにとって深刻な脅威となっていた。タリバン政権、フセイン政権をアメリカが戦争で打倒したことはイランにとって好都合なことで、特に、イラクでは、親イラン勢力がフセイン政権崩壊後に影響力を高めていくことになった。ＩＳ掃討作戦に貢献したイラクの民兵組織は、その一部がイランの革命防衛隊とともに戦った。

シリアでは、イランはロシアのプーチン政権と連携し、アメリカが打倒しようとしたアサド政権を支えている。レバノンの親イラン勢力のヒズボラは、アサド政権を支援するために、その民兵たちをシリアに送り込むようになった。また、サウジアラビアはイランがイエメンのホーシー派に武器やミサイルを供与していると信じ込んでいる。サウジアラビアは、イラクやシリアでシーア派と敵対するスンニ派武装勢力に、アルカイダと関連があっても、武器・弾薬を提供してきた。二〇一五年にサウジアラビアは、スンニ派のアラブ諸国と同盟して、シーア派のホーシー派の壊滅に着手するようになり、大規模な空爆で市民の多数の犠牲者を出し、またイエメンを陸海空から封鎖して大規模な飢餓や、医薬品の不足などからコレラなど疾病をもたらした。サウジアラビア主導の空爆では、市場、学校、また結婚式場が標的となり、二〇一八年七月現在で一万人以上の犠牲者が出ている。

オバマ政権は、イラン核合意でイランを国際社会に取り込み、中東イスラム世界の対立関係を和らげようとしたが、サウジアラビアやイスラエルからの支持を得られることはなかった。他方で、オバマ政権は、サウジアラビアのイエメン空爆に対して空中給油を行ったり、大量の兵器や標的に関する情報を提供したりしてイランをめぐってサウジアラビアとの摩擦を防ごうとした。

ＩＡＥＡ（国際原子力機関）は二〇一八年四月末にも、イランが核合意を順守しているという見解を出しているものの、トランプ大統領は核合意からの離脱を発表した。トランプ政権がイランとの核合意をくつがえした背景には、イランを極度に警戒するイスラエルのネタニヤフ政権の意向がある。ネタニヤフ首相はシリア国内におけるイランの革命防衛隊の活動を強調するが、シリアのアサド政権とともに戦うイランの将兵は人数的にはイスラエルを攻撃するほどの規模ではまったくなく、戦闘要員の多くがイランに逃れたアフガン難民たちだ。

アメリカがイスラエルの核兵器を問題視せず、イスラエルをNPT（核拡散防止条約）にも加盟させることがない「二重基準」が、北朝鮮のアメリカに対する不信となり、北朝鮮が核兵器を開発してきた一要因になった。アメリカやイスラエルの身勝手な「論理」が「核兵器と共存できない」精神を台なしにしてきた。二〇一八年六月にトランプ大統領と金正恩《キム・ジョンウン》・北朝鮮労働党委員長の間で米朝首脳会談が行われた後も北朝鮮の核やミサイル開発の継続が伝えられるのも、トランプ大統領への不信を背景にするものであろう。

トランプ大統領は、二〇一七年五月にサウジアラビアのリヤドを訪問した際にアラブ諸国の首脳たちを集めて、イランがレバノン、イラク、イエメンのテロリストたちに資金や武器を与え、テロリストたちを訓練していると述べ、イランが大量殺人を口にし、イスラエルの破壊を唱え、アメリカに死を、と訴えていることを強調してみせた。

イスラエルのネタニヤフ首相も、イランがイスラエルの安全保障にとって脅威になっていることをずっと訴え、イランへの攻撃の可能性について言及してきた人物だ。オバマ政権時代、ネタニヤフ首相は、イランの核合意に激しく反対し、二〇一五年三月にはアメリカ議会でもイランの脅威が深刻であると主張した。ネタニヤフ首相は、「イランに支援されてシリアのアサド政権は国民を虐殺し、イランに支援されてシーア派の武装組織はイラク北部で大暴れし、イランに支援されてイエメンのホーシー派は、イエメンをコントロールして、紅海の入り口の海峡（バーブ・エル・マンデブ海峡）に脅威を与えている」と述べた。

トランプ大統領やネタニヤフ首相は、中東でもう一つの戦争を起こしてイランを攻撃することを構想し、地域全体を破壊に導き、テロ組織を増殖しようとしている。ロシアや中国はイランを支えているので、イスラエルやアメリカのイラン攻撃は世界的規模の大災厄となるに違いない。アメリカのトランプ政権はネタニヤフ政権への支持を鮮明にし、国際法や国際合意を無視してアメリカ大使館をテルアビブから、ユダヤ・イスラム・キリスト教という三大一神教の聖地があるエルサレムに移転させた。国際秩序を考慮しないトランプ政権の中東外交が、この地域に重大な不安定や紛争をもたらしかねない。パレスチナではイスラエルとガザの境界でトランプ政権による大使館移転の措置に抗議したり、パレスチナ難民たちが故地のあるイスラエル領内に帰還する権利を求めたりして、二〇一八年三月末から抗議活動を行い、それにイスラエル軍が銃撃で応え、八月上旬までにおよそ一七〇人の犠牲者が出る事態となっている。

かりにイスラエルがイランと戦争という事態になれば、ガザのハマスやレバノンのヒズボラなど反イスラエル勢力もイスラエルにロケットやミサイルを撃ち込み、イランやサウジアラビアが位置するペルシア湾岸地域だけでなく、イスラエルやレバノン、シリアなど東地中海地域にも戦火が拡大していく可能性がある。

トランプ政権は不条理にもイラン核合意から離脱してイランとの対決姿勢を強め、イスラエル・ネタニヤフ政権とともに、エルサレムに大使館を移転するなどパレスチナ人の民族的権利を奪い、さらにイエメンを空爆するサウジアラビアに大量の武器を供与し、人道上の危機をもたらしている。アメリカ・イスラエルに対して中東イスラム世界の反発はいっそう強まり、テロも世界規模で広がる可能性もある。国際法を破るトランプ政権の無法ぶりと、トランプ政権の誕生によってさらに混迷が深まりそうな中東地域の現状、また日本はこの奇行の大統領の政策にいかに向き合っていくかを本書では考えてみたい。

二〇一八年八月

宮田　律

無法者が塗り替える中東地図◎目次

第四章 トランプの無責任な「対テロ戦争」

第五章　アメリカ・イランの対立は軍事衝突を呼ぶ？

第六章　国際社会の反発――テロ・難民・環境・人権問題

第七章 日本経済への重大懸念と外交役割――225

中東地図

TURKEY
Ankara
Istanbul
Bursa
Izmir
Konya
Antalya
Adana
Kayseri
Samsun
Trabzon
Diyarbakir
Gaziantep
GREECE
Athens
Aegean Sea
Crete
CYPRUS
Nicosia
SYRIA
Aleppo
Latakia
Hims
Damascus
LEBANON
Beirut
ISRAEL
Haifa
Jerusalem
JORDAN
Amman
Aqabah
Mediterranean Sea
EGYPT
Cairo
Alexandria
Port Said
Suez
Asyut
Luxor
Aswan
WESTERN DESERT
NUBIAN DESERT
SUDAN
Khartoum
Omdurman
Port Sudan
ERITREA
Asmara
Massawa
Red Sea
SAUDI ARABIA
Riyadh
Medina
Mecca
Jiddah
Tabuk
Buraydah
Abha
RUB AL KHALI
IRAQ
Baghdad
Mosul
Kirkuk
Arbil
Al Basrah
An Nasiriyah
Kuwait
IRAN
Tehran
Tabriz
Rasht
Qom
Esfahan
Shiraz
Kerman
Mashhad
Zahedan
Ahvaz
Abadan
Bushehr
DASHT-E LUT
ZAGROS MOUNTAINS
Persian Gulf
Manama
BAHRAIN
QATAR
Doha
UNITED ARAB EMIRATES
Abu Dhabi
Dubai
OMAN
Muscat
Salalah
YEMEN
Sanaa
Aden
Al Mukalla
Gulf of Aden
Arabian Sea
GEORGIA
Tbilisi
ARMENIA
Yerevan
AZERBAIJAN
Baku
Caspian Sea
TURKMENISTAN
Ashgabat
AFG.
PAK.

第一章

アメリカ大使館「エルサレム移転」が意味する血の犠牲

トランプ政権は二〇一八年五月一四日、イスラエルの建国七〇周年の記念日に駐イスラエルのアメリカ大使館をエルサレムに移転した。当初の公約より一年前倒しにしたことは、一一月の中間選挙をトランプ大統領が意識したもので、建国記念日の開設はアメリカ・イスラエル関係にとって象徴的な意味をもっていた。イスラエル国家を認めた国連総会決議、さらにはそれに続いて成立した数々の国連決議や国際法は、エルサレムをイスラエルの首都と認めていない。

アメリカは一九九五年一一月に「エルサレム大使館法」でエルサレムに大使館を移転することを決定したが、大統領選挙で大使館移転を公約していたクリントン大統領、またジョージ・W・ブッシュ大統領も、中東イスラム地域に混乱をもたらすことを懸念して実行することはなかった。トランプ政権が国際世論を無視してエルサレムの大使館を移設した当日、イスラエルとガザ境界ではパレスチナ人による大規模な抗議デモが展開されるなど、中東情勢に否定的な影響を即座に及ぼした。

トランプ大統領はアメリカ国内の親イスラエル・ロビーやキリスト教福音派など、彼の支持基盤となった勢力の意向に応えたものの、中東イスラム世界の反米感情をさらに助長し、この地域の将来の紛争やテロ要因までも形成することになったことは間違いない。国際協調から逸脱した、国際法に照らして不合理な大使館移転によって不透明になった中東情勢を見渡すことにする。

国際社会はアメリカ・イスラエルを強く非難する

アメリカ・トランプ政権のジャレッド・クシュナー大統領上級顧問は、二〇一八年五月一四日、アメリカ大使館のエルサレムへの移転式典で「アメリカの大使館をエルサレムに移転することによってアメリカが信頼されうる国であることを世界に示すことができた。アメリカは常に友邦や同盟国とともにあり、アメリカは正義を行う国であることを世界に示したのだ」と述べた。

この発言は、アメリカが信頼される国ということをイスラエルの右翼タカ派政権に示したということならば理解できる。抗議行動の中で五月一四日、六〇人近くのパレスチナ人が死亡したが、犠牲者のすべてがイスラエルの境界の外（ガザの境界内）で実弾、あるいは催涙弾で撃たれたり、催涙ガスの犠牲になったりしている。一般市民のデモに向けたイスラエル軍の発砲に正当性がなく、過剰なものであることは言うまでもなかった。二〇一四年夏のガザ攻撃以来の犠牲者の多さだが、犠牲者の中には一六歳以下の子どもも八人が含まれ、生後八か月の赤ん坊まで催涙ガスを大量に吸って亡くなった。

イスラエル軍の発砲についてアイルランドとベルギー政府はイスラエル大使を呼びつけてガザで犠牲者が出たことに対して正式に抗議した。国連安保理の常任理事国のロシアと中国は重大な関心をもっていることを表明し、国連人権高等弁務官事務所（ＯＨＣＨＲ）のルパート・コルビル報道官は、ハマスだから発砲も許可されるということではまったくないと語った。ＷＨＯ（世界保健機関）は、イスラエルの封鎖によって劣悪な状態になったガザの医療機関では多くの負傷者の治療が手に負えない状態になっていると懸念を表明している。フランスのマクロン大統領もイスラエル軍の発砲を非難し、またヨルダンのアブドラ国王もアメリカ大使館の移転に抗議の意思を公式に表した。

一九八〇年八月二〇日に成立した国連安保理決議四七八号では、エルサレムをイスラエルの統一された首都とする「エルサレム基本法」（同年七月三〇日成立）を、武力によって領土を得ることは容認できないと否定した。また、決議は「エルサレム基本法」が国際法に違反し、一九四九年八月の文民の保護を定めた戦時国際法に違反すると主張した。さらに、決議はエルサレム基本法が無効であることを強調し、包括的で、正当な、また永続する中東和平の達成にとって重大な障害となり、エルサレム基本法は断じて認められるものではなく、国連加盟国はこの決議を受け入れ、エルサレムにおいて外交活動を行っている国は、その活動を停止しなければならないとして、実質的にエルサレムにおける外交活動を禁じた。つまり大使館をエルサレムに移転し外交活動を行うことを、この安保理決議四七八号は禁じているのである。

オサマ・ビンラディンの怒りをもたらしたエルサレム問題

アメリカ大使館のエルサレム移転は、パレスチナをはじめイスラム世界からの強い反発を招くことは必至で、パレスチナの混乱や反米テロの一要因となっていくことだろう。

アルカイダのオサマ・ビンラディンは、一九九六年八月にアメリカ政府はイスラエルを支援するその姿勢によって、著しく不正で、おぞましく、また犯罪的である、と述べた。イスラエルによるパレスチナの占領、また湾岸戦争後数万人の死者を出したともいわれるイラクに対する経済制裁、一九九六年にレバノン南部のカナでイスラエル軍が国連の難民キャンプで生活する一般市民を砲撃し、多くの犠牲者を出した事件などムスリムを死に至らしめたアメリカとイスラエルの「蛮行」を強く非難した。

三大一神教の聖地エルサレムがイスラエルの占領下に置かれる契機となったのは、第一次世界大戦においてイギリスがエルサレムをオスマン帝国から占領したことによってであった。イギリスは一九一七年一二月九日にエルサレムの占領を完了した。

イギリスは一九一七年のアラス（フランス北部）の戦いで一六万人近くの死傷者、メセン（ベルギー・フ

エルサレム・岩のドーム（イスラムの聖地）

ランドル）の戦いで三万人近い死者・行方不明者、カンブレー（フランス・ノール県）の戦いで四万五〇〇〇人余りの犠牲者を出し、本国も食糧不足に見舞われていた。

イギリスは、ダーダネルス海峡のガリポリ半島の戦いに失敗し、サロニカ（ギリシア）の戦線では行き詰まっていた。しかし、ロイド・ジョージ首相は、聖書の伝統と十字軍の歴史があるエルサレムを奪取すれば、イギリスは国家としての面目を保つことができ、オスマン帝国の威信を低下させることが可能だと考えた。アーチボールド・マレー中将率いるイギリス・エジプト遠征軍は一九一七年一月九日にパレスチナに入ったが、ガザでオスマン帝国軍の激しい抵抗に遭った。ガザへの二度の攻撃に失敗したところで、ロイド・ジョージ首相はマレー将軍に代えてエドモンド・アレンビー将軍にパレスチナ攻撃の指揮をとらせ、クリスマスまでにエルサレムを占領するように命じた。イギリス軍の優勢な攻撃を受けてオスマン帝国軍は勝利する見込みがないと判断し、エルサレムを放棄、一二月一一日にアレンビー将軍がエルサレムに入城し、十字軍以来七〇〇年近いイスラム統治は終わった。

アレンビー将軍はエルサレム入城に際して「われわれ十字軍の戦いは終わった」と述べ、ロイド・ジョージ首相はイギリス国民に対するクリスマス・プレゼントとなったとエルサレム占領を称賛した。エルサレムをはじめとするパレスチナは「十字軍」の名の下にイギリスによる植民地化が始められていった。また一九一七年のイギリス軍のエルサレム占領は、ユダヤ人の民族郷土を建設することを約束した「バルフォア宣言」を可能にするものだった。シオニズムはバルフォア外相のような反セム主義者にとってもヨーロッパからユダヤ人を追い出すのに都合がよい構想であった。

アレンビー将軍がエルサレムに入城した一九一七年一二月一一日よりパレスチナ人は、ユダヤ人の「民族郷土」を建設しようとするイギリスおよびユダヤ人と対立していくようになったが、パレスチナを委任統治していたイギリスは、パレスチナをユダヤ人とアラブ人との間で分割したり、ユダヤ人の移民を制限したりすることなどを提案したが、ユダヤ人とアラブ人の対立を調停することに成功しなかった。他方、一九三三年にドイツで成立したナチス政権はユダヤ人への迫害や排除をいっそう強化していったが、この人種政策は絶滅収容所などでの六〇〇万人にも及ぶとされる大虐殺（＝ホロコースト）に帰結した。

第二次世界大戦が終わり、ナチスのホロコーストの実態が明らかになると、欧米諸国にはユダヤ人に対する同情が生まれ、ユダヤ人国家創設を支持する傾向が強く生まれた。しかし、パレスチナのアラブ人の側からすれば、ホロコーストの大虐殺は、ヨーロッパ・キリスト教世界がもたらした悲劇であり、その贖罪をどうして先住のアラブ人の犠牲の上に行わなければならないのかという強い反発や不満が生まれた。一九四七年一一月に成立した国連総会決議一八一号は、パレスチナをイスラエルとアラブの二国家に分割し、人口比では三分の一に過ぎなかったユダヤ人に五六・五％の土地を与えるという内容だったが、一九四八年五月一四日、イギリスが委任統治を終了すると、イスラエルが独立を宣言した。これとともに、周辺のアラブ諸国はアラブ同胞を救うという大義からイスラエルへの攻撃を開始した。

これが第一次中東戦争であったが、アラブ諸国は結束力に欠き、またアラブ最大の人口を抱えるエジプトは、道楽者のファルーク国王の軍隊が有効に戦うことができなかった。イスラエル軍は武器・装備、士気の点でアラブ諸国を上回り、戦争はイスラエルの勝利に終わり、イスラエルは分割決議より広いパレスチナの領域の七五％を手にすることになった。他方、この戦争で八〇万人のパレスチナ人が故地から追われ、難民として流出することになったが、イスラエルは現在に至るまでイスラエル領から難民として流出したパレスチナ人たちの帰還を認めていない。

エジプトのナセル大統領（一九一八〜七〇年）が主導したアラブ・ナショナリズムは、アラブ世界の統一、発展、栄光を考えるものであったが、この考えに基づいて一九五八年にエジプトとシリアの合邦も行われた（一九六一年に解消）。このナショナリズムに刺激を受けてパレスチナ人たちも、イスラエルに対するゲリラ攻撃でアラブ諸国をイスラエルとの全面戦争を導き、パレスチナ独立国家の創設を目指した。ナセルは、パレスチナ人やエジプト国内のイスラエルとの対決を求める声の盛り上がりに応じて、シナイ半島とアラビア半島を結ぶチラン海峡を封鎖したが、これによってイスラエルはインド洋に海路で至るには地中海から遠くアフリカの喜望峰を迂回しなければならなくなり、国家存亡の危機と考えたイスラエルはエジプトなどアラブ諸国に先制攻撃をしかけた（＝第三次中東戦争）。結果は、わずか六日間でイスラエルの圧倒的勝利に終わり、イスラエルの東エルサレム、ヨルダン川西岸、ガザ地区、ゴラン高原という現在まで続く占領の端緒となった。

イエスの復活を早めたいアメリカ福音派はイスラエルを絶対的に支持する

トランプ大統領のアメリカ大使館エルサレム移転の決定を最も強力に推進した閣僚は、マイク・ペンス副大統領だった。ペンス副大統領は、二〇一七年七月にアメリカで最も強力で、三〇〇〇万人のメンバーをもつ「イスラエルのためのクリスチャン連合（Christians United for Israel）」の年次総会で基調演説を行った最初の現職の副大統領である。トランプ大統領が大使館移転の文書に署名を行った際にペンス副大統領はその後ろに立っていた。

大使館移転を推進したもう一人の重要な人物に、ユダヤ系アメリカ人のカジノ王シェルドン・アデルソンがいる。彼は、トランプ大統領の大統領選挙活動に三五〇〇万ドルを寄付し、エルサレムのアメリカ大使館建設資金にも多額の拠出を行った。

さらに、トランプ大統領が駐イスラエル大使に指名したデヴィッド・フリードマンは、正統派ユダヤ人でNGOの「ベイトエルのアメリカの友だち」を主宰するが、「ベイトエル」はヨルダン川西岸に造られるイスラエルの入植地で、このNGOはトランプ大統領から巨額の活動資金を二〇〇三年より得ていた。二国家共存によるパレスチナ問題の解決を「詐欺」と形容し、またそれを支持するユダヤ人たちを「カポ」と呼んだ。カポはナチス・ドイツが運営する強制収容所でユダヤ人たちを監視し、ナチスに協力して見返りに食事や収容所内での特権を与えられたユダヤ人を指す軽蔑的な表現である。言うまでもなく、フリードマン大使とパレスチナ指導部の関係は良好でなく、非難を応酬している。

彼はイスラエルによるヨルダン川西岸の併合や入植地建設が中東和平の障害にならないと主張してきたロシア出身の入植者たちに考えが近い極右のシオニストで、パレスチナ・アラブ人を「二級市民」とするアパルトヘイト的な考えをもっている。

彼の父親のモリス・フリードマンは、ニューヨーク州ウッドミアのテンプル・ヒレル（ユダヤ人コミュニティ）のラビ（ユダヤ教の律法学者）であったが、一九八四年の大統領選挙（レーガン大統領の二期目となる選挙）の直前にレーガン大統領をシャバト（ユダヤ教の安息日）の昼食に招待した。昼食前にレーガン大統領はシナゴーグ（ユダヤ教の寺院）を訪問した。アメリカの現職の大統領がシナゴーグを訪問するのは歴史上初めてのことで、レーガン大統領はユダヤ票の獲得を目論んでいた。

トランプ大統領就任前の二〇一六年にデヴィッド・フリードマンは、トランプ政権となれば、アメリカはイスラエルにパレスチナとの「二国家案」を受け入れさせたり、イスラエル国民の意思に反する解決案を強要したりすることがないと述べ、またアメリカ大使館をテルアビブからエルサレムに移転する構想を明らかにした。彼は、トランプ政権の下では中東和平について国連が果たす役割は何もないとも語っている。実際、トランプ政権のアメリカは、イスラエルに不利な安保理の決議案に拒否権を行使し続けるようになった。

トランプ大統領の娘婿ジャレッド・クシュナー上級顧問は、イスラエルの入植地建設のための資金を寄付し、また国際交渉担当特別代表ジェイソン・グリーンブラットは、ヨルダン川西岸の入植地グーシュ・エツィオンのイェシーバー（ユダヤ教の教育機関）で学んだこともあるが、イスラエルの入植地は和平への障害ではないと明言している。ニッキー・ヘイリー国連大使は、南カロライナ州の知事になる際に福音派の票を頼みにした。共和党支持票の七割余りが白人のクリスチャンであることを考えると、トランプ政権の大使館エルサレム移転の措置が国内の選挙向けの措置であったことは明白であった。

アメリカはイスラエルに対して支持を与えてきたが、国際的合意を軽視することはなかった。一九四七年一一月の国連パレスチナ分割決議案では、パレスチナをユダヤ人国家とアラブ人国家に分割するとされ、国連信託統治理事会によって統治されることになったが、第一次中東戦争で東エルサレムはヨルダンが、また西エルサレムをイスラエルが占領することになっても、イスラエル国家をイスラエルが独立宣言を行った一九四八年五月一四日に承認したアメリカもエルサレムをヨルダン、イスラエル、いずれの国の都市とも認定することはしなかった。

一九六七年六月にイスラエルが第三次中東戦争でエルサレム旧市街を占領し、東西エルサレムを支配するようになると、アメリカはエルサレムをイスラエルの首都とは公式に認めなかったものの、アメリカ国内では大使館をエルサレムに移転するように親イスラエル勢力から働きかけが行われるようになる。アメリカ議会は一九八八年のヘルムズ修正条項ではテルアビブとエルサレム双方にアメリカの外交施設を設けることを認め、一九九五年のエルサレム大使館法では、エルサレムをイスラエルの首都と認め、テルアビブからエルサレムに大使館を移すことを求めた。

この一九九五年の大使館法はエルサレムを不可分で、統一した首都とアメリカの法律で認めた点で重要であった。この法にはかりに大使館をエルサレムに移転しなかった場合は、国務省の大使館維持費を半額にするという違反条項も含まれていたが、他方で、大使館移転がアメリカの国益にかなわないと判断されれば、大使館の移転を回避できることになっていた。トランプ政権は当初この条件に従っていたように見えたが、彼はアメリカが国際的に孤立し、またアメリカの安全保障にも否定的影響を与えることがわかっていても、国内の親イスラエル勢力を意識して国際法や国際的合意に反する大使館移転を断行した。

国連やそのメンバー国家のエルサレムに関する立場は一貫しており、過去の国連決議に基づいてエルサレムの将来はイスラエルとパレスチナ人の間の交渉によって決められるというものであり続けた。一九六七年の第三次中東戦争後に成立した国連安保理決議二四二号によれば、イスラエルの東エルサレム併合は不当であり、東エルサレムやヨルダン川西岸における入植地の拡大は被占領者の財産保護を定めたジュネーブ第四条約にも違反する。

また、二〇一六年一二月に成立した国連安保理決議二三三四号では、東エルサレムとヨルダン川西岸と東エルサレムにおけるイスラエルの入植地建設を非難し、停止を呼びかけ、またイスラエルとパレスチナ双方による人権侵害や民間人への暴力行為を非難し、和平合意成立への継続的努力を全当事者に訴えた。イスラエル非難決議は、安保理ではアメリカの拒否権行使で否決されてきたが、離任間近のオバマ政権が棄権し、可決成立することになった。決議はイスラエル入植地に「法的有効性」はなく、「国際法をはなはだしく侵害」するものだとして、二国家共存による平和実現にとって著しい障害となっていると批判した。

西エルサレムもイスラエルが軍事的に第一次中東戦争で奪った土地だが、国際的には認められ、国際法の適用に一貫性がないように見えるが、しかし一九六七年の第三次中東戦争以降の占領について国際社会は一致・一貫してイスラエルの占領政策を非難している。

国連のムラデノフ中東和平プロセス特別調整官は、二〇一八年三月に「安保理決議はイスラエルに、東エルサレムを含む占領地における入植地の建設とその拡大を即時停止するよう求めている。しかしイスラエルはこの決議を尊重していない。入植地の建設や拡大に関わるいかなる行為も、国際法と安保理諸決議に違反するものであり、国連によって和平の妨害とみなされることを、ここで改めて強調する」と述べている。(al-Quds al-Arabi紙)

しかし、アラブ諸国政府はエルサレムへのアメリカ大使館移転については目立った批判を行うようなことはなかった。アラブの政治大国であるエジプトや、メッカ、メディナというイスラムの宗教的聖地を抱え、イスラムの盟主を自任するサウジアラビアは、ともに自国の安全保障に関してアメリカを頼りにせざるをえない背景がある。エジプトは、二〇一一年の「アラブの春」の大衆運動の高揚によって旧体制が倒れ、シナイ半島で反体制の武装集団が活動する。サウジアラビアは、地域で競合するイランと対抗するためにアメリカとの同盟関係が不可欠で、さらにアラブが長年敵としてきたイスラエルとも対イランでは協調関係にある。PLO指導部やパレスチナ自治政府は、アメリカ単独の仲介ではなく、多国間の和平交渉が開始されるまで、アメリカの調停は拒否することを明らかにし、国連やEUに期待する姿勢を明確にした。また、国際刑事裁判所など国際機関に提訴する姿勢を見せたが、これに対してトランプ政権は首都ワシントンにあるPLOの事務所を閉鎖する意向があることを見せるなど威嚇の姿勢を露骨に示した。

二〇一八年三月三〇日に始まり、ガザ境界で繰り返される「帰還の大行進」の高揚もアメリカ大使館の移転が、パレスチナ人たちの間に強く胸に刻まれるものであったことを示している。大使館移転に反対するパレスチナ人たちのデモは、彼らにとって東エルサレムはイスラエルに決して譲ることができない特別な場所であることを示した。

バーニー・サンダースは世界の不寛容、ネタニヤフ首相、ムハンマド皇太子を批判する

他方で、アメリカ国内にもトランプ政権の中東政策やイスラエルの強硬な政策、またサウジアラビアのパレスチナ問題への消極的姿勢を批判する動きもある。

ガザとイスラエルの境界では、パレスチナ難民のイスラエルの領土への帰還を求める「帰還の大行進」に対してイスラエルは武装していないデモ参加者たちに実弾などを用いて制圧を図るようになった。

二〇一六年に民主党の大統領選挙候補をヒラリー・クリントンと競ったバーニー・サンダース上院議員は、アメリカのユダヤ人ロビー「Jストリート」で二〇一八年四月一四日に演説を行い、イスラエルがガザでのパレスチナ人のデモに過剰反応していると批判した。「Jストリート」はイスラエル・パレスチナ

の二国家共存で中東和平を実現しようとする団体である。サンダース議員は、かりにハマスが暴力に訴えたとしても、無防備なパレスチナ人たちを銃撃したり、二〇〇万人のパレスチナ人たちをガザに閉じ込めるたりすることの正当な理由にはならないと述べている。サンダース議員は、「反動的（reactionary）ネタニヤフ首相」などの表現を使い、イスラエルのガザ住民への扱いを「非人道的」とも形容した。

また、サウジアラビアのムハンマド皇太子や他の中東地域における億万長者たちが、ガザの貧困や困難を単に口にするだけでなく、実際にガザの人々に対して意義のある行動を起こすように訴えている。ムハンマド皇太子はＵＮＲＷＡ（国連パレスチナ難民救済事業機関）に五〇〇〇万ドルを寄付することを明らかにしたものの、それは皇太子が購入したヨットの価格の一〇％に過ぎないともサンダース議員は語った。

サンダース議員はイスラエル・パレスチナの二国家共存がアメリカ、イスラエル、さらに中東地域の人々にとっての利益であり、イスラエルが占領を終わらせるように主張した。また彼は、トランプ大統領がアメリカ大使館をエルサレムに移転する方針は、和平プロセスを損なうものであり、誠実で、公平な仲介者としてのアメリカへの信頼を奪うものだと決めつけた。

さらに、サンダース議員は、世界の不寛容な潮流が民主主義の根幹を揺るがしていることに懸念を示し、トランプ大統領やその他の世界の指導者たちが自らの政治的・経済的目的のために、人々の間のフラストレーションを強めていることを指摘した。

エルサレムはイスラエルの首都ではない

アメリカのトランプ政権が大使館をエルサレムに移転することに抗議する「怒りの日（二〇一八年五月一

四日)」の行動へのイスラエルの治安部隊の発砲で六〇人近くのパレスチナ人が犠牲になった。

繰り返すが、エルサレムに対するイスラエルの主権は国際法の上では認められていない。一九四七年の国連総会決議一八一号でもイスラエルにエルサレム支配を付与することはなかった。

十字軍のエルサレム占領後、エルサレムには特筆するような数のユダヤ人の人口はなく、一七九九年にフランスのナポレオンがパレスチナに到達した時、エルサレムには三〇〇〇人のユダヤ人しかいなかった。

ネタニヤフ首相はエルサレムについてナショナリズム的な解釈を行い、エルサレムが数千年にわたってユダヤ人の都市であると主張しているが、エルサレムを築いたのは、カナン人であり、紀元前一〇〇〇年頃にヘブライ王国が成立すると、第二代国王ダビデ王の時にその都とされた。紀元前九三〇年頃、ヘブライ王国は南北に分裂し、パレスチナ南部のユダ地方を領域とするユダ王国は、北のイスラエル王国が滅亡後も存続したものの、紀元前五八七年にバビロニアによって滅ぼされた。紀元前五三九年に新バビロニアがアケメネス朝ペルシアによって滅ぼされると、ユダヤ人のエルサレムへの帰還がアケメネス朝のキュロス2世によって認められ、紀元前五一五年にエルサレムはユダヤ人によって再建され、第二神殿も建立された。その後、エルサレムはアレクサンドロス帝国、セレウコス朝シリアの支配を受け、紀元前三七年にはヘロデ大王によってヘロデ朝が創始され、ローマ帝国の支配下におかれた。

六六年に始まったユダヤ戦争では、ユダヤ人たちはローマ帝国に抵抗したものの、七〇年にエルサレムは陥落し、第二神殿はローマ帝国によって破壊された。一三二年から一三六年にユダヤ人のバル・コクバの反乱が鎮圧されると、ローマ帝国はユダヤ人をエルサレムから追放した。

六一四年にササン朝ペルシアがエルサレムを占領すると、ササン朝はユダヤ人がエルサレムで宗教活動を行うことを許した。六三〇年から六三六年までローマ支配が復活したものの、六三六年から六三七年にかけて、新興のイスラムの信仰をもつアラブのオマル・ビン・アル・ハッターブがエルサレムにおけるムスリム支配を確立した。一〇九九年から一一八七年の十字軍支配を除いて第一次世界大戦の一九一七年一二月にイギリスのアレンビー将軍がエルサレムに入城するまでエルサレムはイスラム支配の下に置かれたが、ユダヤ人たちはそこで生活することを許されていた。エルサレムが歴史的に不断にユダヤ人の都市であったわけではまったくなく、エルサレムから放逐されたユダヤ人たちを帰還させたのは、イランであり、またムスリムであった歴史的事実を、パレスチナ人の帰還を認めないネタニヤフ首相や、その後ろ盾になっているトランプ大統領は知らないかのようだ。

歴史は繰り返す——シオニズムとナチズム

二〇一七年七月、イスラエルはハラム・アッシャリーフの入り口に金属探知機や柵、監視カメラを設置するなど警備を強化し、またパレスチナ人たちの聖地への立ち入りを制限するようになった。ところが、イスラエルはパレスチナ人の抗議行動が高まる中で、二五日に金属探知機を撤去し、さらに七月二七日、聖地に設けられた柵や監視カメラの一部を取り払った。この一連の騒動の中で、イスラエルのネタニヤフ首相はカタールの衛星テレビ局「アルジャジーラ」がパレスチナ人たちの暴力を扇動しているとしてそのエルサレム事務所の閉鎖を考えていることを明らかにした。

ハラム・アッシャリーフには預言者ムハンマドが大天使のガブリエルに導かれて昇天した場所とされる「岩のドーム」やウマイヤ朝（六六一年〜七五〇年）に建立されたアル・アクサー・モスクがある。イスラム教徒にとってメッカ（マッカ）、メディーナ（マディーナ、預言者ムハンマドの埋葬の地）に次ぐイスラム第三のハラム（聖地）とされている。

イスラムの聖地での宗教活動に制限を設けることは、パレスチナ人たちだけでなく、イスラム世界全体からの反発を受けることは必至だ。

かつてユダヤ人を迫害したドイツ・ナチス政権は一九三三年四月にユダヤ教の儀式上欠かすことのできない動物の屠殺を全国的に禁止し、翌月にユダヤ人に関する書物を焼き払い、一九三八年一一月にドイツ全土で一七七のユダヤ教寺院を焼き払った（＝水晶の夜）。

ユダヤ人の科学者アインシュタインは、「パレスチナにユダヤ人国家を作るよりも、平和な共同生活についてアラブ人の同意を得る方が、道理にかなっている」と語った。（『わが時代のユダヤ教の堕落』）

また、ユダヤ人右翼のテロリストがパレスチナ人村落で虐殺を行ったことをとらえて、かつてナチスがユダヤ人に対して行ったことと同様なふるまいをしていると強く非難した。パレスチナのイスラムの活動に制限を加えることはかつてナチスがユダヤ教の活動に同様な措置を講じたことを彷彿させる。

ヒトラーは政権獲得直後の一九三三年二月、国会放火事件を受けて、新聞・出版の自由を保障したワイマール憲法を大統領令によって停止させ、共産党および社会民主党系新聞約一八〇紙を発行禁止にした。イスラエル極右のリーバーマン国防相は、アルジャジーラが一七年七月の暴動をそそのかしているだけでなく、「ナチス」になったと発言し、イスラエルの現政権が言論の自由への敬意がないことを示した。

ヒトラーの「美学」はヨーロッパをアーリア人だけの居住地域にすべきものと考えて、アーリア人の生活圏を「汚染」する者たちの「抹殺」を考えていた。その「アーリア化政策」による排除の真っ先の対象となったのはユダヤ人たちだったが、ナチスによって粛清されたのは、ユダヤ人たちだけでなく、組合の指導者、社会民主主義者たちも、強制収容所に送られていった。ワイマール共和国では、注意が払われなかった同性愛への禁止もナチスによって復活された。ホモセクシュアルの人々はドイツ、オーストリアで続々と逮捕されて強制収容所に入れられ、黄色い腕章や、背にピンクの三角印をつけられた（他方でナチスは女性の同性愛には注意をあまり払わなかった）。「エホバの証人」の信者たちは、国家への忠誠、また「ハイル・ヒトラー」の宣誓を拒んだため、およそ二万人のその信者たちが強制収容所に送られた。さらに、ドイツ社会に同化しないと考えられたロマの人々もまたユダヤ人と並んで「抹殺」の対象となった。

ネタニヤフ首相などイスラエル・タカ派によって繰り返されるガザ攻撃に関する思惑は、敵を徹底的に排除、根絶するというものだが（そのメンタリティもナチス政権に似ている）、そのためには子どもや女性など市民の犠牲もいとわないかのように見える。イスラエルとハマスの戦いは一九九〇年代後半から始まった。イスラエルはハマスの精神的指導者アフマド・ヤースィンを二〇〇四年三月にヘリコプターからのロケット攻撃で殺害した。こうしたイスラエルの暗殺作戦はかえってハマスへの支持や同情を高め、ハマスは二〇〇六年一月の立法評議会選挙において、過半数の議席を獲得して勝利した。つまりハマスを弱体化させようとするイスラエルの暗殺作戦には効果がなかったことになる。イスラエルがガザに対して強硬な姿勢をとればとるほど、ガザでは急進主義が台頭し、イスラエルの安全保障に役立っていない。

「戦争国家」のイスラエルに嫌気がさして建国後およそ一〇〇万人がイスラエルを見限り国外に流出していった。また、ガザ攻撃に見られるイスラエルの理不尽な姿勢によって、イスラエルは国際社会の共感をますます失い、イスラエルの国力を結局消耗させることになるだろう。カール・マルクスは「歴史は二度

エルサレム・ダマスカス門の前で監視するイスラエル兵たち

繰り返す。一度目は悲劇として、二度目は笑劇として（History repeats itself, first as tragedy, second as farce.）」と述べたが、ホロコースト体験が悲劇とすれば、二〇一四年のガザ攻撃などに見られるパレスチナ人への抑圧はイスラエルの国際社会におけるイメージが決定的に低下するという「笑劇」なのかもしれない。

二〇一八年七月一九日、イスラエル国会は、同国が「ユダヤ人の民族的郷土」と規定し、東西エルサレムをイスラエルの首都とする法案を可決した。イスラエル国内には二〇％のアラブ系市民がおり、ヘブライ語を国語としたことは、イスラエルが公式にアラブ人を「二級市民」とするアパルトヘイト国家になったことを明らかにした。それはあたかもアメリカが白人のクリスチャンの国家であることを宣言し、アフリカ系やヒスパニック系の人々を排除して、英語を唯一の公式言語とするようなものだ。

かつてイスラエルを構成するユダヤ人たちはヨー

ロッパ・キリスト教世界で「二級市民」として扱われ、最終的にはナチスの残虐行為となったが、同じ「人道上の罪」をアラブ人に対して行っている。二〇〇二年に発効した「国際刑事裁判所ローマ規程」はアパルトヘイトを「人道に対する罪」と規定した。

イスラエル軍に撃たれ死亡したガザの看護師

二〇一八年六月一日、ガザ境界でのパレスチナ人の帰還を求めるデモに参加し、イスラエル軍によって撃たれた人々の救援活動を行っていた看護師のラザン・アル・ナッジャールさん（二一歳）が銃撃されて亡くなった。イスラエル軍は、イスラエルに脅威を与える人物に発砲する方針だというが、彼女は白衣を着用して活動していた。

イスラエルの最高裁は、一八年五月二四日、ガザ境界でのデモは、イスラエルとガザを支配するハマスの間の武力衝突であるとして、イスラエル軍の発砲を容認する判断を下したが、ラザンさんを含めてガザ境界で犠牲になったパレスチナ人たちは武装していなかった。

ラザンさんが殺害された日、国連安保理ではイスラエル軍のパレスチナ市民に対する武力行使を非難するクウェートが提出した決議案は、アメリカが拒否権を行使して成立しなかった。アメリカのニッキー・ヘイリー国連大使（一九七二年生まれ）は、ハマスがガザ住民の生活状態の悪化に一義的な責任を負っていると、ハマスを非難しない一方的な決議案だと発言した。

ヘイリー国連大使の両親はインドのシク教徒で、シク教徒はインド社会の中で差別を受け、シク教徒の一部は独立を求めてきた。一九八四年六月にはシク教徒の過激派がパンジャブ州のインドからの独立を訴えてアムリトサルの黄金寺院に立てこもったがインド軍は武力でこれを鎮圧し、およそ五〇〇人のシク教徒が制圧の中で犠牲となり、さらにその後インドでシク教徒に対する暴力事件が発生し、三〇〇〇人余りが亡くなった。この鎮圧の指示を行ったインディラ・ガンディー首相も八四年一〇月にシク教徒の警護警官によって暗殺されている。一九六九年にヘイリー国連大使の父親は南カロライナ州のバンバーグの大学で教職を得たが、有色人種という理由で、二度にわたってアパートの賃貸を拒絶され、ようやく三軒目に有色人種の客を招き入れないなどの条件で居住するアパートを見つけることができた。差別、迫害された経験のあるシク教徒の両親をもつヘイリー国連大使には、同様に国をもてないでアパルトヘイト状態に置かれるパレスチナ人の心情が理解できるはずである。

国際社会はイスラエルのパレスチナ人に対する過剰な軍事行動を非難する

国連総会は、二〇一八年六月一三日、アルジェリアとトルコが提案した、イスラエルがパレスチナ人のガザ境界でのデモに対して過度な軍事行動を行っていることを非難する決議を成立させた。賛成したのは日本を含めて一二〇カ国、棄権は四五カ国、反対はアメリカ、イスラエルを含めて八カ国だった。

人権団体の「ヒューマン・ライツ・ウォッチ」は、イスラエルの非武装のパレスチナ人に対する銃撃が過度であり、国際刑事裁判所において戦争犯罪で告発するに足る根拠があると主張している。

アメリカとイスラエルの国連大使は、非難決議案が「反セム主義」的性格をもつものだという主張を行ったが、国際社会は聞く耳をもたなかった。「反セム主義」はヨーロッパ社会でのユダヤ人差別や迫害の背景となる考えだが、ヨーロッパの反セム主義とは関わりがないアジアやアフリカの多くの国々も非難決議案に賛成した。

反セム主義の過去があるヨーロッパでも、フランス、スペイン、スイス、アイルランド、ノルウェー、フィンランド、ポルトガル、ギリシアが賛成に回り、その他の国々は棄権したが、反対した国は一カ国もなかった。

国連総会決議は、グテーレス事務総長にイスラエル軍の無差別な軍事行動に対してパレスチナ人たちを保護する何らかの措置をとることを要求している。

イスラエルのダノン国連大使は、決議をテロリズムに等しいと酷評した。イスラエルはガザでのデモを「テロ組織」のハマスによって扇動されたものと主張してきたが、イスラエルはパレスチナ人の詩人やブロガーも暴力を扇動したという理由で拘禁している。イスラエルによるパレスチナ人政治犯に対する拘禁措置も国連総会では非難された。

一八年六月九日、インド最大の学生組織で、四〇〇万人のメンバーをもつ「インド学生連盟」は、イスラエルがパレスチナ人の人権を侵害したという理由で、ヒューレット・パッカード・イスラエルのパソコンをボイコットする決議を成立させた。これによって同社は一億二〇〇〇万ドルの市場を失うと見られている。(http://english.wafa.ps/page.aspx?id=UoJ5Tha98084808921aUoJ5Th)

ヒューレット・パッカード・イスラエルは、イスラエル軍にテクノロジーや製品を供給してきたが、インド学生連盟の動きはイスラエルに対するＢＤＳ（Boycott, Divestment, and Sanctions＝ボイコット、投資撤収、制裁）運動に応じたもので、国連総会決議やインドの学生の運動などが、イスラエル・タカ派政権によるパレスチナ人の人権侵害を抑制する力になることを願いたい。

ガザ――生存のための闘争

『海に浮かぶ小瓶（英語タイトル：A Bottle in the Gaza Sea）』（二〇一一年制作）は、イスラエルの一〇代のイスラエルの少女と二〇歳のガザのパレスチナ人青年の交流を描いたものだ。フランスで生まれたタルは、家族とともにエルサレムに移住してきたが、そこでパレスチナ人の自爆攻撃に遭遇する。どうしてパレスチナ人は自爆攻撃をするのか、なぜ人の命を奪うのかと考えるようになる。「パレスチナ人とは誰なの？あなたについて教えて」と書いたメモを兵役中の兄に託すが、兄はそのメモを小瓶に入れて海に投げる。ガザの海で小瓶を拾ったのはナイームというパレスチナ人の青年で、メモに書かれたメールアドレスにガザのネットカフェからタルにメッセージを送り、二人の交流が始まって友情が膨らんでいく。ガザで生まれ育ち、教育を受けられなかったナイームは、タルのフランスでの学校生活の話に強い関心を抱いていく。ナイームは母子家庭で、母は家族を養うために必死に働いているが、やがて若い二人は寛容な気持ちや相互に受け容れる心を養っていく。

この物語のテーマを台なしにするかのように、二〇一八年五月二七日にイスラエルはガザ地区との間の海にハマスの活動家たちがガザからイスラエルに侵入できないようにする文字通り「impenetrable（入り込めない）」と呼ばれる巨大な壁を築き始めた。イスラエルのリーバーマン国防相はこの壁がハマスの活動の後退をもたらし、海からのハマスの侵入を完全にブロックするものだと自画自賛した。この壁の全長はおよそ六〇キロ、総工費はおよそ九〇〇億円とされ、一八年の終わりまでに完成する計画だ。この海の「分離壁」は鉄筋コンクリートや有刺鉄線などによってつくられる。

この壁の建設についてイスラエル政府は、二〇一四年七月にイスラエルのガザ攻撃中にハマスの戦闘員四人がガザからイスラエルに海から侵入しようとしてイスラエル軍に殺害された事件が契機となり、最近のガザ境界での抗議デモが壁建設のさらなる動機となったと説明している。

ガザにはおよそ二〇〇万人のパレスチナ人が暮らすが、イスラエルは一〇年にわたって陸海空から封鎖を続け、国連は二〇二〇年までにガザは人が生活できない状態になると警告している。

ヨルダン川西岸ラマラ（ラマッラー）に住むパレスチナ系アメリカ人ジャーナリストのマリアム・バルグーティは、一八年のガザ境界でのデモについて次のように述べている。

「パレスチナ人のガザでの抗議行動は植民地主義の終焉と自らの生活を求めてのものだ。今年はパレスチナ人に対する民族浄化が始まったナクバ七〇周年で、イスラエルはいつもパレスチナ人の抵抗に暴力で対応してきた。パレスチナ人は抵抗し続けるしかない。さもなければ沈黙のうちに死ぬだけだ。パレスチナ人たちは尊厳と生存のための闘争を続けている。イスラエルはパレスチナ人の犠牲をハマスのせいにするが、ハマスの誕生以前にもイスラエルはパレスチナ人を殺害し、パレスチナ人の土地を奪ってきた」

イスラエルはハマスの「脅威」を誇大なものとしてとらえ、ガザ住民たちへの人権侵害を正当化しているが、バルグーティが言うようにガザの人々の抗議活動はまさに彼らの生存のための闘争と言えるものだろう。

イスラエルのガザ封鎖の皮肉――第三次中東戦争の記憶

一九六八年六月五日に暗殺されたロバート・ケネディ上院議員（当時）は次のように述べている。

「法が犯された時、我々はいつも間違った方向に注意を向けている。間違いとわかっていることに我慢した時、忙しいから、恐いからと不正に目をつぶった時、声を上げることに失敗した時、我々は自由や良識、正義に打撃を与えているのだ」

「我々の移民に対する態度はアメリカの掲げる理想への信頼を反映している。我々はいつも才能と気力があれば、底辺から這い上がることは可能だと信じてきた。これは人種や生まれた場所によって変わるものではない」（ロバート・ケネディ）

これらは、トランプ大統領のパレスチナ政策や移民に関する取り組みとは真逆とも言える考えだが、こうした移民に関する理想はロバート・ケネディに一九四八年のイスラエル独立を支持させることになったかもしれない。ロバート・ケネディを暗殺したのは、彼のイスラエルにシンパシーをもつ姿勢に反感をもったパレスチナ系移民のサーハン・サーハン受刑者（一八年六月現在で七四歳）とされるが、現在、再捜査を求める運動もあり、息子のロバート・ケネディ・ジュニアもこの活動を支持しているそうだ。（「毎日新聞」二〇一八年六月三日）

ロバート・ケネディが暗殺された六月五日は、一九六七年にイスラエルが第三次中東戦争を開始した日でもあり、イスラエルはエルサレム旧市街やヨルダン川西岸など占領地を獲得した。確かなのは、サーハンが一九四四年にエルサレムのクリスチャンの家庭で生まれ、一九四八年に第一次中東戦争が発生すると、家族全員が難民となり、イスラエルの過激な民兵組織イルグンによってエルサレム旧市街のダマスカス門付近で殺されかけたことがあったことだ。彼にはイスラエル軍の暴力がトラウマとして残り、カリフォルニアに移住した後も武力でパレスチナ人国家創設を目指すファタハ（パレスチナ民族解放運動）を支持する発言を行っていた。一つの移民国家を創るのに、先住の人々の家屋、土地、職を奪うというのは完全な誤りだというのがサーハン受刑者の考えだった。

トランプ大統領はエルサレムにアメリカ大使館を移転したことを誇っているが、しかし、パレスチナ問題（中東和平）の公平で、公正な進展がなければ、ロバート・ケネディの事件のように中東をめぐる暴力が払拭されることはない。

二〇一八年三月三〇日に始まったガザ境界での「帰還のための大行進」の抗議の背景には、二〇〇七年以来一〇年余りも続くイスラエルによる過酷なガザ封鎖がある。経済封鎖に対する戦いが正当であるという論理は、イスラエルが一九六七年の第三次中東戦争の際に先制攻撃を正当化するために用いたものであった。この論理に従えば、経済封鎖に抗議するガザ住民たちの行動は正当なものということになる。

イスラエルはシナイ半島とアラビア半島を結ぶチラン海峡をエジプトのナセル政権が封鎖したことを受けてエジプトなどアラブ諸国に対して先制攻撃を行ったが、イスラエルはチラン海峡の封鎖がエジプトのイスラエルに対する宣戦布告だと主張した。チラン海峡を封鎖されれば、イスラエルからインド洋に抜ける航路を失い、イスラエルの死活問題に関わるというのがイスラエルの論理であった。
一九六七年六月二九日にイスラエルのアバ・エバン外相は国連総会において第三次中東戦争におけるイスラエルの先制攻撃の正当性を「封鎖は武力による暴力を通じて強制された戦争行為である。歴史において封鎖と平和が共存することはあり得ない」と説明を行ったが、この言葉は現在のイスラエルにそっくりそのまま返ってくるものである。

実際はチラン海峡を通過する貨物は、イスラエルの貿易量のわずかに五%であり、イスラエルはハイファなど地中海に面する港湾を使ってその経済を維持することができた。現在のイスラエルによる封鎖によってガザ住民たちに生ずる被害に比べればはるかに少ない。エジプトなどが行ったチラン海峡の封鎖は、現在のイスラエルのガザ封鎖のように徹底したものではまったくなかった。

イスラエルは封鎖によって、建築資材や燃料などイスラエルの二〇一四年夏のガザ攻撃による破壊から社会や経済を再建するのに必要な物資の搬入にも制限を加えている。

イスラエルのネタニヤフ政権やアメリカ政府は、ガザを支配するイスラム主義勢力ハマスが女性、子どもたちを含む市民をイスラエルに侵入させようとしていると主張するが、ごく客観的に見ても抗議する市民たちがイスラエルの安全を脅かすような様子はまるでない。

イスラエルはガザ境界でのパレスチナ人のデモが、イスラエルの治安部隊の生命を危険にさらしたので発砲したと主張している。一九四八年のイスラエル建国によって、約八〇万人のパレスチナ人たちが現在のイスラエルの領土から難民として流出したが、彼らの帰還権は国連の総会決議でも認められ、パレスチナ人たちは国際法的に照らしても正当な要求を行っている。

イスラエルは、二〇〇八年一二月には外国船のガザ入港も禁止した。経済封鎖やイスラエルのガザ攻撃によって、清潔な水や電気の利用が困難になり、少なからぬ医療機関が活動の停止を余儀なくされ、学校の授業時間も短縮せざるを得ない状態になっている。下水処理施設が不十分なために、毎日オリンピック・プール四三個分の下水が海に流れ出る状態となっている。

アメリカはイスラエルに毎年三八億ドル（約四一六二億円）の軍事支援を行っているが、トランプ政権は一八年一月に、国連パレスチナ難民救済事業機関（ＵＮＲＷＡ）を通じて拠出予定だった一億二五〇〇万ドル（約一三八億円）のうち、六〇〇〇万ドルのみを拠出し、残る六五〇〇万ドルは無期限で凍結することにした。「ハマスのテロ」など誇大に脅威を煽るトランプ大統領やネタニヤフ首相の犠牲となっているのは最も弱い立場に置かれた人々で、これ以上パレスチナ人の犠牲者を増やさないために国際社会の世論を盛り上げることが求められているのは言うまでもない。

世界のセレブたちはイスラエルのガザ政策を批判する

二〇一八年三月中旬に元ピンク・フロイドのメンバー、ロジャー・ウォーターズは、パレスチナの民族的詩人マフムード・ダルウィーシュが書いた詩を歌詞とした新曲を発表したが、それにはアメリカのトランプ大統領がエルサレムをイスラエルの首都と認定したことに対する抗議の意思が込められていた。

「昔ながらの習慣が消されたあとで／ああ、我らが白い親方よ、私の人民を、そしてあなたの人民を、どこへ連れて行くつもりなのだ？」

この新曲「スプレマシー」の中でロジャー・ウォーターズは、パレスチナという土地とその先住民であるパレスチナ人への親愛なる感情を表現した。二〇一七年六月にウォーターズはロサンゼルスでコンサートを行ったが、その際に「抵抗せよ」と書かれたプラカードを手にした若者たちが拳を突き上げた。ロジャー・ウォーターズは、「ニューヨーク・シティの五番街にあるトランプ・タワーを見てごらんよ。パーフェクトだよね。トランプも彼のものも金ピカだらけだろ。俺たちが避けなきゃならないもの、そのすべての完璧なシンボルなんだよ」と語っている。

(https://nme-jp.com/news/35010/)

世論の盛り上がりでは、ハリウッド女優のナタリー・ポートマンがヒューマニティに貢献したユダヤ人に贈られるイスラエルのジェネシス賞の授賞式を辞退した。授賞式は一八年六月に行われる予定だった。賞は、ポートマンが女性の権利擁護に活動したことに対する評価だった。ポートマンの代理人は、彼女が最近のイスラエルで発生している事件に困惑し、イスラエルの公式行事に出席することに心苦しさを感じていると述べた。つまり、イスラエルに赴き受賞することは彼女の良心が許さないということだった。

ポートマンが反発しているのは、ネタニヤフ政権によるガザ・イスラエル境界におけるパレスチナ人の帰還を求めるデモに対して発砲し、非武装のガザ市民が犠牲になったことで、彼女の抗議の意思が込められている。ポートマンは自身のインスタグラムの中で「授賞式に出席しないのは、ネタニヤフ首相が授賞式に出席し、スピーチをするので、出席することで私が彼を是認しているかのように思われたくないからです。多くのイスラエル人、世界中のユダヤ人のように、イスラエル国家そのものを否定することなく、私はイスラエル政府指導部を非難することができます。私はイスラエルの友人たち、家族、イスラエルの料理、書物、芸術、映画、踊りを大切に思っています」と語っている。

ジェネシス賞では一〇〇万ドルが受賞者に与えられ、過去の受賞者たちはそれをジェネシス財団の活動に寄付してきた。ジェネシス賞は、二〇一三年に始まり、過去にマイケル・ダグラスなどが受賞したことがあるが、一億ドルの運営資金をもつジェネシス財団、イスラエルの首相府、「イスラエルのためのユダヤ機関」によって運営されてきた。

ポートマンの受賞拒否の背景には、イスラエルの首相府がこの賞の運営に関わっていることが背景にある。一八年のジェネシス賞の受賞は、ルース・ギンズバーグ・アメリカ合衆国最高裁判所判事（ユダヤ系）にも与えられる可能性もあったが、ギンズバーグ判事がトランプ大統領に批判的であるために、大統領と良好な関係にあるネタニヤフ首相が反対したと言われている。

イスラエルの慈善家であるモリス・カーン氏は、ポートマンの女性への貢献に対してさらに一〇〇万ドルを授与する意向であったが、ポートマンもカーン氏も難民の人権擁護のための活動を行っている。ネタニヤフ政権はアフリカからの難民数千人を国外追放する措置をとり、イスラエル国内の人種主義者はこれをヘイト的な表現とともに支持した。ポートマンはイスラエルやアメリカ国内のイスラエル支持のタカ派から中傷を受け、また俳優としての活動も不利益を被る可能性があるが、それにもかかわらず非人道的行為に声を上げた。

また、一八年五月の第七一回カンヌ国際映画祭でパレスチナ人の映画監督アンマリー・ジャースィルは、映画祭でガザの人々との連帯を訴える集会を開いた。「ソロ・スターウォーズ・ストーリー」に出演したレバノン人女優のマナル・イッサは、「ガザ攻撃を停止せよ」というプラカードを高々と上げて抗議の意思を明らかにした。一八年のカンヌ国際映画祭では初めてパレスチナ映画のブースが設けられたが、ジャースィルがそこでパレスチナ人の犠牲者に対する黙禱を呼びかけると、パレスチナ人女優ライラ・アッバース、ハリウッド俳優のベニチオ・デル・トロ、フランス人女優ヴィルジニー・ルドワイヤン、ロシアの映画監督カンテミル・バラゴフなどが加わった。イスラエルのアラブ系男優のモハマッド・バクリは、イスラエルの発砲を非難し、イスラエルのギラド・エルダン公安・戦略問題・外交相が犠牲となったガザの人々をナチスにたとえ、犠牲をハマスの責任だとしたことを強く批判した。バクリは、エルダン公安・戦略問題・外交相がイスラエル国民の見解を代弁しているのではなく、イスラエルにも平和を夢見る人々がいることを強調した。

スイス・ジュネーブの国連人権理事会（UN Human Rights Council）は一八年五月一八日、イスラエル軍の発砲によってガザ住民に犠牲者が出たことに対して、国際戦争犯罪調査団を派遣する決議を賛成多数で採択した。理事国四七カ国のうちアメリカとオーストラリアの二カ国のみが反対し、アメリカのニッキー・ヘイリー国連大使は「人権にとって新たな恥ずべき日だ」と述べ、同理事会の決定を強く非難した。アメリカはイランやヴェネズエラの人権問題を批判するが、同盟国のイスラエルやサウジアラビア、エジプトなどの人権問題には沈黙している。こうしたアメリカの「二重基準」もイスラム世界など国際社会から反発される要因になっている。

一八年六月一〇日に予定されていたアルゼンチンとイスラエルのサッカーの親善試合がアルゼンチンによってキャンセルされた。この中止は、イスラエルに対するBDS（ボイコット、投資撤収、制裁：Boycott, Divestment, and Sanctions）運動にとっては「成功」と受け止められたに違いない。アルゼンチンの代表チームにはスーパー・スターのリオネル・メッシ選手も参加する予定だったから多くのイスラエル国民を失望させることになった。現に試合のチケットは売り切れとなっていたが、アルゼンチン・チームの判断の背景には三月末から始まったガザ境界でのデモでパレスチナ人犠牲者が出るなどのパレスチナ・イスラエル情勢の不安定ぶりがあった。アルゼンチン・チームは、ロシアでのワールドカップを前に最後のウォームアップをするはずだった。

パレスチナ・サッカー協会会長のジブリール・ラジューブは、アルゼンチンのサッカー連盟会長に試合の中止を求めていた。その理由は、親善試合が西エルサレムのテディ・スタジアムで行われる予定であったが、このスタジアムの所在地には七〇年前の第一次中東戦争で破壊されたパレスチナのアル・マールハ村があったこと、イスラエル政府の介入で試合会場が地中海に面したハイファからイスラエルが占領によって支配するエルサレムに変更されたこと、さらにイスラエル建国七〇周年を祝う性格があったことなどがある。

サッカー親善試合の開催地がエルサレムに変更されたのはイスラエルのミリ・レゲヴ・スポーツ文化相の意向があり、パレスチナ側はアメリカ大使館がエルサレムに移転されたこととともに、開催地の変更に強い反発を感じていた。サーイブ・ウライカート（サエブ・エラカート）ＰＬＯ事務局長は、アルゼンチン国民とサッカー・チームは、ガザ境界のデモで無辜《むこ》の市民を殺害するなどイスラエルの国際法違反の行為に対して国際法を支持する姿勢を明らかにし、アルゼンチンの決定は世界がアメリカのトランプ政権が支持するイスラエルの国家テロ、強奪（占領地における入植地建設）、脅迫に屈しないことを示したと述べた。

一八年三月三〇日にイスラエルの狙撃手によって撃たれ、片脚を失ったパレスチナのサッカー選手のムハンマド・ハリール・オベイド選手もメッシ選手に試合をキャンセルするように求めていた。サッカーの試合の中止は、イスラエル国民に自国政府のパレスチナ政策に国際社会がネガティブに反応していることを確認させることになった。

国連人権高等弁務官はパレスチナの子どもたちの釈放を要求する

二〇一八年七月二二日、二人のガザ出身のパレスチナ人たちの死亡がアルジェリアで死亡が確認された。二人は技術者のスリーマン・アル・ファッラー氏（三四歳）と医師のモハメド・アルバナー氏（三五歳）だが、彼らはアルジェリアでその専門分野の研究に従事していた。アルジェリアのパレスチナ大使館は、死因はガス中毒か、感電死したと家族に話したとされるが、パレスチナ人の間ではイスラエルの情報機関モサドに暗殺されたという見方もある。こうした憶測が流れるのも、近年パレスチナ人の科学者たちが世界各地で暗殺されているからだ。

一八年四月二一日にはマレーシア・クアラルンプールのモスクの入り口で、ハマスのメンバーである科学者のファーディ・アル・マトシュが暗殺された。マレーシア当局も外国のエージェントによって殺害されたことを認めた。一六年にはハマスに関係があるとされたドローン開発の技術者のモハメド・ザワーフリーがチュニジアで殺害された。チュニジアの当局は、レンタカーの中で犯行に使用された拳銃とサイレンサーを押収した。

一八年七月二三日、ゼイド・イブン・ラアド国連人権高等弁務官事務所高等弁務官は、四四〇人以上の拘束されたパレスチナの子どもたちの釈放をイスラエルに求めた。イスラエルは、「犯罪その他の触法行為」の予防のために「危険人物」に対する拘禁を行っているが、ラアド弁務官は子どもたちの拘禁はあくまで最終的な手段に限定すべきだと語っている。イスラエルによる裁判や証拠なしの拘禁は国際法に反するもので、速やかに停止すべきだ、とラアド弁務官は訴えた。

イスラエルのパレスチナ人の人権を侵害する措置が、ヨーロッパではユダヤ人への襲撃ともなっている。一八年四月一七日に、ドイツ・ベルリンで、ユダヤ人がアラビア語で「ユダヤ人め！」と言われ、シリア難民にベルトで殴打されるという事件も発生した。ベルリンでは二〇一七年に反ユダヤ思想に基づく事件が九四七件と、前年比で六〇％も増加した。フランスでもユダヤ人に対する嫌がらせや暴力は一九九〇年代後半が年間八〇件程度だったのが、パレスチナ人の第二次インティファーダ（蜂起）が始まった二〇〇〇年には、七四四件に増えた（『毎日新聞』）。

人権侵害を伴うイスラエルの力による政策がユダヤ人に対する憎悪や暴力を生むことになり、決してイスラエルやユダヤ人の安全に役立っていないことをイスラエル政府やそれを支えるアメリカのトランプ政権もよく知っておくべきだろう。

国連人権理事会から脱退するアメリカ

アメリカ・トランプ政権のヘイリー国連大使は、二〇一八年六月一九日にアメリカが国連人権理事会から脱退することを明らかにした。トランプ政権は、中国やキューバなど人権侵害国が理事国入りしていることを問題視し、また反イスラエルの政治的偏見があると主張している。トランプ政権は二〇一七年一〇月に反イスラエル的であるとして、国連教育科学文化機関（ユネスコ）からも離脱している。国連人権理事会はパレスチナ・ガザ境界でのイスラエル軍の発砲で市民の犠牲者が出ていることに対して調査団を派遣することを決定したが、アメリカは強く反対した。アメリカ・トランプ政権は通商、安全保障（イラン核合意）、環境、そして人権問題でも国際的な枠組みから離脱したことになる。

トランプ政権の露骨な親イスラエルの姿勢や、国際協調や国際機構、国際法を軽視する姿勢をまたもあらわにした格好となったが、親イスラエルの姿勢を鮮明にすることが過激派の反米テロの動機にもなってきたことをトランプ政権はまるで意識していないかのようだ。ヘイリー国連大使は「終わらないイスラエルへの敵意は、理事会が人権ではなく、政治的偏向によって突き動かされている証拠だ」と述べたが、国連人権理事会がイスラエルへの敵意によって判断を行っているのではまったくなく、パレスチナ人の人権が侵害されるという事実に基づいてイスラエルへの非難を行っていることは言うまでもない。

ヘイリー国連大使は国連人権理事会が人権侵害国を保護し、政治的偏見の汚水溜めのような存在になっていると語り、虐殺による大量の墓碑があるコンゴを理事国として受け入れ、またヴェネズエラやイランの人権侵害に取り組む姿勢もないともコメントした。さらに、彼女はアメリカが人権問題への関与を弱めるのではなく、偽善的で、自己利益のためにあるような組織に留まるわけにいかないと述べた。ロシア、中国、キューバ、エジプトが理事会改革の動きを妨げてきたというのがヘイリー国連大使の考えだ。

他方で、アメリカが人権理事会から離脱することは、この組織でイスラエルを擁護する国が存在しなくなることを意味する。ゼイド・イブン・ラアド国際連合人権高等弁務官事務所高等弁務官が六月一八日にトランプ政権が不法入国者の摘発に際して、その子どもたちを収容施設に送ったことを批判した翌日にアメリカは人権理事会からの離脱を発表した。ラアド弁務官は、トランプ政権の措置が児童虐待に相当すると語った。

国連人権理事会は二〇〇六年に創設されたが、ブッシュ政権は人権を侵害する国が理事国になれることを問題視して入ることはなかったが、オバマ政権時代の二〇〇九年に立候補してメンバー国となった。国連人権理事会が偏っているのではなく、占領地に入植地を拡大するイスラエルを擁護したり、エルサレムに大使館を移したりするアメリカの姿勢こそが国際的正義とは相容れないもので偏向している。

イスラエル占領地からの輸入を禁ずるアイルランド

アイルランド上院は、二〇一八年七月一一日、ヨルダン川西岸のイスラエルの占領地で生産された製品の輸入を禁ずる法案を可決した。この法案はアイルランドの著名な歌手で、上院議員のフランシズ・ブラックによって提出された。

フランシズ・ブラックは、占領地と経済的取引を行うことは、不正を継続させることになると述べている。「占領地では、パレスチナ人たちは家から追われ、肥沃な農地を収奪されるが、そこで生産される野菜や果実がアイルランドの店頭に並ぶことになる。占領地における入植活動は戦争犯罪であり、アイルランドはEUなど国際社会を主導して、占領者を支援するようなことはやめさせなければならない」と語った。

二〇一五年にEUは、イスラエルの占領地からの生産品を不当とし、和平への障害とするガイドラインを出した。

二〇一八年初頭に国連人権理事会は、イスラエルの占領地とビジネスを行っている企業二〇六社を発表したが、そのうちの一四三社がイスラエルか、占領地に拠点をもち、二二社がアメリカ、一九社がヨーロッパであった。国連人権理事会の報告書は、ビジネスがイスラエルの入植地の拡大や維持に負の意味で貢献していると述べている。イスラエルのネタニヤフ首相は、アイルランドで成立した法案がイスラエルをボイコットする運動の追い風になり、自由貿易と公正の原則に反すると述べた。しかし、法案はイスラエルの製品をボイコットするものではない。

アイルランドはとりわけパレスチナ人に対するシンパシーの強い国で、それはアイルランドがイギリスの植民地であったという歴史にも関連する。一五四一年にイギリス議会は、イギリスのヘンリー8世がアイルランド国王も兼ねるという議決を行った。これに従って、イングランドやスコットランドのプロテスタント教徒たちがカトリック信者の多いアイルランドに移住し、入植を行うようになったが、この過去が占領地に入植するイスラエルによって権利を奪われるパレスチナ人に対する同情となっている。

アイルランドは、紀元前六世紀以来ケルト系の諸族が大陸から移住してゲール人を形成した。五世紀にキリスト教が伝えられ、西欧文化の一つの中心となる。八世紀にノルマン（ヴァイキング）の侵入を受けたが、一一七一年にイングランド王ヘンリー2世がアイルランド島に上陸し、主権を主張する。一五四一年にヘンリー8世がアイルランド王を自称しても、アイルランドの住民たちはカトリックの信仰を放棄することがなかった。一六四九年にクロムウェルがアイルランド遠征を行い、同島を植民地化した。

アイルランドの小作農民たちは地主に地代を納めなくてもよい、小さな土地で生産性の高いジャガイモを栽培するようになり、アイルランド島民はジャガイモに食料の多くを依存するようになっていたが、一八四五年からおよそ四年間にわたってジャガイモの疫病による大飢饉が発生し、アイルランドの人口は半分になったという見積もりもあるほど大量の餓死者が出た。このジャガイモ飢饉以降、アイルランドからの移住は絶え間なくなり、一八九〇年にはアイルランドで生まれた人の四〇％が国外に居住するようになり、現在アメリカ合衆国ではアイルランド系の人が三六〇〇万人もいると推定されるほどアメリカ大陸への移住が顕著になった。アメリカでセント・パトリックス・デーやハロウィーンの行事が行われるのは、アイルランドからの移民の歴史が背景となっている。現在のトランプ大統領の政策とは異なってアメリカは多数の難民を受け入れていた国であった。アイルランドでは一九一九年から二一年にかけて独立戦争が起こり、一九二二年にアイルランド自由国が成立し、イギリスの自治領となり、さらに一九三一年に完全な主権国家となった。

二〇一七年公開の映画『Famine（飢饉）』はアイルランドのジャガイモ飢饉を描いたもので、オスマン帝国のスルタン・アブデュルメジト1世は、アイルランドに対して一万ポンドの支援を宣言したものの、二〇〇〇ポンドの支援しか考えていなかった宗主国イギリスのビクトリア女王は一〇〇〇ポンドに減額するように圧力をかけた。スルタンはその通りに一〇〇〇ポンドに減額せざるをえなかったものの、食料を積んだ五隻の船舶をアイルランドに派遣し、ドロヘダ港に食糧が陸揚げされた。当時の一万ポンドは、現在のおよそ二億円に相当するという（「アイリッシュ・セントラル」の記事）。

ヨルダン川西岸に対するイスラエルの植民地主義的性格、度重なるガザ攻撃の惨劇などで、占領地の農産物を国際市場に売りに出すイスラエルの姿勢は、ジャガイモ飢饉の時にアイルランドの農産物をアイルランドの人々の救済を考えずに輸出に向けて営利を得ようとしたイギリスの植民地主義の姿とだぶるようになった。

イスラエルの戦争を封じたアイゼンハワーの教訓

二〇一八年七月二五日、国連はアメリカのデビッド・クレイン・シラキューズ大学教授を、イスラエル軍のガザ境界での銃撃に関する調査団代表にすることを発表した。クレイン氏はシエラレオネ特別法廷首席検察官を務め、リベリアのチャールズ・テーラー元大統領の訴追を行ったことがある。チャールズ・テーラーは、五万人以上が犠牲になったシエラレオネ内戦に関与し、「血のダイヤモンド」と形容されるダイヤの原石との交換で南アフリカから武器を入手し、シエラレオネの反政府武装勢力「革命統一戦線（RUF）」に対する支援を行い、殺人や性的暴行、少年兵徴集などの罪を問われ、二〇一二年五月に禁固五〇年の判決を受けた。

クレイン氏に求められるのは公平な調査と、イスラエルの人権侵害を停止させる圧力となる結論に導くことだ。武装していない市民を銃撃することは、明らかな戦争犯罪だが、イスラエルはこれらの犠牲になった人々のほとんどがハマスの活動家であったと弁解している。

クレイン氏率いる調査団には、ほかにバングラデシュ人のサラ・ホセイン氏、ケニア人のベティ・ムルンギ氏が加わる。ホセイン氏は国連の下で北朝鮮の人権侵害を調査した経験があり、ムルンギ氏はルワンダ国際戦犯法廷の顧問であった。

二〇〇八年暮れから二〇〇九年一月にかけて行われたガザ紛争について南アフリカのリチャード・ゴールドストン判事が代表の国連事実調査団は、「調査団は、イスラエル国防軍（IDF）によって、戦争犯罪に相当する行為、そして、いくつかの点で、人道に対する罪に該当する可能性のある行為が実行された」

という結論を下した。

一九五六年に、スエズ運河を国有化したエジプトに対してイギリス、フランス、イスラエルが軍事攻撃を開始すると、中東へのソ連の介入を招き、米ソの核戦争になることを恐れたアイゼンハワー大統領（在任一九五三年〜六一年）は、イギリスへのＩＭＦ融資の凍結をちらつかせてイギリスの軍事行動の停止を促した。さらに、イスラエルがシナイ半島に侵攻すると、一九五七年二月二一日にアイゼンハワー大統領はテレビ演説を行い、「国連が国際紛争の武力による解決を認めれば、国連の存立基盤を破壊することになる。われわれの最善の希望は真の世界秩序の確立なのだ。かりに国連安保理が、侵略した勢力が撤退への勧告を継続して無視することを容認すれば、国連の破たんを導くことになる。それは、正義による平和の達成を希望した人類の期待を裏切ることになるのだ」と述べ、イスラエルのシナイ半島からの撤退を強く促した。イスラエルにアメリカ大統領の胆力を示した。

アメリカ・トランプ政権によるエルサレムへの大使館移転、イスラエルのヨルダン川西岸での入植地建設など国際法に違反し、国連から非難を受ける行為は、アイゼンハワーが強調した「正義による平和の達成」という理念とはほど遠い。

後悔しないパレスチナの少女とイスラエルの「国民国家法」

二〇一七年一二月にイスラエル兵を平手打ちにして逮捕され、母親とともに八カ月間の禁固刑に服したパレスチナ人のアヘド・タミーミーさん（一七歳）が二〇一八年七月二九日、釈放された。平手打ちはイスラエル兵が彼女の家の敷地に入ってなかなか出なかったことに対する憤懣《ふんまん》の表れであった。同じ日、彼女の従兄弟が抗議活動の中で、ゴム弾で頭部を撃たれて重傷を負っていた。釈放されたタミーミーさんは、「私は誤ったことをしていないし、後悔もしていない」と語った。

イスラエル当局は、タミーミーさんが反占領の活動をしている両親に利用されていると語り、イスラエルでは、彼女の家族が「テロリストの支持者たち」と形容されている。彼女はイスラエルの占領問題を世界に訴え、パレスチナ人の活動家や「受刑者」を擁護するために、人権法を学びたいという希望をもっている。

イスラエルは一九六七年の第三次中東戦争以来、ヨルダン川西岸を占領し、西岸にあるナビー・サーリフ村はイスラエルの入植地に至近な距離にある。ヨルダン川西岸の分離壁にタミーミーさんの肖像画を描いたイタリア人の画家たちはイスラエルによって一八年七月下旬に逮捕された。

タミーミーさんは釈放されて、ヨルダン川西岸の町ラマラ（ラマッラー）で刑務所では口にできなかったアイスクリームを食べた。彼女を「テロリスト」と見なすイスラエル人たちには、自分の立場に立って考えてほしい、人道主義の立場に立てば、現実が見えてくるとも述べている。

タミーミーさんは、刑務所で高校の試験を受けて卒業することができたが、獄中にあって、仲間と勉学し、パレスチナ人の教育を妨害するイスラエルに挑戦したと語った。ナビー・サーリフ村に戻った彼女は、イスラエルの占領が終焉するまで、抵抗を継続するという決意を述べている。

フランスはアルジェリアを一三〇年間植民地支配し、現地の人々の独立への希求や国際世論の高まりに抗することができずに、一九六二年にその独立を認めた。イスラエルの占領に対する抵抗への意志と、国際世論の支持があれば、イスラエルの占領の終焉やパレスチナ独立国家も決して夢ではない。

一八年七月一七日、南アフリカのネルソン・マンデラ生誕一〇〇年記念講演で、アメリカのオバマ前大統領は、「恐怖と怒りの政治」を手段にする政治家たちが「ほんの数年前には想像もできなかった速さで増えている」と指摘したが、その「先駆」であるのはイスラエルのネタニヤフ首相だろう。

南アフリカでオバマ前大統領は、「信じ続けること、前進し続けること、築き続けること、声を上げ続けること。世代は皆それぞれ世界を刷新する機会が与えられている」と演説を締めくくったが、世界はイスラエルのアパルトヘイトを根絶するために声を上げ続けなければならない。

一八年七月にイスラエルで成立した国民国家法は、「イスラエルではユダヤ人だけが自決権を持つ」ことを定めているが、アラブ人やドルーズ派の人々などイスラエルのマイノリティを考慮しない法律で、「アパルトヘイト法」と形容されても仕方ない。イスラエルの独立宣言には「宗教、人種、性別に関わらずすべての国民が平等な社会的、政治的権利をもつ」とあるが、法的にもその建国の精神に背いたことになる。

宗派としての「ドルーズ派」の始まりは、ファーティマ朝のカリフ、アル・ハーキム（九九六～一〇二一年）の晩年に始まる。イスマーイール派（シーア派の過激派）の一部の信徒たちは彼を神の体現であると考えた。ドルーズ派の奥義は「ウッカール（知る者）」と呼ばれる長老のみが知るところであり、この教義の秘密性や、悪人が犬や豚に転生するという考えや、さらには金曜礼拝を行わないことなどとともに他のイスラム教徒からは異端視されている。

イスラエルには一三万人のドルーズ派の人々が住んでいて、ドルーズ派住民たちはアラブ人とは異なってイスラエルの兵役にも服してきたが、国民国家法が成立すると、二人のドルーズ派将校たちが辞職した。イスラエルの戦争によって、子弟を失ったドルーズ派の親たちから国民国家法に対する猛烈な反発が起きている。ドルーズ派の長老の中にはイスラエルの兵役をボイコットするように促す動きも現れている。イスラエルは、主権がユダヤ人のみにあるようになり、多民族・多文化国家ではなくなったが、イスラエルのナザレ治安裁判所は、一八年七月三一日にイスラエル・アラブ人の詩人ダーリーン・タートゥール（一九八二年生まれ）に禁固五カ月、執行猶予六カ月の有罪判決を下した。タートゥールはフェイスブックで「抵抗せよ、私の人々、彼らに抵抗せよ」と題する自身の詩を記したが、それがイスラエルの裁判所によってテロ組織を支援し、暴力を扇動したと見なされた。タートゥールは、判決を受けてイスラエルの司法当局が彼女を裁判に置く権利や資格などなく、イスラエルの裁判制度が政治的に動機づけられ、まったく信頼できるものではないと述べた。

抵抗せよ、私の人々、彼らに抵抗せよ　　ダーリーン・タートゥール

エルサレムで私は傷を癒やし、深い心の痛みを覚える
アラブ・パレスチナ人のために私は手のひらにその魂を握りしめる
「平和的解決」などに屈することなどない
私の土地から彼らを追い出すまで　私の旗を低く掲げることなかれ
その時が来るように彼らを追い払う
（抄訳）

パレスチナ・アラブ人やドルーズ派の人々を「二級市民」と扱うことは、さらなる憎悪の応酬となることが懸念される。一八年五月に、国際ペンクラブ会長のジェニファー・クレメント（二〇一五年に女性として初めて国際ペンクラブの会長となったアメリカ生まれのメキシコの作家）は、「タートゥールは日々行っている文筆活動で有罪判決を受けたが、我々作家は不正に対して平和的に言葉を使って挑戦している。昨年光栄にもタートゥール氏の自宅で彼女と面会する機会があったが、彼女の逮捕については公正が実現することを望んでいる」と述べた。国際ペンクラブは、タートゥールが彼女の文筆による非暴力の活動でイスラエルの当局から不当に警戒されたと考えている。

UNRWA（国連パレスチナ難民救済事業機関）を解体しようとするトランプ政権

トランプ政権のクシュナー上級顧問は、パレスチナ難民たちに食料の提供や、教育・医療支援などを行ってきたＵＮＲＷＡ（国連パレスチナ難民救済事業機関）を解体しようとしていることを二〇一八年八月三日付の「フォーリン・ポリシー」が伝えた。これは、同紙が獲得したクシュナー氏の電子メールから明らかになったもので、パレスチナ人から「難民」としての地位を剝奪し、難民問題を和平交渉の課題から外すという意図が込められ、トランプ政権や議会の一部からも支持されている。クシュナー氏はＵＮＲＷＡのことを「現状を固定し、腐敗して、無能で、和平に役立たない」と形容しているが、アメリカは一九四九年にＵＮＲＷＡが成立して以来、この機関がパレスチナ難民を支援し、地域の安定に貢献していると見なしてきた。

しかし、アメリカのイスラエル支持者たちは、ＵＮＲＷＡが難民問題を和平交渉の中にずっと位置づける機関と見なし、UNRWAが七〇年前にイスラエル建国によって発生した難民だけでなく、その二世や三世までも難民として認定していることを問題視している。現在、パレスチナ難民は五〇〇万人となり、その三分の一の人口がヨルダン、レバノン、シリア、西岸、ガザの難民キャンプで暮らしているが、トランプ政権は難民問題をイスラエルに都合のよいように工作しようとしている。UNRWAが解体されれば、パレスチナ難民たちは帰還を求めないというのが、クシュナー顧問らの考えだ。しかし、UNRWAが解体されれば、幼児死亡率の上昇などパレスチナ人たちの人道上の危機はいっそう深刻になる。

第一次世界大戦が終わり、イギリスの委任統治が始まった頃、六八万人のパレスチナ人が暮らしていた。イギリスはイラクやヨルダンのように、アラブ人の国家をつくることを考えずに、シオニズムやユダヤ人に民族国家創設を認めた一九一七年のバルフォア宣言に応じてパレスチナへのユダヤ人の移住を認めていったが、一九四六年までにパレスチナ人の人口はおよそ一三〇万人に膨らんでいた。

第一次中東戦争などイスラエルは組織的に、また資金力もあって、パレスチナ人たちを故地から追放したが、第一次中東戦争が終わると、イスラエル国内に残ったパレスチナ人たちはわずかに一六万五〇〇〇人となった。それでもイスラエルは、こうして国内にパレスチナ人をとどめたことが誤りであったと考え、現在はイスラエル国内にいるパレスチナ・アラブ人たちはイスラエルの全人口の二〇％となった。ヨルダン川西岸におけるイスラエルの入植地建設によってさらに一万五〇〇〇人のパレスチナ人たちが、難民化したと見られている。

さらに、クシュナー上級顧問が二億ドルのパレスチナ支援を凍結することを一八年八月一〇日付の「フォーリン・ポリシー」は報じている。アメリカ議会は、二億三〇〇〇万ドルの経済支援をガザ、ヨルダン川西岸、東エルサレムで活動する援助団体に提供することを決めていたが、これらについても、凍結することをトランプ政権は議会に要請するという。もしこの予算のカットが実行されれば、国際ケア機構、カトリック・リリーフ・サービス、国際医療隊（International Medical Corps）、マーシー・コア（Mercy Corp）などの活動に否定的な影響を及ぼすことになるが、これらの団体は食糧支援、医療器具の提供などのサービスをパレスチナ人に行ってきた。クシュナー顧問は、これらの支援を停止することで、パレスチナ側に対する彼の交渉力を高め、彼の構想する和平プランを受け入れさせることを考えている。ヨルダン川西岸やガザで活動した元ＵＳＡＩＤ（アメリカ合衆国国際開発庁）の職員デーブ・ハーデン氏はこの措置がハマスやその他の和平交渉拒絶派を利するものだとコメントした。

第二章

イラン核合意からの離脱は明白な国際法違反

トランプ大統領は二〇一八年五月八日、イラン核合意からの離脱を表明し、イランに対して制裁を再開する方針を明らかにした。二〇一五年に成立した核合意は、イランの核兵器開発能力を外交交渉で除くものだったが、核合意からの離脱は反米主張を行うイランの強硬派を勢いづけ、欧米と対話してきた穏健なロウハニ大統領の政治的立場を弱めるもので、イランをはじめとする中東情勢の安定や平和とは逆行するものである。トランプ政権の措置は、革命以来イランがイスラエル国家の解体を唱え、その核兵器開発の継続が第二のホロコーストを招きかねないと警戒するイスラエルのネタニヤフ首相の主張に沿うもので、アメリカ国内の親イスラエル・ロビーやイスラエルの利益を守ることがキリストの再臨を早めると本気で考える福音派などが推進した。

ネタニヤフ首相の安全保障観は、二〇〇〇人以上の犠牲者を出し、国際的に強い批判を浴びた二〇一四年夏のガザ攻撃のように、独特で、過剰なものがある。トランプ政権のイラン核合意からの離脱はきわめて危うく、世界秩序を重大な混乱に導く危険性があるものである。

国連憲章第二五条に違反するトランプ政権

トランプ政権のイラン核合意からの離脱は、イランの体制転換を狙ったものかもしれないが、アメリカによる中東での体制転換は欧米、特にヨーロッパ諸国にはテロや難民など深刻な混乱をもたらしてきた。フランスのマクロン大統領、イギリスのメイ首相、ドイツのメルケル首相は、トランプ大統領に核合意に踏みとどまるように説得したが、トランプ大統領がこれを聞き入れることはなかった。

トランプ大統領が離脱したとはいえ、イラン核合意は国際的合意であり、国連安保理決議二二三一号によっても追認された。それから離脱することは明白な国際法違反である。国連憲章第二五条〔決定の拘束力〕には、「国際連合加盟国は、安全保障理事会の決定をこの憲章に従って受諾し且つ履行することに同意する。」とある。トランプ政権はこの第二五条にも違反したことになる。

イラン核合意からアメリカが離脱した背景には、一つにはイランとの戦争を視野に入れていることもあり、ネオコンのボルトンを国家安全保障担当大統領補佐官に、またイランを極度に嫌う福音派のポンペオを国務長官に据えたのも、戦争の可能性に備えたものだろう。

トランプ政権の核合意離脱をめぐるもう一つの重大な不合理は、イランと取引を行う国をアメリカ市場から排除することだが、世界の平和を維持するために、またイランと経済交流を行いたい個々の国の経済的利益のためにはこれを克服する必要がある。

アメリカが国内企業に対して制裁を科すならばまだ理解できるが、トランプ政権は理不尽にも、ユーロや人民元で決済する外国企業にも制裁を加えようとしている。ヨーロッパ諸国や日本などアメリカ以外の国は、自国の企業を守るために、国連安保理決議二二三一号、国連憲章、一方的な措置を禁じたWTO（世界貿易機関）違反になることを強調していく必要があるだろう。ヨーロッパ諸国、あるいは日本は世界の平和や秩序を守るために、国連憲章や世界の貿易ルールに訴え、トランプ政権のイラン核合意からの離脱という不当で、不合理な措置に強く抵抗していかなければならない。

トランプ政権がイランの核合意から離脱が可能なのは、イランは北朝鮮と違って核抑止力や、アメリカに脅威を与える弾道ミサイルを保有せず、またアメリカには中東地域でイスラエルとサウジアラビアという同盟国があり、イランを取り囲むように米軍が使用できる基地がカタールやバーレーンなどにも存在する。イスラエルは、イランが核兵器を開発しているというプロパガンダを行ってきたが、二〇一五年の核合意はイスラエルの主張の正当性を奪うことになり、それ以降ネタニヤフ政権は、イランのシリアやレバノンへの介入を強調するようになった。イランの核合意が成立した後の二〇一六年イランの経済成長率は一二・五％であったのに対して、トランプ政権が誕生した二〇一七年には三・五％に落ち込んだが、これはトランプ政権単独のイラン制裁によるところが大きい。核合意ではアメリカは一五〇〇億ドルに上るイランの在米資産の凍結解除を行うはずだったが、トランプ大統領はこれも実行することがなかった。

トランプ大統領はすでに一七年一〇月一三日、ホワイトハウスで演説を行い、イランが核合意を「順守しているとは認めない」という考えを示した。彼は「脅威を見過ごせば、脅威はより深刻になっていくことは歴史が証明するところだ」とも述べた。これは、イラク戦争に至るまでの過程でブッシュ政権が見せたのとまったく同じ「戦争するならば相手の脅威や軍事力が増大する将来よりも現在行うべき」という予防戦争の考えだ。実際、モハメド・エルバラダイ元ＩＡＥＡ（国際原子力機関）事務局長も、トランプ大統領の発言を受けて「ＩＡＥＡの報告書を無視するトランプ大統領の発言はイラク戦争に至る過程を思い起こさせるもの」とツイートしている。

トランプ大統領は、同じ演説でイランが死と破壊、混乱を世界にまき散らしていると述べ、イランが一九七九年一一月からテヘランのアメリカ大使館員六〇人余りを四四四日にわたって拘束し、またレバノンで一九八〇年代に発生した米軍へのテロ、一九九八年にケニアとタンザニアで起こったアメリカ大使館爆破事件、さらに九・一一の同時多発テロの背後にもイランがいると語った。しかし、大使館占拠を除いて、これらの事件とイランが関わっているという根拠はまったく希薄で、アメリカはケニア、タンザニアや九・一一のテロの背景にはオサマ・ビンラディンのアルカイダがいると主張し、アルカイダをかくまっていると考えられたアフガニスタンに軍事介入し、タリバン政権を打倒した。

さらに、トランプ大統領はイランがアルカイダ、タリバン、ヒズボラ、ハマスなどテロのネットワークを支援しているとも語った。だが、アルカイダとタリバンは、厳格なスンニ派の組織で、シーア派のイランを異端視して、シーア派との戦いを主張してきた。「はじめに」でも述べた通り、タリバンは、一九九八年にアフガニスタン北西部の都市マザリシャリフでイラン人外交官八人を殺害したこともあり、タリバン政権とイランの関係は険悪であったし、アルカイダもアフガニスタンでイランの支援を受けるシーア派ハザラ人の武装組織を攻撃していた。イランは二〇〇年以上も他国に軍事介入を行ったことがなく、「世界に死と破壊、混乱を蒔《ま》き散らしている」のは、イラク戦争やアフガン戦争を見れば明らかなように、アメリカがテロ支援を行っているとするイランではなく、どう見てもアメリカ自身という印象を受ける。万が一、イランと、アルカイダ・タリバンとの間に連携があったとしても一五年の核合意の問題とは何の関係もない。

イラン核合意、つまり「イランの核問題に関する最終合意（包括的共同作業計画：ＪＣＰＯＡ）」ではイランが合意を守っているかどうかを検証するのはアメリカではなく、ＩＡＥＡということになっている。トランプ大統領が、イランが核合意を順守しているとは認めないという発言は、自らの思い込みやイランに対する悪意に基づいている。

やはりイランが核合意を守っていないと主張するアメリカのニッキー・ヘイリー国連大使がイランについて語ることのほとんどがイスラエルのネタニヤフ首相の考えの受け売りといえるもので、トランプ大統領とヘイリー国連大使はイランがヒズボラを支援していることを問題視しているが、シリアでヒズボラを支援しているのはイランだけでなく、ロシアも同様に行っている。しかし、彼らがロシアを批判することはない。ヘイリー国連大使は、第一章でも述べた通り両親はインドのシク教徒だが、結婚して二〇代にクリスチャンとなり、南カロライナ州の知事には、イスラエルの利益を擁護する福音派が重要な支持基盤となり当選した。

イランの核関連施設の査察を行うIAEAの天野之弥《あまのゆきや》事務局長も、トランプ大統領がイランが合意を順守していないと述べた一七年一〇月一三日に「IAEAは計画に基づいて核合意の実施状況を監視しているが、イランは取り決めを順守している」という声明を出したものの、トランプ政権はこれを聞く耳をまったくもち合わせていなかった。

イラン核合意のメリット

イラン核合意は、中東の核軍拡競争を抑制し、この地域に安定をもたらすものであることは言うまでもない。イランで二〇〇二年にウラン濃縮施設が見つかったことをきっかけに、イランが核兵器をもたないよう、二〇一五年七月に米英仏独中ロ、欧州連合（EU）とイランが「包括的共同行動計画（JCPOA）」で合意した。

その内容は、「イランは、兵器に転用できる高濃縮ウランや兵器級プルトニウムを一五年間は生産せず、（ウランの濃縮度は一五年間にわたって平和利用に限られる三・六七％までに抑えることが義務づけられた）一〇トンあった貯蔵濃縮ウランを三〇〇キロに削減する。また一万九〇〇〇基あった遠心分離機を一〇年間は六一〇四基に限定する。かりにイランが核開発を再開しても、核爆弾一発分の原料の生産に最低一年はかかるレベルに能力を制限する。」というものであった。

見返りに米欧などは金融制裁やイラン産原油の取引制限などを解除したが、軍事的手段ではなく、外交で核不拡散体制（ＮＰＴ）を維持した成功例として評価され、ドイツのメルケル首相などは北朝鮮の核問題の解決はイランの核合意をモデルにできるとも発言した。他方で、イランが制限、条件つきながら核開発を継続できるため、イスラエルなどが反対し続けたが、イラン政府はイランの電力不足を補うためには原子力発電が必要と考え、あくまで民生用だと主張してきた。

二〇一八年六月のトランプ大統領と金正恩委員長との間に結ばれた合意文書では、具体的な内容はなく、イラン核合意で厳格に定められた遠心分離機の扱いについても触れられていない。イラン核合意は一五九頁にも及ぶもので、イランの核開発をまさに「不可逆的」に不可能にするものであった。ＩＡＥＡは、イランの核施設を不断に査察し、軍事施設で核兵器開発が行われたと疑いが出た場合、強制査察を行う権限をもつ。ＩＡＥＡはイラン政府に通達し、二四日以内に対応しなければならないと決められている。核兵器開発で放射性物質を扱えば、二四日間以内にキセノンなどの特有の希ガスや自然界にはない放射性物質が施設周辺に飛散することはなく、その証拠を完全に隠滅することは不可能だ。

ＩＡＥＡは一八年四月末にも、イランが核合意を順守しているという見解を出している。ＩＡＥＡの報告があるものの、トランプ大統領はそれを無視するかのようにその直後に核合意からの離脱を発表した。

繰り返すが、トランプ政権がイランとの核合意をくつがえした背景には、イランを極度に警戒するイスラエルのネタニヤフ政権の意向がある。ネタニヤフ首相はシリア国内におけるイランの革命防衛隊の活動がイスラエルにとって脅威と主張するが、シリアのアサド政権とともに戦うイランの将兵は人数的にはイスラエルを攻撃するほどの規模ではまったくなく、戦闘要員の多くがイランに逃れたアフガン難民たちであり、イラン社会では最下層を形成するような人々だ。イラン人の多くには一九八〇年代のイラン・イラク戦争の記憶がいまだに生々しくあり、イラン人に戦死者が出て世論がイラン政府に対して批判的となって、体制の不安定要因となることを政府は避けている。

アメリカがイランの核エネルギー開発や北朝鮮の核兵器保有の「脅威」を強調する一方で、イスラエルの核兵器を問題視せず、イスラエルをＮＰＴにも加盟させることがない「二重基準」が、イランや北朝鮮のアメリカに対する不信となり、北朝鮮の場合は核兵器を開発したり、保有したりする要因になっている。アメリカやイスラエルの身勝手な「論理」が「核兵器と共存できない」精神を台なしにしてきたことは確かで、イランが核兵器を保有すれば、サウジアラビアなどアラブ諸国も同様に核兵器に関心を示していくことは間違いない。アメリカの「二重基準」がイランに核兵器保有に関心をもたせ、その開発に乗り出すことにもなりかねない。

イランについてもイラク戦争のウソを繰り返すトランプ政権

イランに核兵器開発を断念させるのであれば、核合意を守ることのほうがはるかに理にかなっている。トランプ大統領やその側近のタカ派たちはイランに不合理な難癖をつけることによってイランの「暴発」を期待しているようにも見える。トランプ政権の制裁強化では、イランの中央銀行を通じて原油や石油製品などへの代金支払いを行う外国企業にアメリカの金融システムへのアクセスやアメリカ企業との取引が禁じられるなどの制裁措置が最大一八〇日間の猶予期間後に発動される。国際社会にとっても甚だ迷惑な核合意からの離脱で、現にイランをめぐる中東情勢の緊張もあってガソリン価格が上昇することもあるなど日本人の日常生活にも影響を及ぼしている。

トランプ政権のタカ派たちが考えているのは、核兵器開発を阻止するというよりも、イランを経済的に締め上げて、国内から反政府的ムードが高まることを狙い、イランを内から揺さぶることだ。さらに、イランが核査察を拒否するなどの措置に出れば、それを口実に軍事的攻撃をしかけることも視野に入っていることだろう。

「アメリカ新世紀プロジェクト（ＰＮＡＣ）」に集まったチェーニー元副大統領やポール・ウォルフォウィッツ元国防副長官、エリオット・アブラムズなどのネオコンは、一九九〇年代後半にクリントン政権にイラク攻撃を促し、ルパート・マードックなどのメディアを通じて反イラク・キャンペーンを張った。さらに、ネオコンは二〇〇一年の九・一一の同時多発テロ事件の背後にサダム・フセイン政権の策動があったと喧伝し、サウジアラビアやイスラエルの人権問題に触れることはいっこうになく、サダム・フセイン政権下の人権侵害を問題視し、ブッシュ大統領やライス補佐官、チェーニー副大統領、ラムズフェルド国防長官はイラクがあと二年で核兵器をもつという虚偽の情報を流してアメリカ国民の間に恐怖をまき散らした。

ネオコンがイラクに関する虚偽の情報をねつ造し、強調していったのは、イスラエルの安全保障を確実にすること、アメリカ国内でイスラエルの利益を擁護する福音派がイラクで布教活動ができること、イラク石油の権利を獲得する意図があったこと、軍産複合体が武器・弾薬を売却する機会をもちたいなどの背景があった。

ボルトン国家安全保障担当大統領補佐官やポンペオ国務長官は、イランで国内的基盤がほとんどない反体制派組織ムジャヒディン・ハルクを使ってイランの体制転換を考えている。それはあたかも、二〇〇三年のイラク戦争開戦の際にやはり国内的支持がないアフマド・チャラビー（一九四四〜二〇一五年）の「イラク国民会議」をサダム・フセイン政権の後釜に据えようとしたことを彷彿《ほうふつ》させる。

また、ブッシュ政権時代にタイの強制収容所でテロ容疑者への拷問を指揮したとされるジーナ・ハスペルをＣＩＡ長官の代行に就任させたのはイラク戦争を始めたブッシュ政権への逆戻りだ。トランプのアメリカはイラク戦争の過ちを繰り返そうとしているように見えるが、アメリカのヨーロッパ同盟国にもイラン核合意からの離脱を支持する動きはなく、国際社会にはアメリカに孤立感を与え続けることが、核合意を維持するためには必要だろう。

ジョン・ボルトン大統領補佐官などイランの体制転換を考える人物たちは、経済制裁の強化によってイランの核兵器開発が抑制されるということをハナから目的にしていないように見える。キューバ、北朝鮮、イラク、リビアに対する経済制裁は、これらの国の体制転換をもたらすことはなく、北朝鮮の場合は核兵器までもつことになった。サダム・フセインやカダフィー大佐の体制は経済制裁ではなく、米欧の軍事力の行使によって打倒された。イランに対する国際的な制裁は二〇一〇年から一五年まで発動され、中国、インド、ＥＵも参加していた。アメリカは、一九九六年にキューバ、イラン、リビアに単独で経済制裁の強化を図ったものの成功しなかった。

国際社会によるイランとの取引、イランへの送金はアメリカがコントロールするＳＷＩＦＴ（国際銀行間通信協会）によって制限を受けたが、金融機関同士のあらゆる通信にはこのＳＷＩＦＴコードが必要だ。にもかかわらず、日量二一〇万バレルのイラン原油の一〇〇万バレル余りを購入する中国やインドはトランプ政権の威嚇にも屈する様子がない。フェデリーカ・モゲリーニＥＵ外務・安全保障政策上級代表兼副委員長は、ＥＵはその安全保障上の関心や、経済的投資を保護するための行動を行うと述べている。かりに日本や韓国がトランプ政権の圧力に屈してイランからの石油購入を閉ざしても、一〇％から一五％ぐらいの輸出量が減るだけで、二〇一五年の核合意以前の五〇％削減という状態には及ばない。

制裁が機能しなければ、トランプ政権の場合は戦争しか選択肢がなくなるが、すでに戦争を想定している様子もある。二〇一八年五月八日に明らかにされたトランプ大統領のイラン核合意からの離脱以前の四月三〇日に、イスラエルのネタニヤフ首相がイランが過去に核兵器開発を進めていたという「極秘ファイル」を公開したが、それは目新しいものではまったくなく、アメリカや、イスラエルは言うまでもなく、ヨーロッパ諸国の情報機関にもすでに知られていたものばかりであった。

ネタニヤフ首相がイランの核兵器開発の「実態」を報告した四日前に、イスラエルのリーバーマン国防相は、アメリカの国防関連の官僚たちからイラン攻撃についてお墨付きを得ていたとされる。同じ日にリーバーマン国防相は、ワシントンでポンペオ国務長官と会い、その席上ポンペオ国務長官は、湾岸諸国が一致してイランに対抗できるように、カタールに対する敵対行為をやめるべきだと述べた。すでに、アメリカ、イスラエル、サウジアラビア、ＵＡＥはイランに対して行動を起こすことで一致しているようにも見える。

これらの国を束ねれば、イランの軍事力とはけた違いに優るが、しかし、軍事力が戦争の勝敗を決するわけではない。アメリカはアフガニスタンで一七年にわたって戦争を継続し、イラクも放棄する形で撤退した。イスラエルはヒズボラにてこずり、サウジアラビアとＵＡＥはイエメンでの戦争に三年以上経過しても勝利することができていない。

イランには八〇〇〇万人の人口があり、空爆だけで体制転換は不可能で、地上軍を投入しなければならない。人的資源のあるイランは地上軍を、地上での戦闘経験のないサウジアラビアやＵＡＥに侵攻させることも可能である。イスラエルは地理的に遠く離れたイランに地上軍を派遣するとは考えにくく、かりにイスラエルがイランを攻撃すれば、ヒズボラもイスラエルに軍事行動を起こすことも考えられる。アフガニスタン、イラクで失敗した米軍がイランに本格的軍事介入することは世論も許容しないだろう。イランの革命防衛隊には、イラン・イラク戦争やイラクでのＩＳとの戦いで鍛えられた戦闘技術もある。

戦争は、石油価格を押し上げ、日本、ＥＵ、中国、インド、さらにはアメリカの経済にも否定的影響を及ぼすだろう。イランは、核兵器をもつ北朝鮮が一八年六月にトランプ大統領との会談を実現し、体制を保証されたことを見て、核兵器の開発に関心をもつことがあるかもしれない。ヨーロッパはイラン核合意を支持し、またアメリカの議会では民主党議員を中心にイラン戦争に反対を唱え続け、ＣＮＮの世論調査では核合意からの離脱に賛成したのはわずかに二九％だけだった。国際的な、あるいは国内世論にも逆らうイラン核合意からの離脱であった。

核開発に関するアメリカ・イスラエルの「二重基準」

アラブ諸国が問題にするのはイスラエルの核兵器で、中東で唯一の核兵器保有国のイスラエルは、イランの核エネルギー開発には極度の警戒を示している。イスラエルが保有する核弾頭は四〇〇発とも推定されるが、二〇一四年夏のガザ攻撃や、占領地であるヨルダン川西岸での入植地拡大を見れば、イスラエルが核兵器について理性を保つことは決して保証されるものではない。

アメリカはアラブ諸国に対してはNPT批准《ひじゅん》に圧力をかけ、またイランに対しては経済制裁まで科してその核エネルギー開発を妨害している。このような「二重基準」がアメリカに対するテロの一つの重要な背景になっていることをアメリカは意識していないかのようだ。イスラエルの核兵器を放置したままだと、イランが核兵器をもたなくてもアラブ諸国に核兵器保有への関心が生まれる可能性も高まる。

アメリカの政治学者ケネス・N・ウォルツは、『フォーリン・アフェアーズ　リポート』(二〇一二年七月号)でイスラエルが核兵器を保有していることが中東の軍事バランスを崩し、中東を不安定化させていると述べたが、ゴラン高原やヨルダン川西岸の占領などイスラエルの数々の国際法違反を可能にさせているのはその「核の脅威」を背景にしていることも確かで、エジプトなどアラブ諸国が主張してきた「中東非核地帯」構想は筋が通っているように思われる。

イスラエルの核兵器研究所は、ネゲブ砂漠のディモナにあるが、この研究所の核廃棄物がどう処理されているのかはまったく明らかにされていない。核兵器の近代化、あるいはイスラエルとの軍事的同盟の強化によってアメリカの兵器産業の雇用の確保を考えるトランプ大統領はイスラエルの核兵器についてはまったく無頓着だろう。

イスラエルは、トランプ政権にサウジアラビアの核開発について条件を付け、イスラエルが原子炉建設の場所などその計画の詳細について事前に知っていること、またアメリカだけが原発燃料の供給を行うこと、さらには使用燃料についてはアメリカがすべて引き取り再処理はできないなどの条件を付けた。イスラエルは、アラブの国であるサウジアラビアに対して核技術を売却したと見られている。核開発分野におけるイスラエルとサウジアラビアの協力はさまざまな分野での両国の関係拡大をうかがわせ、二〇一八年六月、サウジアラビアの首都リヤドとイスラエルの地中海に面する都市ハイファを結ぶ鉄道の敷設構想も浮上したが、この構想はイスラエル・パレスチナ紛争を前進させるとするトランプ政権のクシュナー上級顧問主導の「世紀のディール」が明らかにされた後で公表されるという。

アメリカ・イスラエルとサウジアラビアの核協力はイランを封じ込めるために行われているが、イランをはじめとするイスラエルと対立する国の核開発にはイスラエルは容赦する姿勢を断固として見せてこなかった。イランの核問題に対するイスラエルの厳格な対応は、一九八〇年代のイラクの核へのそれに類型を見て取ることができる。

イスラエルは、サダム・フセイン政権下のイラクが核兵器開発の疑惑をもたれると、一九八一年六月にイラクの首都バグダード近郊のオシラク原子炉を空爆して破壊してしまった。イラクに原子炉を輸出したフランスは、イラクの核が平和利用であると主張したが、イスラエルは、イラクが核兵器製造に近いと訴え続けた。イスラエルの情報機関モサドは、イラクの核開発を挫くための秘密の作戦を行っていった。

モサドは、一九八〇年六月に、イラクの核開発を指導していたエジプト人のヤフヤー・アル・マシャド（一九三二年生まれ）をパリのホテルの一室で殺害した。イラクの核物理学者であったアブドゥル・ラスールも一九八三年にパリで昼食をとっている間に毒を注入されて死亡した。

さらに、モサドのエージェントが一九七九年四月にはフランスのトゥールーズでイラクに向けて輸出されようしていた原子炉に爆弾をしかけ、その六〇%を破損させた。一八年七月九日に発売となったダン・ラヴィヴとヨッスィ・メルマンの共著による『ハルマゲドンに対抗するスパイたち：イスラエルによる極秘戦争の内幕（"Spies Against Armageddon: Inside Israel's Secret Wars"）』には、モサドは少なくとも四人のイランの核科学者を殺害したと書かれている。

「無知な不動産業者」の大統領への危惧

アメリカのトランプ大統領は、北朝鮮の金正恩・労働党委員長を「小さなロケットマン」と揶揄《やゆ》していたが、二〇一八年四月に国賓として迎えたフランスのマクロン大統領との会談中に記者団に「金委員長は非常にオープンで、現在見られるところから考えて、非常に高潔だと思う」と一八〇度転回とも受け取れる発言をした。その際、トランプ大統領はイラン核合意を「正気ではない」と形容し、それからの離脱をほのめかすなど、北朝鮮よりもイランの核に重大な関心を寄せる姿勢を明確にした。

国際的な合意から一方的に離脱するトランプ大統領の姿勢こそ「正気ではない」印象だが、マクロン大統領はトランプ大統領にイラン政策に関する新たな提案を行った。それは、核合意では二〇二五年までイランのウラン濃縮活動を凍結することになっているが、さらにその期限を延長する、イランの弾道ミサイル開発に制限を加える新たな合意をつくる、地域の安定のための条件を整え、イランの影響を封じるなどの内容だった。

マクロン大統領は、ロシア、トルコとともに、フランスの旧植民地であるシリアの内戦を終わらせ、トランプ政権が危険視するシリアへのイランの影響力を減じることを考えている。イラン核合意が成立した頃、アメリカ国内のタカ派はイスラエルに対するイランの敵対的姿勢など他の問題を含めたい意向をもっていたが、オバマ政権のケリー国務長官は、核問題一本に絞って他の常任理事国やドイツとの調整を図って核合意を成立させた。

イランのロウハニ大統領は、核合意は七カ国の間で成立したものであり、アメリカ、フランスがそれを変更することができないと述べている。ロウハニ大統領は無知な不動産業者のトランプ大統領には核問題は理解できないとも語った。アメリカの政治エリートたちはイランのアヤトラ（アーヤトッラー、イランの上級宗教指導者）たちが国際問題や経済を理解できるわけがないと揶揄してきたが、それがブーメランのようにトランプ大統領に返ってきているようだ。

イラン核開発の現代史的展開とトランプ政権の「言いがかり」

一九六〇年代後半から七〇年代前半にかけてイランのパフラヴィー朝の国王モハンマド・レザー・シャーはイランの核エネルギー開発を開始し、一九六七年にテヘラン核研究センターを創設した。アメリカはこれに五メガワットの研究用の原子炉を提供したが、これは高濃縮度ウランによって稼働していた。

イランは一九六八年にＮＰＴ（核拡散防止条約）に署名したが、ＮＰＴでは核兵器開発に至らなければ核の平和利用を認め、核処理のプロセスも認めている。その代わり核兵器を保有する安保理常任理事国は核兵器の削減に努力するというものだ。しかし、核兵器を保有する五カ国は核兵器の近代化に努め、さらにインド、パキスタン、イスラエル、北朝鮮が核兵器保有国となっていった。一九七四年にアメリカの支援もあって、イランの王政は、二三基の原子力発電施設をつくり、二万三〇〇〇メガワットの発電能力をもつようになったが、アメリカやヨーロッパの企業は競ってイランの原発事業の発展に参入しようとしていた。一九七五年に西ドイツ・フランクフルトのエルランゲン社はイランのブーシェルに六〇億ドルをかけて原発を建設する契約を受注した。アメリカのフォード大統領は、一九七六年にアメリカの原子力発電所がイランで操業し、イランの核原子炉燃料からプルトニウムを抽出するアメリカ企業による再処理施設をイランに建設する大統領令に署名した。

ほぼ完成に近かったブーシェフルの原発建設などイランの核開発プログラムは一九七九年のイラン革命で停止したが、一九八〇年にサダム・フセイン政権のイラクの侵攻で始まったイラン・イラク戦争によってさらにイランの核開発は滞るようになった。IAEAは一九八三年にイランの核エネルギー開発に協力を行う意向であることを明らかにしたが、しかしアメリカがIAEAにイランへの支援をやめるように圧力をかけ、IAEAによる協力は実現することがなかった。イランは中国に協力を期待したものの、中国もまたアメリカの圧力に屈した。ところが、イランはロシア企業との協力で、二〇一一年にブーシェフルで原子炉一号機を完成させ、その稼働を開始し、ウラン濃縮にも成功した。

その後、イランは、サイバー攻撃、経済制裁、核物理学者の暗殺などがありながらも、核エネルギー開発を継続した。アメリカがオバマ政権になると、ようやくイランの核の平和利用を前提とした核交渉に加わるようになり、二〇一五年のイラン核合意に至った。核兵器の製造には濃縮度九〇%以上のウランが必要だが、これでイランの核兵器製造ははるかに遠のくことになった。イランはイラン西部にあるアラクの原子炉も閉鎖して、これでプルトニウムの生産もできなくなった。イラン核合意はこのように、イランによる核兵器製造を実質的に不可能にするものだった。

トランプ政権のポンペオ国務長官は、イランはウラン濃縮活動を停止すべきだと主張するが、NPTでは濃縮活動は認められ、またイランがプルトニウム生産を目指さないこともイラン核合意の事項に含まれている。ポンペオ国務長官は、イランが弾道ミサイルの開発を放棄しなければならないと主張するが、これもイランの自衛権を侵害するものであり、核合意にも含まれていない。イランの弾道ミサイルは射程距離二〇〇〇キロメートルを超えるものではなく、アメリカに到達することはなく、また核弾頭を搭載するものでない。

ポンペオ国務長官は、トランプ大統領の中東政策の業績として、イランの「拡張主義」に対抗するペルシア湾岸のアラブ諸国とイスラエルの同盟関係を築き上げたことだと称賛した。ポンペオ国務長官は、二〇一六年に議員時代にイランの体制転換を主張したことがあるが、彼のイスラム嫌いはつとに有名で、「イスラムの東側陣営、キリスト教の西側陣営」とも発言したことがある。

ジョン・ボルトン大統領補佐官は二〇一八年一月に、「ウォールストリート・ジャーナル」でアメリカの外交政策はイラン革命四〇周年までに、イランの体制転換を実現すべきであると発言し、イラン核合意を「大失敗」と形容した。ジュリアーニ法律顧問は二〇一八年五月五日、イランの反体制派ムジャヒディン・ハルクの集会で講演し、アメリカの政策はイランの体制転換にあり、来年はイランの革命記念日を祝わせることはないと発言した。

イラク戦争直前にポール・ウォルフォウィッツ国防副長官は、イラク戦争はたやすいことであり、米軍はバラをもってイラク国民に迎えられるだろうと語ったが、米軍は二〇一八年になってもイラクで活動している。アメリカのネオコン（新保守主義勢力）は一九九六年に、その直後にイスラエル首相となるベンジャミン・ネタニヤフとともに、イラクにハーシム家の王政を復活させることも構想するようになった。ヨルダンのハーシム家の王政は一九九五年にイスラエルと平和条約を結んだが、ヨルダンのようにイスラエルに親近感をもつ国が増えれば、レバノンのヒズボラなど反イスラエル勢力に肯定的な影響力をもつものと考えた。サダム・フセイン体制打倒のために、国内に何の基盤ももたないアフマド・チャラビーなど反体制の国外居住のイラク人たちも利用しようとしたが、同様にイランについても国内基盤のないムジャヒディン・ハルクに新体制を担わせようと考えている。ムジャヒディン・ハルクは、イスラムとマルキシズムの折衷を説く、アメリカの価値観と合わないような組織だが、ボルトン補佐官もこの組織と親密な関係を築き、イラン攻撃を提唱してきた。

国際的合意を破ってきたのはイランではなく、アメリカ

北朝鮮は核兵器をもち、アメリカを標的にできる大陸間弾道弾をもつが、ポンペオ国務長官は北朝鮮についてはソフトな姿勢を示すが、アメリカに対する軍事的脅威がないイランには異様に強硬である。トランプ政権はイランが新たな核交渉に乗ってくることを期待していないかのようにも見える。福音派の信徒であるポンペオ国務長官にしろ、軍産複合体と密接な関係にあるボルトン補佐官にしろ、中東地域でイランの影響力がイスラエル、サウジアラビア、エジプトに優るようなことを望んでいない。イスラエルがさらにパレスチナ人の人権を侵害しようが、これら三国がシリアの反アサドのイスラム武装集団を支援しようが、サウジアラビアがイエメンの人道危機をもたらそうが、それらを非難することはまったくない様子である。

イランは核合意で多大な譲歩を行ったと考えているが、イランはＮＰＴの締約国であり、ＮＰＴでは軍事用でなく、民生用であれば、ウラン濃縮は可能とされている。イランがウラン濃縮にも条件をつける核合意を受け入れたのは、イランの経済が制裁によって経済的打撃を受けたからだ。イランが再交渉に臨むとは考えにくいが、トランプ政権はイランが核合意から離脱した場合に備えた措置も準備しているに違いない。イラン経済を締めあげ、イランと取引を行ったヨーロッパ企業などに制裁を加えていくことだろう。イランを厳格に封じ込めばイラン国内の強硬派が勢いづくことは間違いなく、イランがウラン濃縮活動を再開することもトランプ政権は想定していることだろう。そうなれば、イラク戦争の際のイギリスのように、ヨーロッパの同盟国もアメリカの軍事行動に協調させることができると考えているのかもしれない。

北朝鮮の脅威が低下すれば、トランプ政権の関心はいっそうイランに向いていく可能性がある。アメリカやイスラエルのタカ派はイランへの攻撃を主張し、イスラエルのネタニヤフ首相はイラン本土への攻撃も排除しない姿勢を示す。イランのザリーフ外相は、二〇一八年四月二一日にかりにアメリカが核合意から離脱すれば、イランはウラン濃縮活動を再開すると述べている。そうなれば、中東地域全体に核兵器への関心をもたらしかねないが、現にサウジアラビアではイランに対する核抑止の考えを提唱する声もあり、原発建設に着手する計画もある。

アメリカは数々の国際的合意を反故《ほご》にし、二〇〇二年にブッシュ政権は、米ソの間で一九七二年に締結された軍備制限条約である「弾道弾迎撃ミサイル制限条約（ＡＢＭＴ）」から一方的に脱退した。二〇〇三年一二月、リビアのカダフィー大佐は核開発プログラムを放棄する見返りにアメリカから体制保証を与えられたが、二〇一一年にアメリカをはじめとするＮＡＴＯ軍はリビアを空爆し、カダフィー政権の崩壊をもたらした。トランプ大統領が環境問題に関するパリ協定やＴＰＰ（環太平洋パートナーシップ協定）から離脱したのは記憶に新しい。

サイコパスのメンタリティーと核問題

冷酷なサイコパス人間を描いた映画に『羊たちの沈黙』があったが、イランの核問題について根拠のない主張を繰り返すネタニヤフ首相の日ごろの言動を見ていると、「サイコパス」という言葉を思い出す。「サイコパス」の定義は、「非常によく嘘をつく。無責任で問題行動が目立つ。責められると逆ギレする。感情が浅く思いやりがない」とある。（http://www.psy-nd.info/）

ネタニヤフ首相やリーバーマン外相などイスラエルの極右政治家たちが、イランが核兵器の製造の意図をもっているという疑念を抱くのは、イスラエルが自らアメリカ・ケネディ政権との約束を破って核兵器を保有したということもある。イランの「核の脅威」がなくなれば、イスラエルの核兵器保有が国際社会から問題視されることを恐れているかもしれない。さらに、イランの「核の脅威」を強調することによって、入植地の拡大などイスラエルの和平に逆行する行為から国際社会の目をそらす目的もあるだろう。

シンガポールでの米朝首脳会談で成果があれば、それはアメリカのイラン攻撃への「序曲」になるかもしれないという記事が二〇一八年六月一〇日付のイスラエルのハアレツ紙に出た。交渉が継続している限りトランプ政権は北朝鮮を攻撃することなく、それは二〇〇九年から一三年にかけてイスラエルのネタニヤフ政権はイラン攻撃をたびたび口にしていたものの、オバマ政権がイランの核問題について交渉を優先させると、イスラエルはイランを攻撃することができなかったことにも見られた。イランとの戦争を考えるボルトン大統領補佐官やポンペオ国務長官などトランプ政権内のタカ派はイランとの交渉を視野に入れていないかのようだ。

ブッシュ政権時代に「悪の枢軸」のレッテルを貼られたイラン、イラク、北朝鮮のうち、イラクのサダム・フセイン政権はイラク戦争で打倒され、北朝鮮はトランプ政権との外交交渉に臨むようになった。シンガポールでの米朝首脳会談が一応の前進を見て、イランだけが依然としてアメリカの「敵」として残っている。

トランプ大統領が就任すると、イランに対してアメリカへの移民・旅行を禁止して、アメリカ国内に親族がいるイラン人たちとの面会の機会を奪うことになった。ロウハニ大統領をはじめイラン政府は、イランの核合意から離脱しながら北朝鮮と交渉する支離滅裂なトランプ政権の姿勢を信頼できないものと批判している。

ヨーロッパ諸国は、国際社会の集団安全保障の要である国連安保理によっても承認されたイラン核合意が最善の方策であるといまだに信じていると書簡の中で述べている。トランプ政権による核合意からの離脱がヨーロッパの安全保障をも損なうと考えられているが、中東でまた紛争が起きれば、シリアのように、大量の難民がヨーロッパに押し寄せ、中東地域のエネルギー資源のヨーロッパへの供給を断たれるか、大いに減じられる可能性もある。

イラン戦争はアメリカを泥沼に導く

バーニー・サンダース上院議員は二〇一八年五月中旬に「ガーディアン」に寄稿し、アフガニスタンでの一七年、またイラクでの一五年の戦争の結果、アメリカ国民は終結しない中東での戦争に引きずり込まれることを望んでいないが、トランプ大統領のイラン核合意からの離脱は、泥沼の戦争にアメリカを導いていくかのようだと述べた。サンダース上院議員はボルトン補佐官が「イランの核爆弾を止めるためにはイランを爆撃せよ」と数年前に書いたことも指摘している。

核合意のデメリットを感ずるのは、アメリカの福音派、軍産複合体、ネオコン、親イスラエル・ロビー、石油産業とイランを警戒するイスラエルやサウジアラビア、またサウジアラビアと同盟する湾岸のアラブ産油国である。ポンペオ国務長官は、アラスカ、ミネソタなどに大規模な製油所をもち、アメリカに四〇〇マイルにも及ぶパイプライン網を経営するコーク兄弟から巨額の政治資金を得て、環境政策や風力発電への減税措置にも下院議員として反対を続けてきた。ポンペオ国務長官がパリ協定からの離脱に賛成したことは言うまでもない。イランに対する制裁の強化は世界の油価を上昇させ、コーク兄弟の利益にもかなうものだろう。

ポンペオ長官は保守強硬派として知られ、二〇一一年にリビア・ベンガジのアメリカの領事館が襲撃されて四人が犠牲になった際にヒラリー・クリントン国務長官を激しく批判し、市民への盗聴、傍受を暴露したスノーデン氏を「死刑にすべきだ」と語ったり、またイスラム教徒への差別発言で物議を醸したりしたことがある。イスラムに関する発言では、「アメリカに対する脅威は『イスラムこそ道であり光であり唯一の答えだ』と強く信じる者によってもたらされている」「テロ行為をとがめないイスラム指導者はテロの潜在的共犯者だ」などのイスラム・ヘイトを表すものがある。

トランプ大統領は一八年七月三〇日、イタリアのコンテ首相との共同記者会見の席でイランのロウハニ大統領と「いつでも会う用意がある」と述べ、無条件で会談を行う考えを示した。「かりにイランが望むなら確実に会う。イランにその用意があるかどうかはわからないが、イランは現在困難な時を迎えている」とも語った。

イランに困難を与えたのはトランプ大統領自身であり、イラン国民の多くが、トランプが一方的にイラン核合意から離脱したことに反発、憤慨し、多くのイラン人たちを経済的困難に置こうとするトランプ発言はまったく無責任に響いているに違いない。トランプ大統領は同じ機会に「イラン人は何でもやりたいことをできると考えている」と述べ、イラク、シリア、レバノン、イエメンでのイランの影響力の拡大を指摘したが、他国への介入ならばアメリカの同盟国のサウジアラビアやUAEなどが行っているイエメン空爆も問題になるはずで、イランの革命防衛隊がイラクやシリアで活動しても、市民に対する大規模な空爆や、食料や衣料品の輸送までも妨害する非人道的な経済封鎖はしていない。

トランプ大統領の発言を受けてイラン外務省のバフラーム・ガーセミー報道官は、イランはすでにアメリカとの交渉を数年間も行っており、トランプ政権との新たな対話は、イラン核合意からの逸脱を意味すると述べた。アメリカは信頼できず、現在のトランプ政権と対話することは不可能であり、「イラン核合意からの離脱やさらなる経済制裁は交渉の可能性を奪っている。イランとアメリカの軍事衝突は問題外だが、かりにイランが攻撃されれば、それに対応する用意はできている」とガーセミー報道官は語った。

トランプ大統領のイラン核合意からの離脱はアメリカ外交への信頼をイランだけでなく、国際社会全体からも奪うものであり、世界各国はアメリカとの条約を結ぶことに躊躇するようになることだろう。

イラン反体制派を支持するトランプ政権の法律顧問

二〇一八年六月三〇日、トランプ政権の法律顧問ルディ・ジュリアーニ氏がパリで開催されたイランの反体制派組織「ムジャヒディン・ハルク」の大会でスピーチを行い、イランの体制転換を呼びかけた。ジュリアーニ氏もまたイラクのサダム・フセイン政権打倒を熱烈に支持した一人であった。客観的に見れば、イランの現体制は、トランプ政権が対話を進めようとしている北朝鮮よりも、民主的な性格をもっていて、国民は規制がありながらも、インターネットを享受し、また国外旅行も比較的自由に行える。

ジョージ・ケナンは、「ソ連や中国の社会・経済状態は、アメリカとは異なるのだから、これらの国にアメリカと同じ政府形態をもたせることはできない。だから中国やソ連に対しては内政に干渉するのではなくて、ソ連の周辺諸国に対して軍事的・経済的援助を与えて封じ込めを行う」と考えた。

トランプ政権は、ケナンのこのような構想とは異なって、イランにアメリカと同様な政治形態を持ち込むことを考えているが、しかしトランプ大統領はイラン系アメリカ人を排除する考えをもちながら、かつてはサダム・フセイン政権と協調し、テロ組織と認定していた、アメリカが唱える「自由」や「民主主義」の価値観とは相容れないムジャヒディン・ハルクとの連携を考えている。

ムジャヒディン・ハルクは、既に述べたように、マルキシズムの原型をイスラムの中に見るイデオロギーをもち、パフラヴィー朝王政の打倒を考え、爆弾闘争や銃撃事件を行うなど体制に対するテロ活動を行っていた。サダム・フセイン政権時代は、イラクを拠点に、イスラム共和国体制に対するテロ活動を行っていた。

ジュリアーニ顧問やボルトン大統領補佐官などトランプ政権の主要な人物たちは、こうしたイベントに参加することによって、ムジャヒディン・ハルクから高額な謝礼を得ていることは明らかであり、組織のロビー活動によってその他にも金品の授受があることだろう。

ムジャヒディン・ハルクはイラン・イスラム共和国では反体制組織となり、特に革命後の弾圧の中で数千人が犠牲になったと見積もられたが、政府との応酬の中でテロ活動を行っていった。イランの若者たちは、現在とは違う規制が緩やかな社会を望んでいるかもしれないが、それがムジャヒディン・ハルクのような特異なイデオロギーをもつ組織ではないことは明らかだ。

ジュリアーニ氏は、イランのイスラム共和国体制が終焉するのを見届けたいと四〇〇〇人の聴衆を前にして語った。続けて彼は「ムッラーは去らなければならない、彼らはムジャヒディン・ハルクの指導者であるマルヤム・ラジャビーが指導者である民主的な政府にとって代わられねばならない。来年はこの大会がテヘランで開催されることを望む」とアピールし、イスラム共和国政府は経済的圧力によって崩壊すると述べ、イランに対する制裁はいよいよ強化されていくことを強調した。ジュリアーニ顧問は、ムジャヒディン・ハルクの大会に長期間にわたって出席してきたタカ派であり、彼とともにこの大会に招かれたのは、トランプ大統領と親しい関係にある共和党タカ派のニュート・ギングリッチ元下院議長であった。

中東非核化への訴え——世界の中東研究者たち

プリンストン大学の教授たちのイニシアチブによって、欧米や中東の大学教員などの中東研究者たちが、アメリカ・トランプ大統領がイスラエルのリクード政権（イスラエル与党）への無条件の支持をやめ、イスラエルが核不拡散条約（ＮＰＴ）に加盟するなど中東を非核化に導くことを要求する声明文が二〇一八年七月下旬に出された。まったくの正論に思えるが、その内容は以下の通りである。

「中東は現在混乱にあり、アメリカやロシアを巻き込むような再び大規模の戦争の淵に立っているかのようだ。トランプ大統領は、『包括的共同作業計画（ＪＣＰＯＡ）』として知られるイランとの六カ国による核合意から離脱した。トランプ大統領の顧問たちの一部が離脱について検討することもあったが、トランプ大統領は中東に関してタカ派として知られ、改革よりも体制転換を好む顧問たちを政権に招き入れた。その最も顕著な人物は国家安全保障担当大統領補佐官に任命したジョン・ボルトンだが、彼の意図する政策はイラン核合意を当初から非難してきたイスラエルのベンジャミン・ネタニヤフ首相とよく一致するものである。

今年五月一四日、イスラエルは建国七〇周年を祝ったが、イスラエルはアラブ近隣諸国に対して一九四八年、五六年、六七年の戦争で圧倒的勝利を収め、一九七三年にエジプト、シリアとの戦争の緒戦で後退したものの、イスラエル国防軍はスエズ運河を渡り、エジプトの首都、またシリアの首都や、その他の人口の多い都市を軍事的に脅かすようになった。その中東地域において圧倒的に優位な軍事力、強固な文化制度、テクノロジー力、生活水準の高さにもかかわらず、イスラエルが平和条約を結ぶのはわずかにエジプトとヨルダンのみである。

同様に重要で、かつ関連があり、厳しい現実は、イランとイスラエルの間の緊張と、イスラエル軍がパレスチナ人の人口稠密《ちゅうみつ》なヨルダン川西岸に駐留を続けることである。イスラエル軍はヨルダン川西岸を五〇年間も占領を続けているが、これは現代において最も長期にわたる占領の一事例である。イスラエルはパレスチナ国家を否定し、パレスチナ人を抑圧し、パレスチナ人たちの家屋や土地を奪い、入植地を築くことでパレスチナ人の土地の併合を行っている。アメリカの政策決定者、イスラエルの政治指導者たちは、イスラエルの地域における政治的、軍事的、経済的、文化的政策を見直す必要がある。イスラエルが西岸に軍隊を駐留し続け、エジプトとともに、ガザを外界から隔離するならば、イスラエルは確実にパレスチナ人たちの福利安寧に重大な責任を負うことになるだろう。それはアパルトヘイト政策と同様のものである。

アメリカと朝鮮半島の政治エリートたちは朝鮮半島の非核化を検討しているが、中東の非核化は中東地域の緊張の高まりを解決する最初のステップとなるものではないか？　イスラエルは、一部の情報によれば、一五〇発の核弾頭を保有し、核不拡散条約（ＮＰＴ）への署名やＩＡＥＡ（国際原子力機関）の査察も拒み続けているが、地域における最初の核兵器保有国とはならないと主張している。イランはその核開発プログラムがイスラエルの核兵器保有に応じたものだとは主張していないが、イスラエルの核兵器保有に対抗して始められたに違いない。

中東地域や世界平和に関心がある人々はわれわれの声を聴いてほしい。中東の非核化とアラブ・イスラエル紛争の正当で、公平な解決に賛同する政策が支持されることを切に呼びかける」

（https://www.alaraby.co.uk/english/comment/2018/7/24/denuclearising-the-middle-east）

第三章

トランプの思惑と宗教・民族対立

トランプ政権が成立すると、中東では宗教・民族の対立が強調されるようになった。スンニ派のサウジアラビアとシーア派のイランの対立、イランのシーア派の弧が中東地域を覆うようになったこと、またユダヤ教のイスラエル・キリスト教のアメリカの連合とイスラムのイランの衝突、中東の少数派民族であるクルド人たちの勢力台頭などがますます強調されるようになっている。シーア派は、預言者ムハンマドの正当な後継者はその娘婿で、従兄弟であるアリー（六六一年没）とする。つまり、イスラム世界の指導者として預言者ムハンマドの血筋を重視し、王朝的な考えをするのがシーア派で、それ以外がスンニ派ということになる。両者の間には大きな教義的なへだたりはないが、サウジアラビアがトランプ政権に接近してイランとの対立が顕著になると、スンニ派・シーア派の「対決」が厳としてあるような見方が広まっている。

その対決視点をもたらしたのはアメリカのイラク統治であり、アメリカはサダム・フセインがスンニ派出身であったために、シーア派の政治家や勢力を優遇した。トランプ大統領はイラク戦争後のアメリカによる分断統治の手法を中東全域に広げ、またイスラエルと同盟関係を強化することで、サミュエル・ハンチントンが唱えた「文明の衝突」構造を中東全域に広げようとしている。

イスラム世界内部の連帯と他文明との共存を説く

オックスフォード大学セント・アンソニーズ・カレッジのターレク・ラマダーン教授は、イスラムの説く「タウヒード（神の唯一性）」を「神とともに在ることは、人類とともに在ることである」と説く。タウヒードは家族の結びつきから始まり、さらにイスラムの宗教的な基本的義務である五行（信仰告白、礼拝、喜捨《きしゃ》、断食、巡礼）を実践することによって成立する信仰共同体となり、さらに「信仰告白（シャハーダ）」によって結ばれる「信仰、感情、同胞、運命の共同体（ウンマ）」へと発展する。最後にこのウンマはムスリム以外の全人類に対して、正義と人間の尊厳の義務を負い、ヨーロッパなど異教世界との共存を考えるようになる。

(http://www.cismor.jp/uploads-images/sites/3/2014/03/Handout7.pdf)

ラマダーン教授の解釈は、イスラム世界の分裂や対立、さらにヨーロッパ社会におけるムスリムの疎外感、それに基づくテロの多発などの危機感を背景にするものであるに違いなく、彼はイスラムを取り巻く今日的問題を乗り越える宗教的意義を訴えようとした。

二〇一七年五月、サウジアラビアを訪れたアメリカのトランプ大統領は過激主義やテロリストを排除するようにアラブ諸国の首脳たちに求め、イランが宗派対立とテロを煽っていると述べた。トランプ大統領は正当な根拠もなくイランを中東地域で孤立させる方針だが、カタールのタミーム首長がその直後の五月末にイランと関係を強化していくことに何の支障もないと発言したことが報じられ、これにイランを危険視するサウジアラビアが反発してカタールとの断交に踏み切った。

イスラム世界内部で対立が強まることは、イスラムの「タウヒード」の考えとも相容れない。トランプ大統領はイスラム世界の分断を図ることによって、地域を不安定にすることを目論んでいるかのようだ。イスラム世界が分断状態になれば、アメリカの同盟国のイスラエルの安全にとっても都合がよいだろうし、トランプ大統領がイエメンを空爆するサウジアラビアと巨額の武器契約を結んだように、中東の紛争はアメリカの兵器産業の利益とも直結する。イギリス帝国主義がインドでヒンドゥー教徒とイスラム教徒の対立を煽り、またソ連のスターリンが中央アジアのイスラム地域を分割して五つの「共和国」とした「分断統治（divide and rule）」の手法がトランプ政権によっても使われている。

イランやカタールは世界でも有数のエネルギー資源を有する国々で、天然ガスの埋蔵量はイランが一位で、カタールは第三位である。イランはＩＳのテロとも無縁で治安がよく、イランを訪れる観光客も二〇〇九年が二二〇万人であったのに対して、核合意が成立した二〇一五年には五二〇万人にまで増加した。ペルセポリスやイスファハーンなどの史跡、絨毯《じゅうたん》などを売るバザールの活気、また自然美はイランを観光資源の豊富な国としている。

根強くある紛争の火種――クルド人問題の新たな展開

中東イスラム世界の少数民族であるクルド人はイラン、イラク、シリア、トルコ、アルメニアに分断されて生活する人口三〇〇〇万人から三五〇〇万人とも見積もられる世界最大の少数民族だ。二〇一七年九月二五日にイラクのクルド自治政府は独立の是非を問う住民投票を行った。アメリカ中央軍のジョセフ・ボーテル司令官やマティス国防長官は国民投票の延期を促したものの投票は実施された。しかし、自治政府のバルザーニー議長はクルドの民兵組織「ペシュメルガ」がＩＳと戦う同盟に留まり、住民投票が決してＩＳとの戦いに否定的な影響をもたらさないと主張した。ペシュメルガは一七年七月のモスル、八月のタルアファルのＩＳからの奪還に貢献して、住民投票はアメリカにいわば恩を売る環境の中で行われた。クルドが独立すれば、従来の地域の秩序が維持できないと考えるイラク、トルコ、イラン政府からも軍事介入を受けるという懸念があった。トルコ、イラン、そしてシリアのアサド政権もイラクやシリアでのクルド人たちの独立に強く反対し、イラクで維持してきた自治さえも危うくする可能性もあった。

住民投票は投票率が七二％、賛成票が九三％を占めた。二〇〇三年のイラク戦争で、クルド人たちは自治を与えられ、彼ら独自の立法や行政、警察、軍事組織をもつことになった。しかし、自治区の境界をめぐる領土や天然資源、イラク国内の予算の配分などで中央政府との確執が続いてきた。住民投票を受けてイラク政府軍は自治区に対して軍事的圧力を加えるようになったが、その結果一〇月二五日に、クルド自治政府は住民投票の結果を凍結することをイラク中央政府に伝えた。イラク最高裁も一一月二〇日に、住民投票が憲法違反で、投票結果は無効という判断を下した。

トルコ、シリア、イラクなどクルド人を抱える国家は第一次世界大戦後に英仏が築いた秩序が損なわれることを否定し続け、またクルド人の間にもさまざまなグループが存在し、一つの強力なリーダーシップがあるわけではない。二〇一五年に任期が切れたバルザーニー議長は、そのままその職に居残り、バルザーニー一族はクルド自治区の権力や富を独占した。

アメリカは二〇一五年以来二万二〇〇〇人の兵力があるペシュメルガに一四億ドルを供与し、装甲車、榴弾砲《りゅうだんぽう》、医薬品などをＩＳとの戦いのために提供してきた。アメリカがかりにクルドの独立を支持したり、黙認したりすれば、ＮＡＴＯ同盟国のトルコや、イラク戦争後にアメリカがつくったイラク政府との亀裂が生じ、アメリカのユーラシア戦略をも損なうことになる。

アメリカとしてもクルド独立は認められなかったが、しかし住民投票を前にして、一七年九月一二日、イスラエルのネタニヤフ首相はクルド人独立を支持する考えを明らかにした。それは、彼が敵視するイランや、またイランの支援を受けるイラク政府の弱体化を考えたものだろうが、クルドの独立への欲求はこの地域の重大な不安定要因となり続けている。

バフマン・ゴバディ監督の『サイの季節』（二〇一二年）の最後に紹介されるクルド人の詩句は、ヨーロッパがもたらした国民国家体系の中で苦悩するクルド人の悲劇的想いを表している。

「国境を生きる者だけが　新たな国家を創る」

煽られる「スンニ派・シーア派」の対立

この章の冒頭でも少し説明したが、スンニ派とシーア派の根本的相違は、スンニ派ではカリフは選ばれた預言者ムハンマドの後継者であり、イスラム共同体の政治的・軍事的指導者であったが、ムハンマドのような宗教的権威はもっていない。それに対してシーア派では、ムスリム共同体の指導権はアリーの世襲の子孫であるイマームにあり、このイマームは預言者ではないが、宗教的な権威を有し、また誤謬も、道徳的な罪もない信徒が模倣すべきイスラム共同体の指導者であった。つまり、スンニ派とシーア派の決定的な違いはイスラム共同体の指導者が誰であるかであり、スンニ派の場合は選ばれた者、シーア派はムハンマドの血筋を引くアリーの子孫ということになる。

サウジアラビアはスンニ派の中でも厳格なワッハーブ派を国教として奉ずる国だが、ワッハーブ派は一八世紀に生まれた宗派で、元々はスンニ派を背教者と見る傾向もあり、ワッハーブ派をスンニ派と峻別する考えも根強くある。ワッハーブ派は、科学技術に対して懐疑的で、イスラムの教義から逸脱したと考える人々を排除する傾向が強く、厳しい教義を信徒たちに求め、宗教警察も活動する。

サウジアラビアでは、西部のヒジャーズ地方にスンニ派の人々が住み、人口の三五％、七〇〇〇万人を占めている。またイスラム神秘主義の活動の復活もあり、サウジアラビアはイスラムの宗派の上でも多様な社会だ。

ワッハーブ派はシーア派を極度に異端視し、ワッハーブ派の部族が一八〇三年にイラク・カルバラーのイマーム・フサイン廟を襲撃したこともある。ワッハーブ派は、聖者、聖廟、肖像画などを極度に嫌い、神と人間の間に介在するものを認めないが、イマームという聖者を崇拝するシーア派はワッハーブ派の教義では受け入れられない。一九一三年にサウード族がアラビア半島東部を統治するようになると、シーア派を弾圧したり、不遇な扱いをしたりしていった。

二〇一五年五月、サウジアラビアのシーア派住民が多いサウジアラビア東部カティーフ郊外にあるシーア派のアリー・ビン・アビー・ターリブ・モスクで自爆テロがあり、二一人が死亡した。

この事件については「イスラム国（ＩＳ）」が犯行声明を出したが、ＩＳの犯行は、この組織が異端視するシーア派に対する攻撃であると同時に、サウジアラビア国内、特に東部のスンニ派とシーア派の対立を煽り、その影響力の拡大を目指したものともいえる。サウジアラビアの高位聖職者評議会はこのテロを非難し、それが人道に反する罪であり、またサウジアラビア社会の統一を損なうものであるという声明を出した。

元々、シーア派住民たちには厳格なスンニ派の宗派であるワッハーブ派を奉ずる王政がシーア派を冷遇しているという不満があり、カティーフでの事件はサウジアラビアの警察がシーア派住民の安全を守っていないという不満を起こすことを狙ったのかもしれない。

カティーフはシーア派住民たちが居住する主要な都市で、サウジアラビア王政は、二〇〇五年にシーア派住民に、シーア派の聖人を悼む宗教行事を行うことを認めるなどシーア派に配慮する政策も行っている。しかし、良好に向かうと思われた王政とシーア派の関係は、二〇一一年に「アラブの春」の潮流に乗るかのように、シーア派の若者たちが王政への抗議活動を行うと、王政はデモを警察力で封じ、およそ五〇〇人が拘束された。シーア派の高位聖職者のニムル・バーキル・アル・ニムルが逮捕され、二〇一六年一月に処刑された。

サウジアラビアは、およそ二〇〇〇万人の人口で、ざっと八〇〇万人の外国人労働者が暮らしている。シーア派の人口は全人口の一二％の二四〇万人で、主に東部に居住する。サウジアラビアでは一九七九年のイラン革命後にシーア派住民たちが社会経済的地位の改善を求めてデモを起こしたことがあるが、これに対してサウジ当局は過酷な制圧を行ったが、革命後イランのホメイニがサウジアラビア王政を「アメリカのイスラム」「拝金主義のイスラム」と形容し、メッカでイランの巡礼団が反米スローガンを唱えると、サウジアラビアの警察当局に取り締まられて犠牲者が出たこともあった。

イランとサウジアラビアの対立はイスラムの宗派対立という構図の中で語られることが多いがサダム・フセインがアラブ世界の指導者としてイランの拡張主義に対峙し、イラン・イラク戦争を起こしたように、「アラブ・イラン」というペルシア湾岸の民族的相違も両国の対立の背景にはあるだろう。

イランを取り囲むように基地をもつアメリカ

アメリカは自由と民主主義を標榜する国だが、その基地が「自由と民主主義」を促進するどころか、発展途上国では民主主義的ではない独裁政権・権威主義的支配の下に基地が置かれていてアメリカがその国の人権状況に苦言を呈することはない。アメリカがイランを取り囲むように軍事基地を置くことがイランに脅威をもたらし、軍事衝突の可能性を高めるものであることは言うまでもない。

トルコには一九四三年から米軍の基地があり、イラク戦争やシリア空爆に使用されたが、トルコのエルドアン政権は二〇一六年七月のクーデター未遂事件以降、強権的手法を強め、野党幹部や政府に批判的なジャーナリストたちを続々と投獄した。クーデター未遂以降、翌年にかけてエルドアン政権は実に三二〇〇人の人々を逮捕したが、その中には二〇〇人以上のジャーナリストが含まれる。

エジプトはアメリカからの軍事援助額が二番目に多い国だが、それは一九七九年にエジプトがイスラエルと平和条約を結び、エジプトの安定がイスラエルの安全保障にも有益とアメリカが判断するからだ。「ヒューマンライツウォッチ」によれば、ムバラク政権の下で二〇〇九年の時点で五〇〇〇人から一万人が告発もなく拘禁され、また政権の拷問を用いる手法も悪名高かった。二〇一三年七月の軍事クーデターでムスリム同胞団出身のモルシ大統領の政権崩壊後、治安部隊によって一三〇〇人が殺害され、三五〇〇人の同胞団のメンバーたちが逮捕・拘禁された。

バーレーンには一九四九年以来米軍の基地があり、現在は第五艦隊（ペルシア湾、紅海、アラビア海から、ケニアなど東アフリカをカバーする）の基地が置かれている。この国でも二〇一一年に「アラブの春」の民主化要求運動が起きたが、ハマド国王の政府は恣意的な逮捕、拷問、言論への制限などで評判が悪い。しかし、トランプ政権は、人権状況の改善を求めることもなく、F16戦闘機の売却を決めた。

トランプ大統領が親密な関係を示すサウジアラビア主導のイエメン空爆で、国連によれば一万人以上の市民が犠牲になり、現在は空爆による医療インフラの破壊によってコレラなど疫病も蔓延《まんえん》している。それでもトランプ大統領はサウジアラビアに二〇一七年五月に一一二兆円の武器売却を行う契約に署名し、さらに、二〇一八年三月にトランプ政権はサウジアラビアに六七〇〇基の対戦車ミサイルなど武器一〇億ドル（一一〇〇億円）分を売却する方針を発表している。

イスラムと王権と、サウジアラビアの皇太子

ムスリムは、イスラムの概念であるタウヒード（唯一性）が信仰、伝統、慣行の中心に位置するものであると一様に認めている。タウヒードは「神以外に神はなし」という確信である。ムスリムの宗教的体験の中心にあるのは、唯一の存在で、その意志が絶対で、すべての人間に生活の指針を与える神、アッラーなのである。

絶対的な神の主権の考え方によれば、神の前では万人は平等なのだから人間のヒエラルキーを不可能にする。このようにタウヒードは、政治システムの中の平等主義を強調し、概念的、また神学的な基礎を提供している。イスラムでは、ヒエラルキーをもつ政治システムや、また独裁的なシステムは非イスラム的と排除されてきた。本来、イスラムでは「マリク（王）」は、専横的な個人の支配として否定され、主権を宣言する独裁者や王は正当な支配者と見なされない。

暴虐な王といえば、有名な『千夜一夜物語』のシャフリヤール王を連想する。彼は不倫をした妻を殺すのだが、女性嫌いになった彼は、国の若い女性と一夜をともにしては女性を次々と殺していく。見かねた彼の大臣の二人の娘のうち姉のシェヘラザードが王に嫁ぎ、殺されないために千夜にわたって王に彼の興味の惹くような話を聞かせていく。シェヘラザードの話に夢中になった王は彼女を殺すのをやめることに

なるのだが、この物語が主軸になっている『千夜一夜物語』は、アラジン、シンドバッド（シンドバード）、アリババなどのよく知られる登場人物などとともに、おとぎ話、ロマンス、伝説、寓話、旅行談、教訓話などを含み、世界中の人々から親しまれている。

サウジアラビアで二〇一七年六月二一日、ムハンマド・ビン・サルマーン副皇太子兼国防相が皇太子に昇格した。ムハンマド新皇太子は、タカ派的発想の持ち主で、二〇一五年三月にイエメン空爆を始め、イランに対して妥協しない姿勢で知られている。ムハンマド新皇太子が王位継承第一位となるが、サウジアラビアは一九三二年に独立して以来、初代国王の息子たちが王位を継承してきたように、従来は息子よりも兄弟に王位継承が優先されてきたが、サルマン国王の息子であるムハンマド皇太子の登場で新たな形態の王位継承が行われることを意味する。ムハンマド皇太子は、シリアでも反政府武装勢力を支援したり、カタールとの断交にも主要な役割を果たしてきたりしたが、彼の無鉄砲、向こう見ずな性格がさらなる紛争や不安定を招く危惧を中東地域にもたらした。

サウジアラビア――宮廷での暗闘

サウジアラビアのムハンマド皇太子は、王族の閣僚や実業界の大物を二〇一七年一一月四日に一斉に逮捕した。ムハンマド皇太子のこの措置はサウジアラビアの腐敗を意識していた中間層、特に青年層の支持を得るものだったかもしれない。

しかし、他方で他の王族のメンバーに向けられた強引な手法は王室内部での対立を助長する可能性もある。サウジアラビアでは、王族内部の確執が明るみになったのは、一九六二年以来のことで、その年、後に国王となるファイサル皇太子が改革志向のあると考えた王子たちの追放を行ったことがある。粛清された王子の一人にムハンマド皇太子によって逮捕された投資家のワリード・ビンタラール王子の父親もいた。

ムハンマド皇太子の敵は国内だけではない。イランとカタールと断交し、イエメンへの空爆を二〇一五年三月から継続している。一七年一一月一四日、サウジアラビア主導の有志連合軍はイエメンのサナアの国際空港を空爆したが、これによって国連などのイエメンへの人道支援物資の輸送がいっそう困難になった。一一月六日、有志連合軍はイエメンへの陸海空からの輸送を封鎖すると宣言したが、サウジアラビアに攻撃されているホーシー派の高官は、空港への空爆が支援食糧や医薬品をイエメン人が手にする機会を奪うために行われたと語った。国連は港湾や空港が機能しないのでは飢餓がいっそう深刻になると警告を続けている。サウジアラビアは、輸送経路の封鎖措置はイランからの武器がホーシー派に渡ることを防ぐためとしているが、イランはこの主張を否定し続けている。

王族や実業界の大物の逮捕と同じ日、一七年一一月四日にレバノンのハリリ（ハリーリー）首相が訪問先のサウジアラビアで辞任を発表した。サウジアラビア主導のイエメン封鎖について、マーク・ローコック国連事務次長（人道問題担当）は一一月八日、このまま封鎖が続けば「何百万人もの犠牲者」が出る可能性があると懸念を表明した。一一月九日、サウジアラビアはその国民がレバノンに渡航することを禁じ、またレバノン国内にいるサウジアラビア人がレバノンを離れるように命じた。

ハリリ首相は滞在していたサウジアラビアでイランとヒズボラが紛争の種をアラブ諸国に蒔いていることを非難し、自らが暗殺される恐れがあると語った。これに対してレバノン政府の高官たちはサウジアラビアがハリリ首相を拘束し、脅迫して発言を強要しているとサウジアラビア政府の姿勢を強く非難した。

サウジアラビアがレバノンにイランとの対立をもち込み、レバノンの主権を侵害しているという声もレバノン政府内部にはある。これに対してサウジアラビア政府は、ヒズボラがレバノン政治を乗っ取ったからハリリ首相は辞任したと述べている。

「あらゆる人を愛するのだ。そうすれば常に花咲く花園にいられる」「どこにいようとも私は嘆き悲しみの調べを奏でる、不幸を背負う者たちの、私は友となり慰める」——ルーミー（井筒俊彦訳『ルーミー語録』）

「人々を善に誘い、正しいことを勧め、醜悪なことを禁ずるよう、お前たち一団になって努めよ。これらの者こそ栄えるのである」（コーラン第三章一〇四節）

中東地域で緊張を高めるサウジアラビア政府の姿勢はイスラムの宗教理念とも反しているようで、聖地メッカ、メディアを擁するイスラム世界の盟主として、一団となって、イスラム神秘主義詩人ルーミー（一二〇七〜七三年）の言葉のように、あらゆる人を愛し、寛容な心をもってイスラム世界の安寧を考えるべきだろう。

一一月一五日、レバノンのアウン大統領は、サウジアラビアで辞任を表明したハリリ首相がレバノンに帰国しないのは拘束されているからだという考えを示した。一国の首相を拘束し、内政に干渉することは文民が使用する空港を空爆するのと同様に国際法に違反する行為である。アウン大統領はハリリ首相が依然としてその職にあると理解しており、サウジアラビアの行為はレバノンに対する侵略に等しく、世界人権宣言にも違反するものだとも述べた。結局、フランスの仲介でレバノンに帰国したハリリ首相は一二月五日に辞任を撤回したが、ハリリ首相の辞任にまつわる一連の動きはイランに対抗するためには他国の政治にも介入するサウジアラビアの姿勢を表すものであった。

嘘つき大統領のスキャンダル隠しからイランとの戦争?

トランプ大統領による「イラン脅威」の強調は、イラク開戦に至る過程でブッシュ大統領が一九九〇年代に国連による検証で、イラクが大量破壊兵器を保有していないという報告を出していたにもかかわらず、イラクの「大量破壊兵器」の保有と、イラクと九・一一のテロを起こしたアルカイダとの関係を強調し、戦争に突き進んでいったことに酷似し、ともに根も葉もないことを理由に故意に緊張をつくり出すものである。

アメリカの世論は戦争になると、一つにまとまるが、不人気なトランプ大統領は故意にイランとの緊張を演出しているかのようだ。

アメリカ映画『ウワサの真相/ワグ・ザ・ドッグ』(一九九七年)は、大統領選挙期間中に明るみになった大統領のセックス・スキャンダルから国民の目をそらすために、架空の敵国アルバニアが選ばれ、アルバニアの悪辣なイメージを強調するために、非道なアルバニアというイメージがねつ造されていく。そこで暗躍するのが、ロバート・デ・ニーロ扮するもみ消し屋とダスティン・ホフマンが演ずるハリウッドの敏腕プロデューサーで、戦争の正当性を喧伝するというコメディーである。

「wag the dog」の意味は、「犬本体が尻尾を振るのに、尻尾が犬を振っていることから、例えば『部下がボスをコントロールしている状況』や『大きなグループが小さなグループの影響下にある状態』などから『本末転倒』」の意味があるそうだ。(English Without Generation の説明) 民主主義政治では国民が「主」であるにもかかわらず少数の政治エリートに振り回されるさまとか、あるいは絶大な権力をもつ大統領が映画のようにもみ消し屋という黒幕の言いなりになってしまう様子を表現している。

トランプ大統領の女性スキャンダルやロシア疑惑など、彼のスキャンダルを覆い隠すにもイランの「脅威」は都合よく使われている。トランプ大統領の法律顧問のルドルフ・ジュリアーニ元ニューヨーク市長は、二〇一八年五月二日、二〇一六年の大統領選挙期間中、トランプ候補とポルノ女優ストーミー・ダニエルズとの不倫関係を口外しないように、トランプ大統領の弁護士が一三万ドル払い、弁護士がいわば立て替えた金をトランプ大統領が弁護士に返金(清算)していたことを明らかにした。トランプ大統領は不倫問題や口止め料については知らないと主張してきたので、彼の嘘がばれたことになる。

「ワシントン・ポスト電子版」は、一八年五月二日に、ドナルド・トランプ大統領が就任から一八年四月末にかけて、嘘や事実関係で誤解を招く主張を約三〇〇〇回繰り返した、と分析し、それは一日平均六・五回に相当すると報じた。こうなると病的だが、トランプ大統領の嘘は、イランの核問題についても言え、彼はイラン核合意から離脱したが、その根拠はイスラエル・ネタニヤフ首相の虚偽の「証明」だ。ネタニヤフ首相が、一八年四月三〇日にイスラエルの情報機関モサドが入手したとするイランが核兵器の開発をしていたことを示す文書の内容を公表したのを受けてトランプ政権のポンペオ国務長官は、公開された資料はイラン政府が嘘をついていたのを明らかにしたとし、二〇一五年のイラン核合意は信義に基づいたものではなかったと述べた。

他方で、ＩＡＥＡ（国際原子力機関）は一八年五月一日に、二〇〇九年以降、核爆発装置開発に関連するイランの活動は確認されていないとした一五年一二月のＩＡＥＡ最終報告書に言及したうえで、問題は解決済みとし、事実上、ネタニヤフ政権やトランプ政権の主張を否定している。

二〇一七年五月にトランプ大統領がイスラエルを訪問すると、彼の側近たちは、一五年のイラン核合意へのアメリカ国民の信用を失墜させるために、イスラエルの情報会社「ブラックキューブ」を使って、核合意の交渉に加わったオバマ政権のスタッフたちのスキャンダルを集めようとしたことが判明した。

(https://www.newyorker.com/news/news-desk/israeli-operatives-that-aided-harvey-weinstein-collected-information-on-former-obama-administration-officials)

・

ブラックキューブは、オバマ政権で核合意を提唱したベン・ローズ元外交アドバイザーやコリン・カール元アドバイザーに関する麻薬や女性に関するスキャンダルなどを集めようとした。二人の夫人にある女性が不審なメールを送ってきたが、怪しいと思った夫人たちはそれに応ずることはなかった。

ブラックキューブは、夫人たちを通じてスキャンダルを得ようとしたのだろうが、トランプ政権のこうした手法が民主主義の価値観や原理に合わないことは言うまでもなく、なりふり構わぬ核合意つぶしの意図や姿勢がうかがえる。

ブラックキューブは、ベストな元モサドの諜報員たちを提供できると宣伝しているが、このブラックキューブは、セクハラ・スキャンダルで「アカデミー賞（Academy Awards）」を主宰する映画芸術科学アカデミー（Academy of Motion Picture Arts and Sciences）などから永久追放されたハーヴェイ・ワインスタインがスキャンダルをもみ消そうとして使った企業である。ワインスタインは、ブラックキューブから寄せられた情報を、訴えられた場合の反論や相手の女性の信用失墜、脅迫などに利用しようとしていた。『ワンス・アポン・ア・タイム』などに出演したローズ・マッゴーワンに接近したブラックキューブの社員ステラ・ペンは、マッゴーワンがワインスタインを告発する自叙伝のゲラを読んで、マッゴーワンの告発を後押しするようになった。

二〇一三年のピュー研究所の調査において、ネタニヤフ首相は和平に向けて誠実な努力をしているか、という問いに、一八歳から二九歳の若いアメリカのユダヤ人がわずかに二五％が「そう思う」と答えたに過ぎない。若いユダヤ人たちは古い世代よりもリベラルで、イスラエル・アラブ紛争についてもハト派的な姿勢をもっている。ユダヤ人国家という考え自体が、アメリカ社会に同化し、大きな影響力をもつユダヤ人にはしっくりこなくなっている。若い世代のアメリカのユダヤ人たちの世界観がアメリカとイスラエルの特殊な関係に影響を及ぼすことがあるかもしれない。

実効性が乏しく、国民を苦しめる経済制裁

産油国に対する経済制裁は、一九九〇年代に制裁を科せられたイラクのように、また石油に対する買い手が絶え間なく現れ、さまざまな手段や経路によって国外に輸出され、その効果はあまり望めない。産油国への経済制裁は、石油利権によって富裕層が途方もなく潤い、一般の国民が深刻な経済的困難に置かれるなど好ましい状態をつくるものでは決してない。

クウェートで二〇一八年二月にイラク再建会議が開かれると、トランプ政権は、アメリカがイラク戦争

でイラクの荒廃をもたらしたにもかかわらず、アメリカ政府として復興資金を拠出しないことを明らかにした。他方で、トランプ政権はイラク政府に対してサウジアラビアから復興資金を拠出してもらい、イランの影響力から離れるように促している。トランプ政権の意向に応じるかのように、サウジアラビアは、一五億ドル（一六六〇億円）の援助を表明したが、二〇一三年から二〇一七年まで合衆国国際開発庁（USAID）長官を務めたジェレミー・コニンディク氏は、トランプ政権は復興に貢献しないことで、新たな暴力への道を開いたと述べた。アメリカはイラク戦争開戦の際もクルド人以外のイラク社会を、シーア派、スンニ派と二元的に捉えて、シーア派の政治・民兵組織との親密な関係を築いていったが、イラク人たちにはシーア派・スンニ派の宗派対立よりも日々の生活ぶりの改善などより現実的な問題のほうにより強い関心があることは言うまでもない。

一八年五月中旬に行われたイラク総選挙では、ムクタダ・サドル師の勢力が第一党となったが、サドル師がイランのイラク政治への介入を嫌っているために、選挙結果はイラクのイラン離れを起こすという期待がトランプ政権にはあった。しかし、サドル師は、六月一二日にハーディ・アル・アーミリー議員（一九五四年生まれ）の政治勢力との同盟を発表した。アーミリーは親イランの姿勢が顕著で、彼のバドル軍団は、イランの革命防衛隊と連携してきた反米の急進的人物だ。二〇〇七年にサドル師は、イラク駐留米軍のデイヴィッド・ペトレイアス司令官から追放され、イランの宗教都市ゴムに避難したことがある。イラクの現政権はイランと良好な関係にあるが、イラクのクルド自治政府のマスード・バルザーニー前議長もイランと密接な関係を維持してきた。アーミリーは、ＩＳが敗北した現在、六〇〇〇人の駐留米軍をいかに扱うべきかという問題があると述べている。

レバノンで一八年五月に行われた総選挙でも、クリスチャンと、イランと同盟するシーア派勢力が勝利した。親イランの政治・武装組織のヒズボラは選挙でも躍進した。シリアでも、アサド大統領はイランに基地を提供すると明言し、中東各地で親イラン勢力が勢力を伸長させる中でトランプ大統領は一八年一〇月までにシリアから米軍を撤退させることを明らかにしている。

イランとカタールの関係は良好に推移しているが、カタールに対するサウジアラビアとUAEの同盟はGCC（湾岸協力会議）の連帯や結束を台無しにしている。GCCは一九八一年にイランと対抗するためにペルシア湾岸のアラブ諸国によって創設された地域機構だが、オマーンとクウェートはカタールの側につき、これらの二国とはイランとも良好な関係を保ち、地域機構としてのGCCは実質的に機能しなくなっている。

ペルシア湾岸の戦争のドラムとトランプのジレンマ

二〇一八年六月二日、サウジアラビアは、カタールがロシアのS-400ミサイル防衛システムを購入すれば戦争になると警告した。サウジアラビア政府はフランスのマクロン大統領に、ロシアのカタールへのミサイル防衛システム売却が行われないように、働きかけることを要請したが、ロシアはカタールへのミサイル防衛システムの売却プロセスは相当進んでいることを明らかにし、もはや引き返せないものであることをサウジアラビアに告げた。

サウジアラビアは、UAEとバーレーンに支持されて二〇一七年六月にカタールと断交したが、カタールが過激なイスラム主義グループを支持し、イランと密接な関係にあり続けているというのがその理由だった。カタールは、サウジアラビアなどの断交を受けてできるだけ多くの友好国をつくろうとし、ロシアもそのうちの一国となっている。ところが、サウジアラビアは、軍事行動を含むあらゆる手段を使ってカタールのミサイル防衛システムが獲得することを阻むつもりであると主張している。

サウジアラビアはカタールと断交すると、国境や空域を封鎖し、人や食料・物資の往来も制限した。サウジアラビアのカタールへの制裁は、カタール政府だけでなく、アルジャジーラなどの企業、またカタール国民に対しても向けられてきた。サウジアラビア政府はSNSも使って反カタール・キャンペーンを繰り広げた。アルジャジーラがサウジアラビアなどアラブ諸国の強権的政治を批判してきたことも、サウジアラビア、UAE、バーレーン、エジプトなどから反発されてきたが、サウジアラビアはカタールが言論の自由に制限を加えることを要求している。

ペルシア湾のカタールとイランのガス田はつながっており、両国には経済的にも協力しなければならない背景がある。カタールは食料品の輸入をサウジアラビアやUAEに頼ってきたが、断交後はトルコから輸入したり、野菜や乳製品の自給を増加したりして食料安全保障を確保し、一八年五月二六日に、カタール政府はサウジアラビアとそのアラブ同盟国での生産・製造品を商店で販売することを禁じた。

サウジアラビアなどは、「アラブの春」によってアラブの旧体制が激しく動揺したり、崩壊したりしたことに危機感を覚え、アルジャジーラによるアラブの王政や権威主義政治批判に神経をとがらせるようになった。カタールがイランとの外交関係を閉ざしたりすることを無条件で受け入れることを、サウジアラビアなどは要求し続けている。こうしたアラブ湾岸諸国内部での分裂や対立はイランの地域での力をさらに増すことになっている。

トランプ政権は、反カタール陣営を支持しているかのように見えるが、サウジアラビアが主張するように、カタールをテロ支援国家とするのは、アメリカの国防総省や、国務省の政策にもかなうものではない。カタールには米空軍の基地があり、イラク戦争などアメリカの中東戦略に貢献してきた。アメリカはサウジアラビアとカタールの間の論争に明確なスタンスをとれていないが、ジョン・ボルトン大統領補佐官やポンペオ国務長官などイラン強硬派にとっては、湾岸のアラブ諸国が反イランで協調しているほうが彼らの思惑にかなっている。

二〇一八年六月五日、カタールのアル・サーニー外相は、ちょうど一年前にサウジアラビアなどが断交したにもかかわらずカタールはいっそう強力になっているという声明を出した。サウジアラビアは、カタールと陸続きになっている唯一の国だが、国境を閉ざして、さらにカタールとの間に運河を築いてカタールを「島」にしようとしている。また、カタール航空はサウジアラビアなどの領空を使用することを禁じられ、さらにサウジアラビア、UAE、バーレーン、エジプトに在住のカタール国籍の者たちは追放された。カタールは、サウジアラビアなどの断交がカタールの主権を侵害し、カタールの外交政策に罰を与えるものだと反発している。

同じ日、カタール政府はアルジャジーラを通じて、ロシアのS-400ミサイル防衛システムを購入する方針に変更がないことを明らかにし、同じく六月五日にカタールのアッティーヤ国防相はカタールがNATOに加盟したい意向であることを明らかにした。カタールでは、サウジアラビアなどの断交に対してカタールが勝利したという見方が有力で、カタールのタクシーは六月五日を無料の日とした。

サウジアラビアはカタールにシリアに軍隊を派遣するように要求しているが、これに対してカタール政府はまともに取り合う必要がないと主張している。サウジアラビアのジュベイル外相は四月二五日にアメリカがカタールへの保護を取り消さないうちにシリアに軍隊を派遣すべきだと主張し、米軍がカタールから撤退すれば、カタール政府は一週間ももたずに崩壊するだろうとも述べた。ジュベイル国防相の発言は、トランプ大統領が富裕なアラブ湾岸諸国は、ＩＳの支配地域が消滅した後で、イランの影響力を封じるためめに、シリアでのより多くの予算を用いてその安定を図るべきだと発言したことを受けてのものだった。

一八年六月三〇日、国連のゼイド国連人権高等弁務官は、サウジアラビアなどがカタールにアルジャジーラを閉鎖するように要求していることに重大な関心をもっていると述べた。国連人権高等弁務官事務所（ＯＨＣＨＲ）のルパート・コルヴィル報道官はアルジャジーラのアラビア語、英語放送ともに合法的なものであり、サウジアラビアなどの表現や言論の自由への攻撃はとうてい受け入れがたいと語った。アルジャジーラの放送がテロを煽っているとはまったく考えられず、他国の放送局の閉鎖を求めるサウジアラビアの主張は重大な内政干渉であることは言うまでもない。

「奇妙な同盟」がもたらす中東イスラム地域の分裂・亀裂

サウジアラビアは地域のヘゲモン（覇権国）になろうとしている。イラン革命の際にシーア派・イランの最高指導者であるホメイニ師は、イスラムにおいて国王はいないと発言したが、これにサウジ王政が強く反発し、イランとの関係が悪化した。イエメンのシーア派ザイド派のホーシー派もサウジ王政の打倒を口にしたが、これが二〇一五年三月より続くサウジアラビアのイエメン空爆となっている。サウジアラビアが世俗的なシリアのアサド政権の打倒に躍起となるのは、そのイランとの緊密な関係があるからだ。サウジアラビアが危険視するイラン、レバノンのヒズボラ（イランと親密な関係にある）、またシリア・アサド政権は、イスラエルのネタニヤフ政権が敵視する勢力でもあり、イスラムの守護者を自任するサウジアラビアと、ムスリムのパレスチナ人を抑圧するイスラエルの奇妙で、暗黙な同盟関係ができ上っている。

サウジアラビアは、スンニ派のムスリム同胞団をカルト集団として嫌い、その影響力が中東イスラム世界で拡大することを警戒している。ムスリム同胞団がより平等な社会の建設を訴えることがサウジアラビアの王制とは相容れない。サウジアラビアが唱える超保守的で、厳格なワッハーブ派の教義に引きつけられるスンニ派の人々は多くないが、サウジアラビアが断交したカタールもワッハーブ派の国である。カタールには一九五〇年代、エジプトのナセル政権の弾圧を逃れてムスリム同胞団の影響力のある指導者たちが移り住んでいき、カタール政府との親密な関係を築いていった。

カタールの衛星放送「アルジャジーラ」がムスリム同胞団の考えを普及しているとサウジアラビアは考えている。ムスリム同胞団はエジプトで二〇一一年から一二年にかけてエジプト政治を主導し、圧倒的な大衆の支持を得て選挙によって政権を掌握したことが、サウジアラビア王政にとっては重大な脅威に映った。カタールは、ムスリム同胞団を支持するトルコとも親密な関係にあり、またシリアでもムスリム同胞団系の反体制運動を支持し、サウジアラビアが援助を与えるサラフィー主義（厳格にイスラムの原点回帰に訴える）者やジャイシュ・イスラムなど過激な集団に支援を与えることはない。

サウジアラビアもカタールもシリアに関してその目標を達成することができず、ロシアやイランの影響力に屈することになったが、サウジアラビアはカタールと異なって、イランの影響力がシリアで拡大することを断じて容認できない。カタールはムスリム同胞団系の組織が内戦後の政治の中で参加できればよいと考え、シリア問題でもイランと鋭く対立することを望んでいない。

「宗派戦争」?——イエメンの人道上の危機と犠牲になる市民たち

日本にコーヒーが渡来したのは、一七〇〇年頃にオランダ船によるもので、それはイエメン産の「モカ」だった。コーヒーの語源となったアラビア語の「カフワ」は、本来はワインの別称で、「人々の欲望をそぐ」という意味がある。コーヒーは人の睡眠欲を奪うことからこの名称がつけられたとされる。一五世紀の初頭にイエメンのイスラム神秘主義教団が修行に覚醒作用のあるコーヒーを援用するようになった。一五コーヒーは社交の媒体ともなり、一五一一年にメッカでは喫茶店（マクハー）によって社会的秩序が乱れることへの懸念からコーヒー禁止令も出たことがあった。（『岩波イスラーム辞典』より）

コーヒーの国、イエメンではサウジアラビア主導の有志連合による空爆などによって医療施設が破壊されたり、あるいはサウジアラビア軍が港湾を封鎖したりしているために、医薬品を病院や必要な人々のもとに届けることができないでいる。アブドラ（アブドゥッラー）国王時代のサウジアラビアはブッシュ政権のイラク戦争やその後の占領に反対するなど公平な姿勢を見せていたが、現在の若いムハンマド皇太子が政治を主導するようになると、不要とも思えるほどに野心的な外交姿勢をとり、イエメンに見られるような意味のない他国への介入や、イランやカタールなどと深刻な軋轢《あつれき》を起こすようになった。

和歌山県沖で一八九〇年に沈没したオスマン帝国の軍艦「エルトゥールル」号の生存者のために、福沢諭吉が創刊した日刊紙の「時事新報」は義捐《ぎえん》金を募ったが、記者の野田正太郎はそれを携えて戦艦「比叡」に乗船してイスタンブールに向かった。彼は、途中イエメンのアデンに立ち寄り、その印象を次のように記している。

「日本帝国の軍艦、比叡と金剛の横の岸では、我々の旅の起源を聞いて、驚いて船を見るために集まったアデンの人々と思われる群集で、陸が黒くなっています。都市を散策すると、我々の船のトルコ人とこの都市に在住している彼らの同国人が一緒に座っている場面を見かけます。彼らは大量のタバコを吸い、大量のコーヒーを飲んでいます。母国が近い事を知って喜んで心の底から大きな声で笑っている彼らを見ると特にうれしく思います。」（www.yemen.jp/relation_j.php）

のどかな情景が目に浮かぶようだが、現在イエメンでは悲惨な戦争が継続し、サウジアラビアを主体とする有志連合が二〇一五年三月に空爆を開始して以来、一万人以上が犠牲となり、二、三〇〇〇人以上がコレラで死亡、八〇〇万人余りが飢餓状態に置かれ（二〇一八年八月現在）、国連が世界で最も深刻な人道上の危機と表現するほどだ。

イエメン紛争はサウジアラビアとイランの「スンニ派VSシーア派の代理戦争」とも表現され、アメリカのトランプ政権の国際交渉担当特別代表ジェイソン・グリーンブラットは、サウジアラビアが空爆するホーシー派がイランの革命防衛隊からミサイルを移転され、サウジアラビアにミサイル攻撃を行っていると主張する。グリーンブラット代表は、ヨルダン川西岸での入植地建設が和平への障害になっていないと発言するほどの親イスラエル・反イランの立場をとるが、「代理戦争」という表現自体が冷戦的発想で、アメリカの善悪の価値観で世界をとらえる二元的発想のように見える。

しかし、イエメンと、アメリカやサウジアラビアが支援していると主張するイランのシーア派は、まったく一体の宗派思想というわけではない。イエメンで信仰されるザイド派は、第三代イマームのフサインの孫であるザイド・イブン・アリーが第五代イマームであると主張する。他方、シーア派の大多数は、第四代イマームの子で、ザイド・イブン・アリーの兄であるムハンマド・アルバーキルを第五代イマームと主張する。また、シーア派の大多数は第四代カリフのアリーとファーティマの子孫のみを正統なイマームと見なすのに対して、ザイド派は、アリーの子孫ならば誰でもイマームになり得ると考える。

イランで信仰される十二イマーム派の考えでは、イマーム位の継承は、八七四年に一二代イマームのムハンマド・アル・ムンタザルが行方不明になった時に終了する。この行方不明になったムハンマド・アル・ムンタザルが信徒の苦難の時代に、社会正義と平等をもたらすために、マフディー（救世主）としてこの世に再臨すると十二イマーム派は考える。イラン・イスラム共和国憲法は、この一二代イマームが神隠れしている間は、最高指導者が神隠れイマームの代理として現世の統治を行うというものである。

アメリカやイギリスはサウジアラビアとUAEを支援し、イランがホーシー派の後ろ盾となっていると考えている。しかし、ホーシー派が用いるミサイルは、旧ソ連から購入した旧式のもので、その攻撃はサウジアラビア主導でアメリカが支援する海空でのイエメンへの封鎖によっても減ることがない。サウジアラビアが後押しするハーディ大統領は二〇一五年三月か、四月にサウジアラビアのリヤドに亡命したが、現在はサウジアラビアによって軟禁状態にある。

「アメリカ緑の党」国際委員会委員長のバフラム・ザンディ氏は、サウジアラビアが行うイエメン空爆もまた温室効果ガスを排出していると指摘している。イエメン空爆によって一万人以上の犠牲者が出たが、さらなる干ばつによる水をめぐる競合が内戦を悪化させ、コレラなどの疾病を深刻にしている。
ＢＳ世界のドキュメンタリー「イエメン内戦　少年記者団の伝言」（一八年六月一九日放送）でイエメン・サナア出身のラッパー、マッジ・アル・ジアディは次のように内戦下の心情を歌う。

がれきの下で俺は歌う　何でこうなっちまったのか
老いも若きも姿を消していく　受け入れがたいことだ
昼も夜も爆弾が降る　神を信じる　俺はあらがい続ける
汚い戦争で殺されるほどの罪を　子どもたちは犯したのか？
アーティストは創造の場を奪われ　若者は家族の重荷となる
父親は職を失い　家族は飢える
一文無しの惨めさよ　逃げ道はない
やつらは俺たちを分断させる　それが悲しい真実
俺たちは破壊された
イスラム教徒が同胞を殺し　子どもたちを威嚇する
みなの目に怒りが浮かぶ
俺たちが何者か　もう分からない
イスラムの民なのか？
人殺しが日常　ああ神よ　逃げ場はどこに？

独りで必死に夢を思い出してる
俺は歌を作り　マイクに向かう
でも聴かなくてもいい
頭のいかれた若者の夢物語
俺の声は届かないのさ
夢をかなえたかったけど　所詮はまぼろし
誰もが心に願いを秘め　かなうときを待ってる
こんな状況がいつまで続くんだろう
俺は呼びかける〝慈悲深い神よ〟

（制作：VATIW/HOOPOE FILMS）

環境破壊によってアラビア海で「死の海域」が増加し、スコットランドぐらいの大きさになっているという。「死の海域」では水温の上昇によって酸素がなくなり魚介類が生息できなくなっている（ＡＦＰ）。

一八年七月二二日、イランのロウハニ大統領は「アメリカがイランとの戦争を選択すれば、あらゆる戦争の母となり、平和の道を歩めば平和の母となる」と語った。これに対してトランプ大統領は「アメリカを脅すことは絶対にするな。でないと史上まれにみるような結果に苦しむことになる。我々は、お前の暴力と死のたわごとを許すような国ではもうない。気を付けろ！」とツイートした（ＢＢＣの訳）。国内石油産業の利益を擁護してパリ協定から離脱し、イランとの敵対関係を煽り、イエメン空爆を行うサウジアラビアを支援するトランプ政権の姿勢は地球温暖化対策と明らかに逆行している。

サウジアラビアが支持する勢力は紅海に面したホデイダの港を奪還しようと、一八年六月一日と二日だけで一〇〇人以上が死亡した（AFP）。ホデイダはティハーマという海岸平野に位置するが、そこで暮らす人々は主に漁業、陶器、籐細工などに従事するスンニ派の住民たちであり、ホーシー派にもイランにもシンパシーを感じていないが、経済的にも大変貧しい彼らはアメリカやイギリスが供給する武器の犠牲になっている。

さらにホデイダでは、一八年八月二日に連続して爆発が起こり、国際赤十字によれば、五五人が死亡し、一七〇人余りが負傷した。爆発はホデイダの魚市場や、国際赤十字が支援するアルサウラ病院の近辺で発生したが、国際赤十字は、イエメンにおける国際人道法の無視は看過できないという声明を出した。ホデイダに対するサウジアラビアなどの空爆は七月にいったん停止したが、七月二五日に紅海でサウジアラビアのタンカー二隻がホーシー派の攻撃を受けると、サウジアラビアは空爆を再開した。ホーシー派は、ホデイダの連続爆破事件をサウジアラビア主導の有志連合によるものだと主張したが、しかし有志連合軍のトゥルキー・アル・マリキー報道官は、ホーシー派が爆弾をしかけたと応酬した。

WHO（世界保健機関）は、一八年八月にイエメンで新たなコレラ流行の危機を強調したが、国連のマーティン・グリフィス・イエメン担当特使は、国際社会がイエメン内戦を停戦に導くように国連主導の和平交渉を支援するように呼びかけた。イエメン停戦に関心がないトランプ政権にはサウジアラビアとの良好な関係を築き、兵器売却などで得られる経済的利益を確保したいという思惑が透けて見える。

アメリカの保守勢力はイランの革命防衛隊の精鋭部隊であるクッズ（エルサレム）軍団がイエメンのフーシに支援を与えていると主張するが、明確な証拠はなく、「イラン脅威」はサウジアラビアなど湾岸のアラブ諸国やエジプトに武器を売却しようとする欧米の兵器産業にとって都合のよい口実になっている。

アメリカのＦ15、Ｆ16戦闘機、精密誘導爆弾などの新鋭の武器移転はイラク戦争開始の年である二〇〇三年にアラブの同盟国に対して積極的に行われたが、それらの武器はアラブ合同軍によるイエメン攻撃に用いられ、一般市民の犠牲をもたらすようになった。

第四章

トランプの無責任な「対テロ戦争」

かりにトランプ政権によるイラン戦争という事態になっても、二〇〇〇年代から続くアフガニスタンやイラクでの戦闘のように、長期化し、いっそうの混迷を中東地域にもたらす可能性がある。イラン戦争についてトランプ政権の構想にあるのは、イラク戦争でも目指したように、親米的で、自由や民主主義の価値観をもつイランの新体制を戦争でつくり出すというものだろうが、中東でのアメリカの戦争による新秩序構想は成功することなく、結局失敗に終わってきた。イラクなど中東での戦乱はＩＳを含めて急進勢力の台頭をもたらしてきたし、アメリカが戦後に支援してきた新体制や政治勢力は腐敗、人権侵害などで国民から信頼を得られなかった。トランプ大統領は戦争の犠牲になった難民や移民にも冷淡な姿勢を示している。イラン戦争でもアメリカが躓《つまず》くであろうことを、主に対テロ戦争の舞台となったアフガニスタンや、シリア、イラクの現状から考え、予測する。

足元を見ないトランプ政権の迷走

トランプ大統領は就任後三カ月も満たない間に中東四カ国に軍事干渉を行った。

最初は二〇一七年一月下旬にイエメンでアルカイダの「施設」を標的にし、攻撃したが、殺害目標としたアルカイダ指導者はすでに逃亡し、海軍特殊部隊「シールズ」は子どもたちを含む三〇人の市民を殺害した。

一七年四月六日、トランプ政権はシリア攻撃に踏み切ったが、トランプ大統領は「シリアの独裁者であるアサド大統領は四月四日、罪のない市民に対し、恐ろしい化学兵器を使用して攻撃を行った。致死率の高い神経ガスを使い、無力な男性や女性、そして子どもたちの命を奪った。あまりに大勢の人に対する、緩やかで残忍な死を招いた。残酷なことに、美しい赤ちゃんたちもこのような非常に野蛮な攻撃によって殺された。神の子は誰一人としてそのような恐怖に遭ってはならない。紛争をいっそう長期化させる懸念がある」と国民に向けて説明した。

この発言に大きな違和感があることは言うまでもない。アメリカはイラク戦争で赤ん坊を含む多くの無辜の市民を殺害した国である。アメリカは対人地雷やクラスター爆弾などを市民に対して使用し、また蓄積もしてきた。ラオスやカンボジア、ベトナムでは米軍が投下した不発弾の処理が現在でも行われている。

アメリカは対人地雷禁止条約、クラスター爆弾禁止条約にも調印していないが、シリアの化学兵器を問題視するならば、「隗《かい》より始めよ」の姿勢が必要ではないか。「脚下照顧《きゃっかしょうこ》」とは「他人の批判をする前に、自分の過去の言動を見つめ直してよく考えるべきであるという自己反省の教え」（四字熟語オンラインより）だが、この言葉もトランプ大統領によく当てはまる。

トランプ大統領はシリア難民の入国を事実上禁止し、シリアの人々の人権を軽視する政策をとってきた。また化学兵器という大量破壊兵器の使用についても、トランプ大統領は二〇一六年五月のオバマ前大統領の広島訪問について「（アメリカの原爆投下について）謝罪しないなら非常に良いことだ。誰が構うものか」と発言している。

アメリカは一九八〇年代のイラン・イラク戦争中にイラクの化学兵器使用には目をつぶり、イランが国連安保理に提訴しようとしたが、アメリカの意向もあって国連安保理はイラク非難決議を成立させることはなく、イラン・イラク戦争中レーガン政権は化学兵器の使用が明らかなイラクを一貫して軍事的に支援した。

化学兵器は、一九二五年のジュネーブ・ガス議定書で戦時の使用が禁止されたが、アサド政権の化学兵器使用を非難するアメリカはベトナム戦争で大量の枯葉剤を使用し、ベトナム人の間に皮膚疾患、癌、先天性奇形などの問題を引き起こした。アメリカがベトナムの人々に謝罪や補償を行ったということは聞いたことがない。

トランプ政権のミサイル攻撃は、アサド政権に対する「懲罰的行動」で、さらなる攻撃はロシアとのいっそうの緊張を招く恐れがあった。また、アサド政権を弱体化させることがあれば、ＩＳやアルカイダ系の武装組織が台頭することになり、これらはアメリカが最も嫌う勢力だ。シリア政府軍は「アラブの春」以前は兵力三〇万人で、一七年には五万人ほどでアメリカに軍事的に報復する力はない。この一七年四月の攻撃で五九発のトマホーク・ミサイルをシリア中部のシャイラート空軍基地に撃ち込んだものの、実質的な効果はまるでなく、シリア空軍機は翌日から軍事行動を再開している。

アメリカ軍は続けて一七年四月一三日、アフガニスタン東部でＩＳを掃討するとして、大規模爆風爆弾「ＧＢＵ43Ｂ」を投下した。この爆弾は核兵器を除くと、米軍の通常兵器の中では最も威力があり、ＩＳが移動に使うトンネル網の破壊を狙ったという。アフガニスタンで米軍は二〇〇一年から戦闘を行っているが、タリバン勢力の弱体化をもたらすことができないばかりか、タリバンはアフガニスタン全土の少なくとも三分の一以上を実効支配していると見られている。大規模爆弾を使用しても、タリバンを根絶することはまったく不可能だ。

トランプ政権にはＩＳからシリアのラッカを奪還した後のビジョンがなかった。前章でも述べた通り、ＩＳ支配が消滅した後、ラッカを含むシリア東部は、クルド人、スンニ派アラブの部族、さらにはアサド政権の三つ巴《どもえ》の内戦になりかねない。イラクもシーア派主導の政権がスンニ派に権力・資源を公平に分配しなければ新たなＩＳが誕生する可能性があるが、アサド政権に対する方針、またＩＳ後のシリアをどう復興させていくか、トランプ政権には明確な構想がまるで見られていない。

テロをもたらすトランプの難民・移民政策

アメリカは九・一一後にいっそうの混乱を中東地域にもたらすことになった。テロ組織はイラクの米軍の拘置所でそのイデオロギーやネットワークを構築していった。トランプ政権のスティーブン・ミラー大統領上級顧問は、移民について英語を話す者たちを優先させようとし、移民の数もこれまでの半分にしようとしている。ミラー上級顧問の考えは、移民を「教育があり、高い技術をもち、英語を話す者」に限定しようとしているかのようである。シリアやアフガニスタン難民の受け入れを拒絶するトランプ政権の姿勢は、反米感情をいっそう募らせることだろう。アメリカの世界遺産であるニューヨークの自由の女神像に書かれた下の詩とは真逆といってもよい方針をトランプ政権はもっている。

疲れ果て、
貧しさにあえぎ、
自由の息吹を求める群衆を、
私に与えたまえ。

人生の高波に揉まれ、拒まれ続ける哀れな人々を。
戻る祖国なく、
動乱に弄ばれた人々を、
私のもとに送りたまえ。
私は希望の灯を掲げて照らそう、
自由の国はここなのだと。
——エマ・ラザラス（意訳・青山沙羅）

（http://www.excite.co.jp/News/travel/20140713/Tabizine_3354.html）

トランプ大統領はイスラム世界から激しい反発を受ける、悪名高いグアンタナモ収容所についても「悪い野郎どもをぶち込んでやる」と言って閉鎖する様子がなく、施設をさらに増設するつもりでいる。いわゆる「イスラム過激派」が拉致して斬首する人々にオレンジ色の服を着用させるのは、アメリカがグアンタナモ収容所でテロの容疑者たちにオレンジの服を着させることの報復の意味が込められている。

アメリカ国民たちにも米軍がアフガニスタン、シリア、イラクで戦っていることはさほど意識されていないことだろう。アメリカ兵の犠牲が出ても、その死にはまるで大義が見いだせないほど、アメリカの対テロ戦争は戦う意義のないものとなっている。

二〇一七年七月中旬、アメリカのワシントンDCで開催されるロボットの国際競技大会「ファースト・グローバル・チャレンジ（FIRST Global Challenge）」に参加予定だったアフガニスタンとガンビアの代表チームがビザを却下された。アフガニスタン、ガンビアともにイスラム教徒が多数を占める国である。六月二六日にアメリカの連邦高裁はトランプ大統領が三月に署名した大統領令の一部執行を認める判断を下した。大統領令はアメリカ国内でのテロを防ぐという目的でイラン、シリア、リビア、イエメン、スーダン、ソマリアの六カ国からの入国を九〇日間、難民の受け入れを一二〇日間停止するというものだったが、連邦高裁の判断によって、イスラム系六カ国のうちアメリカ国内の企業や団体と強い関係をもたない者たちが入国禁止となった。アフガニスタンとガンビアは「六カ国」以外の国だが、トランプ政権の誕生によってイスラム教徒（ムスリム）たちの入国審査が厳格になったことは確かだろう。

アフガニスタンのヘラートからのチームは女子学生ばかりで、首都カブールのアメリカ大使館にビザの申請に行ったが、却下された。しかし、ロボコンの主催者は彼女たちの参加を認めており、カブールのアメリカ大使館の措置は連邦高裁の判断とも合致しなかった。住民の多数がペルシア語を話すヘラートは、パシュトゥン人（言語はパシュトゥン語）のタリバンの影響も少なく、彼女たちがタリバンやＩＳの影響を受けているとは考えにくかった。結局、少女たちの入国は認められたものの、トランプ政権のムスリムに対する不合理で、恣意的な措置を象徴的に表すものであった。

何のための戦争？――トランプのアフガニスタン戦略

トランプ大統領は、二〇一七年八月二一日夜、アフガニスタンにおける米軍の駐留を継続することを明らかにし、「勝つために戦うことにした」と述べた。また、パキスタンが過激派に「安全地帯」を提供することを容認しないとも語ったが、トランプ大統領がこれら二国について知識があるとは思えず、政権内部の元軍人たちの発想に基づく「新戦略」で、ひたすら軍事力によるタリバン勢力の弱体化と、ISやアルカイダの武力による「殲滅《せんめつ》」しか視野にないようだ。しかし、アフガニスタンの抱える問題は軍事力ではとうてい解決できそうにない。

アメリカが支えるアフガニスタン政府が腐敗で国民の信頼を失っていることも、清貧なイメージのあるタリバンの求心力を高めている。「イスラム国（IS）」がイラクの大部分を支配したように、タリバン勢力の伸長には、政府、軍、警察の権力の濫用と腐敗が背景にある。たとえば、北東部のクンドゥズ州などでは知事が農地を大規模に収奪し、私有財産にしたこともあるが、タリバンと民族的に同じパシュトゥン人の農民たちにはタリバンの庇護《ひご》を求め、収奪を免れた者もいる。アメリカとアフガニスタン政府が創設した「アフガニスタン地方警察（ALP）」は非パシュトゥン人の場合が多く、アフガニスタンでは民族的対立も顕著になっている。それはあたかもイラクでスンニ派とシーア派が鋭く対立し、前者がISを支持したような構図と同様でもある。

アフガニスタンは、国連開発計画の「人間開発報告書二〇一六」によると、人間開発指数が一八八カ国中一六九位と大変貧しく、また政府の税収が少ないために、社会・経済インフラの整備もままならない。国際的支援がなければ、軍や警察も維持できないが、給与が低いために、それもまた兵士や警官たちの腐敗の背景となっている。

トランプ政権の新戦略はアフガニスタンの社会・経済発展に資金を注ぐというよりも「爆弾」に予算を

投入するというもので、過去一六年間に行われてきたアメリカのアフガン政策と変わりがない。

アフガニスタンの現政権の中枢にいるのは、民族的にはタリバンのパシュトゥン人とは異なる、ペルシア語系の言語であるダリー語を話すタジク人たちであり、インドと強固な協力関係を築いている。他方、インドとの対抗上、パキスタンの軍部はタジク人と対立するパシュトゥン人のタリバンがアフガニスタン政治を支配することを望んでいる。

アフガニスタン国軍兵士たちも腐敗した政府のために命を賭す覚悟がなく、容易に脱走するようになり、また兵士たちの間では麻薬の常習も見られる。アメリカもまたアフガニスタンのために兵士を犠牲にするような作戦をとらず、現在のシリアにおけるのと同様に、空爆を多用し、特殊部隊の工作を活発にする方針であるに違いない。

アフガニスタン――安定しない国内治安

アフガニスタンの首都カブールで二〇一七年五月三一日、自動車爆弾による大規模な自爆テロがあり、少なくとも八〇人が死亡、三五〇人以上が負傷した。

二〇〇一年の対テロ戦争開始後、ヨーロッパに逃れたアフガン難民の数は三〇万人近くと見積もられているが、戦乱が続く貧しい本国から人々が豊かな生活を夢見てアフガニスタンやシリアなどからヨーロッパ諸国に難民申請を行うようになった。テロの現場に近いところに大使館を置くドイツに難民申請したアフガニスタン人のうち一七年一月から四月の間に三万二〇〇〇人が申請を却下された。

タリバンの復活には蔓延《まんえん》する腐敗によって国民の政府への信頼が欠如しているという問題もある。アフガニスタン政府は腐敗を改善し、国際社会の支援を教育や福利の整備、さらには農業の近代化など産業の振興に有効に使わなければ、国際社会のアフガニスタンへの関心は低下し、またタリバンやＩＳが求心力を高め、アフガニスタンの治安は安定することはない。

アフガニスタンの首都カブールで武装集団が二〇一八年一月二〇日、「インターコンチネンタル・ホテル」を襲撃し、少なくとも二二人が死亡した。続いて一月二七日には爆弾を積んだ救急車がカブールの警備された地区の検問を通過し、人混みで爆発し、九五人が死亡、一五八人が負傷した。三月二一日には、カブール大学近くのシーア派の宗教施設でイラン暦の新年を祝う人々に対するＩＳによる自爆テロが発生し、三一人が犠牲となった。

さらに、一八年四月二二日にはカブール西部のダシュテ・バルチ地区で一〇月の議会選挙の有権者登録のために並んでいた人々が攻撃の標的となり、少なくとも五七人が死亡した。四月三〇日には自爆テロや銃撃が相次ぎ、記者一〇人を含む三一人が犠牲になった。三〇日の事件はアメリカ大使館やアフガン政府の関連施設が集まる地区で発生し、記者たちが駆けつけると、二度目の爆破が起こった。いずれのテロもＩＳ（「イスラム国」）が犯行声明を出しているが、シーア派住民たちをねらったものだった。

タリバンにてこずる米軍

アメリカはトランプ政権になって二〇一七年の下半期だけでオバマ政権の二〇一五年と二〇一六年を合わせた回数を上回るおよそ二〇〇〇回の空爆を繰り返した。一七年八月、トランプ大統領はツイッターで「殺し屋（タリバンやＩＳを指す）どもに隠れ場所はない、どこにいようともアメリカの力は及ぶ」と述べている。

一〇代の若者たちを中心に構成されるタリバン軍の兵士たちはアフガニスタンの麻薬の流通で得られる月三〇〇ドル程度の俸給で戦っていて、それが貧困層をタリバンに引きつける大きな要因になっている。ケシの栽培農地は一七年には前年比で六三％も増加した。二〇一四年にＩＳＡＦ（国際治安支援部隊）の大部分が撤退すると、一五年以降ケシの栽培は増加の一途をたどり、さらに主に中国製の太陽光パネルによる電力で、栽培のための水をくみ上げるポンプの稼働が安価にできるようになった。

アフガニスタン駐留米軍のジョン・ニコルソン司令官はロシアがタリバンに武器を供与していると批判するようになった。（二〇一八年四月二日付「Foreign Policy」）トランプ大統領は、新たなアフガン戦略の目的を「アフガニスタンのネーション・ビルディング（国家造成）をするのではなく、テロリストを殺害することにある」と無責任ともとれる発言をしている。アフガニスタンでネーション・ビルディングがきっちり行わなければテロリストたちが続々と生まれるに違いない。

アフガニスタンの歴史をひも解くと、アフガニスタンに侵攻した国や勢力によって国家の元首に据えられた人物はすべて悲劇的な末路に終わっている。第一次アフガン戦争でイギリスが復位させたシャー・シュージャ（在位一八三九年～四二年）は、一八四二年四月にカブールのイギリス軍が劣勢にさらされると暗殺された。第二次アフガン戦争でもイギリスは一八七九年にモハンマド・ヤクーブを統治者（当時は「エミール」の称号）に据えてアフガニスタンの外交権をすべてイギリスに委任させる条約を結んだが、アフガニスタン人の反発が強く、彼は翌年廃位させられた。一九七九年にソ連軍が侵攻して強化しようとした共産党政権も一九八九年のソ連軍撤退の三年後に崩壊した。

アメリカが対テロ戦争でタリバン政権を打倒した後につくった現体制もアメリカの軍事的後ろ盾がなければあっという間に崩壊しそうな様子である。

アメリカの対外援助の受領額では、二〇一五年にアフガニスタンが五五億ドルで第一位、続いてイスラエルが三一億ドル、イラクが一八億ドル、エジプトが一五億ドル、ヨルダンが一一億ドルという順になっていて、二〇〇カ国余りがアメリカからの経済援助を受ける中で、これらの五国で二五%余りを構成し突出している。アフガニスタンはそのうちの三七億ドルが安全保障関連である。(James McBride, "How Does the U.S. Spend Its Foreign Aid?," Council on Foreign Relations, April 11, 2017)

ネーション・ビルディングに失敗するアフガニスタン

NGOのトランスペアレンシー・インターナショナルの二〇一七年の「腐敗認識指数」の指標では、アフガニスタンは調査された一八〇カ国のうちでソマリア、南スーダン、シリアに次いで世界ワースト四位だった。アフガニスタンでも腐敗、ネポティズムが深刻となり、国の契約は政府高官たちと親しい関係にある企業ばかりに与えられ、またゴースト企業にも契約金が支払われて、それが政府高官やそれに近い人物らに還流する構図となっている。アフガニスタン政府が腐敗を改善し、国際社会からの支援金を教育や福利の整備、さらには農業の近代化など産業の振興に有効に使わなければ、国際社会のアフガニスタンへの関心は低下し、またタリバンやISが求心力を高め、アフガニスタンの治安は安定することはない。

対テロ戦争の最初の舞台となったアフガニスタンは国際社会から忘れられた感もあるが、二〇一四年九月に成立したガニ大統領とアブドゥラー行政長官の国家統一政府(National Unity Government:NUG)

は、アフガニスタンの治安維持や国民の社会経済状態の改善に成功せず、アフガニスタンには一〇〇万人以上の国内難民がいて、国外に逃れた難民は数百万人とも見積もられている。一七年七月に第一副大統領で、旧軍閥のラシード・ドスタム氏らが中心になってトルコで反政府の「アフガニスタン救済連合」が結成され、また七月中旬にはカブールでやはり反政府組織である「アフガニスタン人民の枢軸」が創設された。アフガニスタンの現政権を支持する勢力は、現職の閣僚であるドスタム氏らが反政府的行動をとり、またドスタム氏がかつてアフガニスタンの混乱をもたらした軍閥の長であったことなどを問題視するが、アフガニスタンでは政府の中に別の政府ができた格好となり、政権内部からも混乱するようになった。

アメリカはその歴史上最長となる戦争をアフガニスタンで行い、SIGAR（アフガニスタン復興担当特別監察官）はアメリカがアフガニスタンの再建に成功していないことを二〇一八年五月付の報告書であらためて明らかにした。アメリカはオバマ政権時代にアフガニスタンで最も不安定で、武装集団が活動する地域に対してあまりに短期間に金を性急に与え、それがアフガニスタンの政治社会の腐敗を招き、腐敗への反感からかえってタリバンなど武装集団の求心力を高め、その活動を強化することになった。アメリカ国防総省は、支援規模や資金が限定されていて、アフガニスタンの戦闘が発生している不安定な地域での武装集団の鎮圧を優先させることになり、USAID（合衆国国際開発庁）がこれらの地域の復興の責任を負わされているが、危険な地域では十分な成果を得られていない。

二〇一七年には米軍兵士一五人が犠牲になったが、二〇一八年に入っても、一月一日にミハイル・ゴリン一等軍曹がナンガルハル州で戦死した。彼はリトアニア・リガ出身の移民であり、アメリカ社会に夢を見てやって来た人物であった。四月三〇日にガブリエル・コンド技術兵スペシャリストがタリバンと戦うアフガニスタン国軍を支援している最中にアフガニスタン・カピサ州で、八人のルーマニア軍の兵士とともに戦闘の中で犠牲になった。

二〇一七年八月に、大統領選挙の公約でアフガニスタンからの米軍の撤退を掲げていたトランプ大統領は、一万四〇〇〇人に兵力を増強することを明らかにしたが、ＮＢＣテレビは、兵力を増加すれば、犠牲者になる兵士の数も増すというごく当然の指摘を行った。

腐敗がはびこるのは、ＳＩＧＡＲに十分な能力、資源、また活動を行うための安全な環境がないからで、腐敗の監視や抑制を行う主体がアフガニスタンでは存在しない。アフガニスタン政府の自浄能力は大いに疑問視されている。

アフガニスタンの腐敗は、賄賂や不正、ゆすりだけにとどまらない。ケシの栽培や、麻薬の生産、流通も腐敗の温床となっている。アフガニスタンのヘルマンド州は、「世界の麻薬の首都」とも形容される。さらに、アフガニスタン国軍には実際に存在しない兵士たちがいて、国軍への支援金も水増しして要求され、その分が将校たちの懐に入ることになっている。水増しされたゴースト部隊がタリバンにかなうはずがない。トランプ大統領がどれほどこのアフガニスタン政府の腐敗の問題に関心をもっているのか、まったくさだかではない。

一八年七月一五日に明らかにされた国連の報告では、二〇一八年上半期のアフガニスタンの犠牲者は、それに遡る一〇年間で最悪のものとなり、一六九二人が犠牲になった。負傷者は三四三〇人だが、アフガニスタンがいよいよ安定から遠ざかっていることを物語っている。

二〇一八年六月にラマダーン明けのイード（祝祭）の三日間、政府軍とタリバンの間に休戦が成立しても、戦闘はエスカレートした。タリバンは、政府に対して停戦期間の延長を拒み、さらに政府の和平交渉の呼びかけも無視した。二〇一七年の犠牲者がおよそ二三〇〇人だから、二〇一八年はそれを上回る犠牲者が出ることが予想された。「国連アフガニスタン支援ミッション（UNAMA）」は、市民の犠牲の五二％がISによる自爆攻撃と多発的攻撃によってもたらされ、また四〇％がタリバンの攻撃が原因となっている。タリバンはアフガニスタンで最大の領土を保有しているが、ISは主に都市部において、自爆攻撃や、社会にできる限り大きな衝撃を与えることを考えている。

トランプ大統領は、アフガニスタンに対する空爆を強化する意向を明らかにしたが、二〇一八年は最初の六か月間で三五三人が空爆の犠牲となり、二〇一七年の犠牲者の五二％は空爆によるものだとUNAMAは明らかにした。半数以上の犠牲者はアフガン空軍によるものだった。一八年四月二日にはアフガニスタン北部クンドゥズ州で政府軍の空爆で宗教集会に参加していた一〇七人が死傷した。アフガニスタンでは二〇一八年一〇月二〇日の総選挙が近づくにつれて、情勢は悪化するという懸念が広がっている。

隣国のパキスタンでも、七月二五日の総選挙が近づいてテロが増加していった。パキスタンで発生した一連のテロについて、アルカイダなど過激派の取材をしてきたジャーナリストのラヒムッラー・ユースフザイ氏は、一連のテロは過激派集団の間の協力関係において行われているという考えを示した。パキスタンでは、二〇一四年のペシャワールの学校襲撃で一五〇人以上の主に子どもたちの犠牲者が出て以来、パキスタン軍は「パキスタン・タリバン運動（TTP）」の拠点となっている「連邦直轄部族地域（FATA）」への制圧を強化し、パキスタンの治安状態は改善されたが、しかしパキスタンでは貧困、教育の欠如、過激なイデオロギーを説く宗教学校という武装集団の活動の背景となる要因が根強く横たわっている。

トランプの無差別な戦争――シリア・ラッカ

アメリカは二〇一七年一〇月、約四カ月の戦闘を経て、ISのシリアの「首都」であったラッカを解放した。対IS作戦を担ったスティーブン・タウンゼンド中将は、イラク・シリアに対して市民の犠牲が出ないような精密な作戦を行っていると語ったが、ラッカでは科学大学、郵便局、モスク、文化センター、橋梁などが破壊されたと人権団体は報告している。非政府組織の「人権のためのシリア・ネットワーク」は、一七年五月と六月の二カ月間、米軍の攻撃がアサド政府、ロシア、ISよりも多くの市民の犠牲をもたらしたと述べている。

ラッカはユーフラテス川とバリーフ川が合流するところに位置し、人が定住するようになったのは五〇〇〇年前という町である。ラッカは古代ギリシアの都市で、ローマ時代には要塞と市場の街となり、アッバース朝第五代カリフのハールーン・ラシード（在位七八六～八〇九年）の時代には、ビザンツ帝国に対抗するための拠点とされた。天文学者のアル・バッターニー（八五〇?～九二九年）は、ラッカで天文学の研究を行い、彼の『天文表』はコペルニクスなどのヨーロッパ中世の学者たちに引用された。町は一三世紀のモンゴルの侵略によって荒廃したが、一九六八年にハーフェズ・アサド大統領がタバカ・ダムを建設し始めると、ダム建設の労働者たちに消費財を提供する市場となり、またダムからの灌漑で農業も活発となり、アッバース朝時代の遺構に対する発掘調査も行われた。

二〇〇〇年代半ばの干ばつ（地球温暖化が影響していると見られるが）によって綿、ジャガイモ、米などの商品作物の収穫が減り、シリアの他の地域と同様に農民たちは大都市に流入していったが、しかし社会サービスは劣悪で、アサド体制への不満を募らせていった。二〇一一年にシリアで「アラブの春」が始まると、ラッカの住民たちも反アサドの声を上げるようになったが、二〇一三年三月に反政府武装勢力がラッカを支配するようになり、さらにその後一年も経たないうちにＩＳがラッカを占拠し、ＩＳの首都と宣言した。

一七年五月末にアメリカ軍はラッカの市民に避難するように促すビラを投下したが、ＩＳは市民がラッカを離れることを禁じ、市の周辺に地雷を敷設した。ボートでユーフラテス川を使って逃れようとする市民たちもいたが、六月五日にアメリカ軍の戦闘機は避難民たちのボートを攻撃し、二一人の市民が犠牲になった。アムネスティ・インターナショナルによれば、アメリカ軍はラッカ郊外の攻撃に白リン弾を使用した。七月にアメリカ軍が支援する武装勢力はラッカ進入に成功し、アメリカ軍の軍事顧問もラッカ内部で空爆に指示を与えている。ラッカではアメリカ軍の有志連合による空爆、またアメリカ軍が支援するシリア民主軍の攻撃によって、水道施設も破壊された。この一七年の五月から六月にかけてシリアに対する空爆の九五％はアメリカ軍によって行われたと見られ、アメリカ軍機はカタールのアル・ウデイド基地、トルコのインジルリク基地、またアメリカ空母ジョージ・Ｈ・Ｗ・ブッシュから発進した。アメリカ海兵隊はシリア民主軍の支援を得てＭ７７７　１５５ｍ榴弾砲でラッカ市内を砲撃したが、空爆や砲撃などアメリカ兵に犠牲を出さない攻撃形態は、無差別に行われたために、市民の犠牲が増えたことは言うまでもない。タブカ・ダムはシリアの電力の二〇％を構成していたが、現在は稼働せず、水資源を利用できないために、ラッカ市内では伝染病も蔓延した。

「解放者」とラッカ陥落

第一次世界大戦中、一九一七年三月にイラク・バグダードにイギリス軍が入城すると、イラクの地方官吏の息子のターリブ・ムシュタークは「（スタンレー・）モード将軍は、征服者としてではなく、救済者、解放者としてやってきたと宣言した。よくも臆面もなくそういう嘘がつけたものだ。バグダードの住民ばかりではなく、イラク人はみな、英国人がイラク人をいかに奴隷扱い、捕虜扱いにしているか、自分たち自身の目で見てきた。どこに自由があったか？　どこに救済があったか？」と回想している。（ユージン・ローガン・白須英子訳『オスマン帝国の崩壊』白水社　二〇一七年九月　四三四頁）

それから九〇年近く経った二〇〇三年四月、米英軍はバグダードで再び「解放者」を演じ、米英軍を歓迎するごく一部の市民たちの様子を世界に宣伝した。ブッシュ政権のラムズフェルド国防長官は、「ほとんどのイラク国民が米英軍を歓迎し、侵略者や支配者ではなく、解放者とみなすようになってきた」と述べた。

しかし、米英軍が圧政からの解放者などではなかったことはその後の展開が示す通りだった。その後、米英軍などの軍事行動で少なくとも一〇万人以上の市民が犠牲になり、イラクやシリアの市民はＩＳの抑圧的支配の下に置かれた。

二〇一七年一〇月一七日、ＩＳがシリア側の「首都」としてきたラッカがアメリカの支援する「シリア民主軍（ＳＤＦ）」によって制圧された。ＳＤＦはクルド人の左翼武装組織「クルド人民防衛隊（ＹＰＧ）」を主体とする組織だ。イラクでもＩＳは主要な地域を喪失し、一〇月五日にはキルクークに近いハウィジャが政府軍によって奪還され、ＩＳの戦闘員一五〇〇人が捕虜になった。「イスラム国」は領土をもつ国ではなくなったが、そのメンバーがまったく消滅したわけでなく、今後もテロなど破壊活動を行っていく可能性はある。

シリア民主軍の中核はＹＰＧ（クルド人民防衛隊）で、冷戦時代アメリカが最も嫌っていたマルクス・レーニン主義をイデオロギーにもつ組織で、アラブ住民が多いラッカでは、市民から反発されたことは想像に難くない。またシリア国内でクルド勢力が台頭し、自治を獲得すれば、国内のクルド人の分離主義を警戒する隣国のトルコにとっても脅威で、トルコは実際に二〇一八年一月一九日、シリアのクルド人が多数であるアフリン地区（カントン）に対する砲撃を開始した。トルコに避難していた「自由シリア軍」のゲリラたちもトルコによって、アフリン地区に送り込まれた。アフリン地区には「クルド民主統一党（ＰＹＤ）」の武装部門クルド人民防衛隊」が活動していて、左翼思想に基づいて自治を行っている。ＹＰＧに女性兵士が多いのも、この組織がイスラムの教義を重視せず世俗的なイデオロギーをもっているからだ。

トルコのアフリンへの攻撃はアメリカのトランプ政権が、ＩＳが再び台頭しないように、クルド人のＹＰＧから成る三万人の国境警備隊を創設するという構想を明らかにしたことに対応したものだ。トルコはトルコ南東部で武力による分離独立運動を行う「クルド労働者党（ＰＫＫ）」と戦闘を続けている。トルコ政府は、シリアのクルド人の武装勢力はＰＫＫと同盟していると考えているが、アメリカ政府とＰＫＫはこれを否定している。

トルコはＹＰＧを「テロリスト」としているが、トルコ国内でテロを行ったという事実は判明していない。トルコではＩＳによるテロが発生したことがあるが、ＹＰＧはＩＳと戦ってきた。ＩＳは、トルコが支援する原理主義的なアラブの武装集団から武器を奪って戦ったこともある。トルコのアフリンへの攻撃は、トルコが支援するアラブの武装組織がこの地域で優勢になることを意図したもので、トルコは、トルコと接する地域でクルド勢力が台頭することを望んでいない。しかし、ロシアの支援を受けるアサド政権は、トルコと対立し、クルドとの同盟を考えるなど、複雑な力学がシリアをめぐって働いている。

アメリカのティラーソン国務長官は一月一七日、スタンフォード大学のフーバー研究所で講演を行い、シリアが再びＩＳの拠点とならない決意を示したが、しかしシリアに展開する米軍は二〇〇〇人にすぎず、ヒズボラ、イラン革命防衛隊、シリア政府軍、イラクのシーア派民兵組織によって囲まれ、危険な状態で活動し、さらにトルコがシリアのクルド地域に本格的に軍事介入すれば、戦闘に巻き込まれ、犠牲が出る可能性がある。シリアにおけるイランの影響力を低下させるとティラーソン国務長官は述べたが、そのための具体的な方策はアメリカにはない。

シリアでの対テロ戦争の継続を唱えたティラーソン国務長官は、ＴＰＰやパリ協定からの撤退に慎重な姿勢を見せるなどトランプ大統領とソリが合わず、一八年三月に解任されたが、アメリカの国務省は、トランプ政権になってからその政策に嫌気がさして六割の職員が離職し、シリア問題に関する専門家もいない状態である。シリア情勢を正確に把握できず、シリアのクルド人に過度に依存するトランプ政権のシリア政策は明確な方針がまったく定まらない。

シリアのクルド人勢力は一八年七月二七日にシリア北部、北東部の自治確立を目指してアサド政権と協議に入った。シリア政府軍と、クルド人主体のシリア民主軍は、ロシアの軍事支援もあってシリア国内の九〇％を支配するようになっている。これはシリア民主軍がアサド政権の招きで初めてダマスカスで交渉を行うもので、イギリスを拠点とする「シリア人権監視団」によれば、シリア民主軍はシリアの二七％を支配下に置き、トルコとの国境地帯、またＩＳがシリア側首都としてきたラッカをコントロールしている。シリア民主軍は、トルコ国境に近いクルド人の町アフリンをトルコが支援する武装集団に奪われたが、米軍の支援もあって、トルコ軍からクルドの町マンビジュの防衛に成功した。シリア政府との交渉に臨むことになったが、アサド政権がシリア民主軍の自治要求を認める可能性は低く、クルド地域への政府軍の展開、また行政組織の再確立を考えている。シリア民主軍の支配地域ではクルドの旗が翻り、トルコで国家反逆罪などによって死刑判決を受け、その後終身刑に減刑された「クルド労働者党（ＰＫＫ）」のオジャラン党首（一九四八年生まれ）の写真が掲げられるなど、クルドの民族主義に訴えている。クルド武装勢力をＩＳとの戦闘に利用してきたトランプ政権の思惑がシリアの新たな火種となる可能性は高い。

米英仏、シリア攻撃の波紋と、イスラエルとイランの緊張

米英仏の三カ国が二〇一八年四月一四日にシリア攻撃に再び踏み切ったが、トランプ大統領は「シリアの独裁者アサドの化学兵器能力に関連する施設をミサイルで精密攻撃する命令を下した」とテレビ演説で述べた。四月七日にアサド政権が東グータ地区で塩素ガスや神経ガスが入った樽爆弾で反政府勢力を攻撃し、その結果およそ七〇人が犠牲になったことに対するまたも「懲罰的」な軍事攻撃である。化学兵器による犠牲者たちの多くが子どもたちを含む非戦闘員であったと米英仏は主張するが、実際に化学兵器が使用されたかどうかは不明である。

「化学兵器攻撃」を受けて四月八日に、トランプ大統領は「野獣のようなアサドを支援している」とロシ

アのプーチン大統領とイランを批判した。トランプ大統領は、かつてシリアにはアサドのような強力な人物が必要であると述べたり、一八年一〇月までに米軍がシリアから撤退する考えを明らかにしたりするなど、彼はシリア政策でも混乱している。

かつてフランス帝国主義が「有益なシリア」と表現した肥沃なダマスカス、アレッポ、ラタキア、ホムス、ハマーは現在アサド政権の支配下にある。シリア国土のおよそ一〇%はクルド人勢力の影響下にあるが、トルコに攻められるクルドはアサド政権と手を結ぶ可能性もあり、「シリア勝利機構（旧ヌスラ戦線）」をはじめとする反政府武装勢力はわずかに北西部のイドリブ県や南東部のホムス県の一部だけで活動する状態になっている。アサド大統領は、米欧の攻撃がシリア情勢に何ら影響を与えるものではなく、地域の安全保障を不安定にする負の効果しかもたないと述べた。

ロシアのあるスポークスマンはアメリカとロシアの軍関係者たちは、両国が直接軍事的に衝突することがないように協議していたことを明らかにした。また、ロシアのアンドレイ・パユソフ元大佐は、「RBCデイリー」の中でアメリカのシリア攻撃は皮相的なもので、重要ではない標的しか攻撃しなかったが、中東におけるロシアの影響力を覆すために行われたという考えを明らかにした。

「ウォールストリート・ジャーナル」によれば、アメリカ国内の超保守派のビジネス界はシリア空爆を強化し、シリア北部に飛行禁止空域を設けることを主張しているという。トランプ政権は米軍が撤退後にクルド地域にエジプトやサウジアラビアの軍隊が駐留するようにこれらの国に要請しているが、エジプト軍は現在シナイ半島の武装勢力と戦い、サウジアラビアはイエメン空爆にエネルギーを傾注している。クルド人たちが、民族性が異なるアラブ諸国軍の駐留を好むことは考えにくいし、アサド政権は他国軍の駐留に強く反発するだろう。トランプ大統領のアラブ平和維持軍の構想は実現しそうにない。

米英仏がシリアを攻撃する前の一八年四月八日から九日にかけてイスラエルはシリアのホムス近くのシリア空軍の基地をイランのドローン操縦拠点があるとして空爆した。イスラエルはイランがレバノンの反イスラエル勢力のヒズボラに武器を移転する事態を阻止することを考え、シリアへの軍事介入を強めようとし、他方で同時にガザ北部も空爆した。

ロシアはシリアの格安航空会社シャーム・ウィングズ航空を使ってロシア人傭兵たちをシリアに送り込んでいる。二〇一七年一月五日から一八年三月一一日まで同航空のエアバス320はロシアのロストフとシリアの間を五一往復したが、一フライトで一八〇人の「乗客」を搭乗させることができる。アフガニスタンやチェチェンで多数のロシア兵犠牲者が出て国民の間で厭戦・反戦気分が高まったことを受けて、プーチン大統領は傭兵たちをシリアでの戦闘に用いるようになった。

カザフスタンは一七年一二月までに八回にわたってシリア和平会議を首都アスタナで開催してきたが、英米仏のシリア攻撃に対して、どのような口実であれ、シリアの主権を無視した軍事介入は正当化されないと批判した。カザフスタンは国連安保理の非常任理事国にもなっているが、同国のウマロフ国連大使は攻撃が行われた一八年四月一四日に、さらなる軍事行動の停止とシリアに関係する国々の信頼の回復、またシリアにおける平和の確立、安全の確保を呼びかけた。四月一九日、トルコのチャブシオール外相とアンカラで会談したカザフスタンのアブドラフマノフ外相は、「アスタナ・プロセス」がシリア内戦に伴う国際間の緊張を緩和する最も重要なものだという考えを示した。

空爆では平和を創造できない

二〇一八年四月の米英仏のシリアへの攻撃についてイラク外務省のアフマド・マフジューブ報道官は、地域の安全を損なうものであり、シリア国民の切望に応える政治的解決の必要性を強調した。英米仏の攻撃はテロリズムに新たな機会を与えるものであり、アラブ連盟にシリア政治の危険な展開に対して明確な立場をとるように訴えた。イラクはシリア内戦に伴う混迷がイラク国内に波及することを危惧している。二〇一一年の内戦勃発が二〇一四年半ばにＩＳがイラクに活動を拡げる背景となったが、米英仏による攻撃はＩＳが息をふき返す契機となりかねないという考えをイラク外務省は示した。

シリア政府軍が化学兵器を実際に使用したかどうかは不明であり、シリア政府は米英仏が攻撃したのは、毒蛇に噛まれた際の解毒剤や子どもの医薬品の研究施設であったと主張している。いずれにせよ、国連安保理の決議がない攻撃は国際法に違反することは確かである。多数の国民を殺害したアサド大統領は戦争犯罪に相当するが、シリアは「国際刑事裁判所ローマ規程」の締約国ではなく、国連憲章第七章に基づいて安全保障理事会が国際刑事裁判所に付託した場合ではないとアサド大統領は裁かれることはないが、ロシアや中国が拒否権を行使することは間違いない。

トランプ政権は、オバマ前政権の優柔不断が今回の悲劇を招いたとして、アサド大統領の退陣を求めるというオバマ前政権の方針を変更し、空爆など強引な武力介入でアサド政権を支えるロシアのシリア政策を追認している。オバマ政権は二〇一三年九月にアサド政権による化学兵器使用が疑われた後も、シリア軍や政府施設を空爆することなく、アサド体制の打倒を目指している様子がなかった。

第二次世界大戦に化学兵器が使用された例とすれば、一九八八年三月にイラクのサダム・フセイン政権がイラクのクルド人の町ハラブジャと、イラン・イラク戦争中にイラン軍に対して用いたことがあったが、アメリカをはじめとして欧米諸国は、一八年四月のシリアの使用疑惑のように、強い非難の声を上げることはなかった。

イラク軍は、一九八七年六月二八日と二九日の二日間にわたってイラン西部のイラク国境に近いクルド人の町サルダシュトに対して化学兵器で攻撃を行い、一一〇人の人々が犠牲となり、その後も五〇〇〇人の人々が後遺症に苦しんでいる。広島市のNPO法人「モースト」はイランの化学兵器被害者たちと広島の被爆者との交流を進めている。二〇一七年一〇月に来日したサルダシュトの住民のホセイン・モハンマディヤンさんは父親を化学兵器の攻撃で失ったが、「広島、長崎の名前は世界の人が知っている。民間人が戦争で大量破壊兵器の犠牲になった私の故郷・サルダシュトの悲劇も、日本の多くの人に知ってもらいたい」と語った。(「毎日新聞」二〇一七年一〇月六日)

トランプ政権によるシリア攻撃に見られるように、化学兵器使用に関するアメリカの「二重基準」もまた中東イスラム世界のアメリカに対する不信感を形成するものであることは疑いがない。

イスラム・テロに備えはするが……

二〇一七年一〇月三一日にアメリカニューヨーク市マンハッタンで小型トラックが暴走し八人が犠牲となる事件が発生した。サイフロ・サイポフ容疑者(二九歳)はウズベキスタン出身で、二〇一〇年に抽選で永住権が得られる「移民多様化ビザ」で渡米した。一七年にウズベキスタン出身者が起した国外でのテロは一七年一月のトルコ・イスタンブールのナイトクラブで起きた銃乱射事件、四月のロシア・サンクトペテルブルクの地下鉄爆破テロ、四月のスウェーデン・ストックホルムの暴走トラック事件と四件発生した。

ウズベキスタンでは、宗教活動は政府の強い統制下に置かれ、聖職者の思想・信条は調査され、またメッカへの巡礼も厳格な資格審査を受け、ラマダーン期間中一日の断食が終わってムスリムたちが会食をするイフタールや、ラマダーン明けの祝祭「イード・アル・フィトル」は禁じられてきた。また、一八歳以下の若者がモスクで礼拝など宗教活動を行うことも禁止されている。

ウズベキスタン政府はイスラムに強く傾倒して危険と見なす人物たちの「ブラック・リスト」も作成し、リストに名前のある人物は雇用や移動にも大幅な制限が加えられた。人権団体の「ヒューマン・ライツ・ウォッチ」によれば、一七年八月にミルズィヤエフ現大統領が名簿の人数を減らすまで、一万八〇〇〇人の名前が記載されていたという。

ウズベキスタンの反政府武装集団「ウズベキスタン・イスラム運動（IMU）」はイスラム法（シャリーア）のウズベキスタンにおける施行を唱えるが、カリモフ政権によって弾圧され、タジキスタン、アフガニスタン、またパキスタンの「連邦直轄地域（FATA）」など周辺諸国や地域に流出していった。二〇一四年一一月にシリアのウズベク人武装グループはISへの忠誠を誓ったが、アメリカの情報企業「ソウファン・グループ」によれば、ウズベキスタンからシリアやイラクのISに参加した若者の数はおよそ一五〇〇人だという。一七年一〇月にはISに物質的支援を行ったとして、ウズベキスタン出身の人物が一五年の禁固刑の判決をニューヨーク地裁から受けた。

ウズベキスタン人が国外でテロに走るのは、ウズベキスタンではイスラムの慣行に対する制限があったり、カリモフ一族など政府の腐敗が見られたりするからだ。強権的なウズベキスタン政府の手法は暴力の抑制に役立ったというよりもむしろテロ助長の要因となっていて、シリアやイラクでＩＳの支配地域が消滅した現在、過激なウズベキスタン人たちは他の活動の舞台を求めていくことだろう。

イギリス王立防衛安全保障研究所は二〇一八年四月二七日に中央アジアの過激派に関する分析調査結果を明らかにした。この調査はロシアの一三都市においてウズベキスタン、キルギス、タジキスタン出身の二〇〇人余りを対象に行われたが、過激な集団での活動に参加する動機とすれば、宗教というよりも、金銭的な動機のほうが強いことを同調査は明らかにしている。ロシアの中央アジア出身者たちはロシア社会の官僚的体質、日々の偏見、経済的困難、また孤独や疎外の中での生活を余儀なくされている。

アメリカでは二〇一三年四月にもボストン・マラソンでテロが発生し、容疑者はチェチェン人の兄弟であったが、トランプ政権がテロの要因である国際社会の国家・地域間の経済格差、アメリカ社会におけるムスリム移民の疎外感などの問題に目を向けない限りアメリカを標的にするテロは発生し続けるに違いない。

ＩＳ支配の終焉とイラク政府の腐敗

イラク第二の都市モスル（モースル）は、チグリス川東岸にあり、バグダッド（バグダード）の北西三六二キロに位置する。

アッシリア初期の城砦を基礎に発展したニネヴェを継承し、シリア、アナトリア（現在のトルコのアジア側の部分）とペルシアを結ぶ通商路にあり、八世紀にはメソポタミア北部の主要都市となったが、最も発展したのはザンギー朝（一一二七～一二五一年）時代だった。ザンギー朝は、セルジューク朝の王子の後見人（アタベク）がつくった王朝で（「アタベク朝」と呼ばれる）、スルタン・バドゥル・アッディーン・ルル（統治一二二二～五九年）の時代に最盛期を迎えた。この時代、金属細工や細密画の技術が発達したが、その繁栄は一二五八年にモンゴルのフビライの征服によって終焉を迎えた。

オスマン帝国が一五三四年から一九一八年まで統治し、モスルはオスマン帝国の商業の中心となり、行政州の州都となった。第一次世界大戦後にイギリスの委任統治が始まると、英仏によって旧オスマン帝国に新たな国境がつくられたため、旧オスマン帝国の他の地域との交流が鈍り、商業都市としての重要性が低下した。

しかし、石油採掘がモスルの東や北の地域で一九二〇年代以降に盛んになると、製油所もつくられて新たな発展を遂げることになる。また、セメント、織物、砂糖などの産業が育ち、農産物の流通の中心ともなった。

モスルの人口を構成していたのは主にクルド人で、クリスチャンのアラブ人たちも少なからず居住していたが、一九七〇年代からバアス党（サダム・フセインらが指導者）政権下でアラブ人たちの定住化政策が進められ、宗派・民族構成にも変化が現れた。二〇〇三年のイラク戦争でフセイン政権が打倒されると、クルド人たちが土地の再所有を求めるようになり、緊張が生まれた。

二〇一四年六月にモスルはＩＳ（「イスラム国」）支配下に置かれ、そのイラク側の「首都」となったが、二〇一六年一〇月にイラク軍などのモスル奪還作戦が始まり、劣勢となったＩＳは八〇〇年の歴史をもつヌーリー・モスク（大モスク）を二〇一七年六月二一日に破壊した。七月一〇日に、イラクのアバーディ首相はモスルでの戦いに勝利したと宣言した。モスル奪還作戦が始まって以来およそ九二万人の市民が難民化した。

モスルには由緒あるキリスト教会、イスラムのモスク・聖廟があり歴史的伝統を誇るが、その社会的安定を崩壊させたのは、アメリカのイラク戦争であったことは言うまでもなく、アメリカにはかりにモスルが解放されてもその復興に道義的責任がある。

イラクでは、二〇一八年七月に反腐敗の大規模デモが発生し、七月八日には、石油都市のバスラで治安部隊がデモに発砲し、一人が亡くなったが、デモは腐敗の根絶をと訴えていた。イラクではISとの戦いが終結すると、人々は職と公共サービスを求める闘いを行うようになった。

バスラのデモ参加者の一人は「油田は我々のものだが、我々は経済的に何も得ていない」と語った。石油セクターはイラクの国家予算の八九％、イラクの輸出収入の九九％を占めるが、石油産業によって雇用されるイラク人はわずかに一％、主要なポストのほとんどが外国人によって占められている。公式にはイラクの失業率は一〇・八％だが、若年層のそれは倍あると見られ、イラクの総人口の六〇％は二四歳以下で、腐敗や雇用、公共サービスの改善がなければ、またISのような集団が現われる可能性がある。イラクのハイダル・アル＝アバーディ首相は、治安関係者たちにテロリストたちがデモを開拓しないように指示したが、本当のテロ対策は民意にいかに応えていくかだ。

イラク戦争とアメリカの建国理念に相違するトランプ

ブランドン・デムチャック氏（三一歳：二〇一八年七月当時）はイラク帰還兵だが、イラクに駐留していた間に同僚二人をIED（道路脇爆弾）によって失った。短編映画『ファイアークラッカー（爆竹、かんしゃく玉）』は彼のイラクでの体験や友人たちの帰還後のPTSD、抑鬱、アルコールや麻薬との葛藤を描く。デムチャック氏は、二一歳で陸軍に入隊し、最初の任地は二〇一〇年に大震災が発生したハイチであったが、その一年後にイラクに赴き、ほぼ毎日野外での任務についた。IEDで同僚を失うと、頭の中で不快な音が聞こえるようになり、二〇一四年にPTSDと診断された。

PTSDを乗り越えるためにさまざまな取り組みを行ったが、映画の制作が天職と考え、夢中になった時に、PTSDを克服することができた。現在はロヨラ・メリーマウント大学で映画を専攻する。映画制作の目的は、いまだにPTSDに苦しみ、その存在を忘れられているイラク帰還兵たちにアメリカ社会が関心をもってほしいというものだ。イラクからは毎日兵士たちが帰還しているが、彼らはイラクに赴いた時とは異なる状態となっていることにアメリカ人が気づいてほしいとデムチャック氏は語る。

二〇一八年七月現在、米軍の砲兵部隊がイラクの砂漠にある拠点からシリアのISの陣地に砲撃を加え、ISと戦うクルド人主体のシリア民主軍を援護している。遠隔な距離から攻撃を加えるのは米軍に犠牲者が出ないことを配慮してのものだが、PTSDはイラクの現地住民たちに米兵よりもはるかに多く、深刻に発症していることを国際社会は知らなければならないだろう。

アメリカの独立宣言にはイギリス国王の圧政を非難する部分が以下のようにある。

"…… it is the Right of the People to alter or to abolish it, and to institute new Government, laying its foundation on such principles and organizing its powers in such form, as to them shall seem most likely to effect their Safety and Happiness."

人民にとってその安全と幸福をもたらすのに最もふさわしいと思える仕方でその政府の基礎を据え、その権力を組織することは、人民の権利である。

テロを戦争で制圧し、難民を拒むことで防ごうとするトランプ政権の政策が、内外の人々に安全と幸福をもたらしているとは到底思えないが、さらにイギリス国王の圧政に対しては次の通りに書かれ、トランプ政権の移民政策とは真逆の理念を伝えているかのようだ。

"He has endeavoured to prevent the population of these States; for that purpose obstructing the Laws for Naturalization of Foreigners; refusing to pass others to encourage their migrations hither ……"

（イギリス国王）はこれらの諸邦（州）の人口を抑制しようと努め、その目的のために外国人帰化法の成立を妨害し、この地への移民を促進する他の諸法の通過を拒み……

アメリカ建国の父の一人とされるベンジャミン・フランクリン（一七〇六～九〇年）は独立戦争でヨーロ

ッパ諸国との外交交渉を担い、フランスの参戦と協力、他の諸国の中立を実現させ、憲法制定会議に最長老として参加した。独立戦争が終結すると、悲惨な戦争を目の当たりにした経験から軍人のジョサイア・クインシー（一七〇九～八四年）に宛てた手紙の中で“There never was a good war or a bad peace.”――「よい戦争や悪い平和はあったためしがない」と書き記した。

彼は一三の徳目をそれぞれ一日一つを実践し、それを一年に四回のサイクルで繰り返した（一三×四で五二週となる）。その中には現在でも民主主義の手本となる言葉があり、数々の国際的合意から離脱し、国際法を破り、虚偽の発言をするトランプ大統領には耳に痛い言葉だろう。たとえば、次のようなものがある。

「誠実《せいじつ》」
詐《いつわ》りを用いて人を害するなかれ。
心事は無邪気《むじゃき》に公正に保つべし。
口に出ですこともまた然《しか》るべし。

「正義《せいぎ》」
他人の利益を傷つけ、
あるいは与うべきを与えずして
人に損害を及ぼすべからず。

（http://sittoku-zatsugaku.com/benjamin-franklin/）

トランプの「対テロ戦争」で肥大する軍産複合体

トランプ政権になってからの一年間、オスプレイなどを製造するボーイング社の株価は八七%、またイージス・アショアやサードなどの迎撃ミサイル・システムのロッキード・マーティン社の株価は三二%上昇した。ボーイング社のパトリック・シャナハン上級副社長は国防副長官に、やはりロッキード・マーティン社のジョン・ルード上級副社長は政策担当国防次官（国防総省のナンバー3）に就任した。これほど軍部と軍需産業の癒着（＝軍産複合体）構造が露骨に表れる政権もめずらしい。

軍事費の突出が教育や福祉を圧迫するという構造は、世界一の軍事大国のアメリカ（世界の軍事費の四割近くがアメリカ）では極めて顕著で、二〇一五年の財政年度の五四%が国防費で、教育や医療・福祉は一二%に過ぎない。

中東では二〇一六年に軍事費が全体で四%伸び、サウジアラビアは世界で三番目に軍事費が多い国となり、八七二億ドルを費やし、イエメン攻撃だけでも五三億ドルを用いた。イラクの軍事費は、二〇〇六年から一五年にかけて五三六%も増加しているが、「イスラム国（IS）」など反政府武装集団との戦闘に必要という口実の下に増加していることは言うまでもない。

空母ジョージ・ワシントン艦載機の離発着訓練（硫黄島）

(http://www.globalresearch.ca/global-military-spending-increased-in-2015/5518855)

アメリカの軍産複合体は中東イスラム世界での紛争で途方もない利益を上げているが、トランプ大統領は「(日本は)さまざまな防衛装備品をこれから購入することになるだろう」と訪日して述べた。日本がアメリカから購入予定のイージス・アショアの二基の価格が二五〇〇億円前後、首都圏では二〇〇億円もあれば、立派な大病院が建つ。

(http://nobuo-simomura.blogspot.jp/2014/01/blog-post.html)

銃など武器で利益を得ようとする発想は、アメリカの軍事産業の活動をも活発にさせる一つの背景であることは間違いない。二〇一一年にアメリカの軍事産業は世界の武器市場の七五%を占めた。

アメリカ・ミシガン大学のデヴィッド・シンガー教授の研究では、武器を大量に購入した国ほど戦争を起こしやすく、敵が最新鋭の武器を獲得する前に戦争をしかける傾向があるという結論が出た。中東はアメリカの最大の武器市場で、イスラエルやサウジアラビアなどアメリカの中東の同盟国は最も新鋭の武器を購入し続けている。イランの核兵器を懸念するイスラエルの動きはまさにシンガー教授の研究通りとはいえないだろうか。

一九八〇年代初頭パキスタンは平和な国だったが、それが現在では日々発生する国内テロに怯えるようになっているのは、一九八〇年代のアフガニスタンの対ソ戦争の際にアメリカが大量の武器をパキスタンやアフガニスタンに供与したことに原因がある。

二〇〇二年にアメリカのマイケル・ムーア監督は銃規制を訴える映画『ボウリング・フォー・コロンバイン』を発表したが、それは一九九九年にコロラド州のコロンバイン高校で発生し、一二人の生徒と一人の教師が犠牲になった事件を題材にするものだった。ムーア監督はアメリカ人について「我々は暴力的な人間だ。我々アメリカ人は人を殺しても良いと思っている。九・一一のテロとまったく関係ない国を侵略しても良いと思っていて、ウサマ・ビン・ラーディンが住んでいる国を侵略しても良いと思っている。そして実際その国にウサマはいなかった。つまり我々は勝手に他国に侵入して人を殺している。人を殺しても良いとみんなが考えているということだ。だから同じ社会に生きる誰かが、『今日は誰かを殺したい気分だな！』と言い出しても実は何もおかしくはないということになる。まずは自分たちを見つめ直すことが必要だ」と述べている。

(http://news.aol.jp/2013/01/15/michael-moore-gun-control/)

ムーア監督が言うようにアメリカには容易に人を殺す発想があるのかもしれない。実際にアメリカは世界で最も大量に人を殺している国だ。元ＣＩＡ職員のフィリップ・ジラルディ氏は二〇一七年九月一九日付で「アメリカのユダヤ人がアメリカを戦争に駆り立てる」という記事を書いた。

(http://www.unz.com/pgiraldi/americas-jews-are-driving-americas-wars/)

タイトルだけだとユダヤ人に対する偏見を煽るような感じだが、アメリカの戦争はイスラエルのために行われているという趣旨だ。ジラルディは一四年間『ザ・アメリカン・コンサーヴァティヴ(The American Conservative/TAC)』に寄稿していたが、この記事によって一七年九月二一日に執筆を停止させられた。

アメリカのイスラエルへの支持は絶対的だが、ノーム・チョムスキーが述べているように、アメリカとイスラエルは相互の利益のために協力し、抑圧されたパレスチナ人にアメリカが関心を寄せることはない。アメリカとイスラエルは情報を共有し、アメリカの兵器産業はイスラエルへの武器支援と、武器の共同開発によって利益を得ている。共同開発した武器は実際に戦場で試され威力を発揮すると、その価値が高まる。その武器実験の犠牲になっているのはパレスチナ人たちだ。アメリカはアフガニスタンでは、オサマ・ビンラディンを法的に拘束することはせずに、戦争を始めて一七年近く経ってもいまだに駐留を継続している。そして、根拠の希薄なイラク戦争はＩＳの台頭など現在の中東イスラム世界の大混乱を招いてしまった。

アメリカが人を殺すことに無感覚になっていることが他国への軍事介入になっているのならば、まずはアメリカ国内の銃規制を徹底すべきで、ムーア監督が言うように自らの足元を見ることが求められている。

第五章

アメリカ・イランの対立は軍事衝突を呼ぶ?

トランプ大統領の核合意からの離脱にイラン側が反発して、両者が交渉で歩み寄る印象はほとんど見られない。制裁を強化してイランからさらに譲歩を引き出すと主張しているが、核問題に関してイランに求める譲歩はウラン濃縮活動を完全に停止させるというものだが、イランの原発の稼働まで停止させることになり、イラン人の日常の生活をも脅かすことになる。度重なるガザ攻撃に至る過程で見られたように、イスラエルは手製のロケットで攻撃されても大規模な報復を行うという独特な軍事的メンタリティーをもった国で、イスラエルの報復を考えると、イランが弾道ミサイルでイスラエルに先制攻撃をしかけるとは考えにくいし、またイランの弾道ミサイルはアメリカ本土に到達するものではない。またかりにイランが核兵器を開発しても、弾道ミサイルでヨーロッパを攻撃する動機はほとんどまったくない。アメリカは、テヘランのその大使館が占拠されたり、イラン・イラク戦争の際にペルシア湾でイランと実際に交戦したりしたが、過去に繰り返されてきた敵意や軍事的な衝突もアメリカのイランに対する敵対感情になっている。トランプ政権が国内世論を反イランでまとめ上げた時にアメリカはイランに対する先制攻撃に踏み切ることがあるかもしれない。

トランプ大統領の「完全に破壊する」

アメリカのトランプ大統領は二〇一七年九月一九日に国連総会で一般討論演説を行い、アメリカが自国や同盟国を守らなければならなくなった場合は「北朝鮮を完全に破壊せざるを得ない（we will have no choice but to totally destroy North Korea）」と述べた。「完全に破壊する」とは軍事的に徹底的に壊滅させるという恫喝めいた表現だ。もちろん、二〇一八年六月の米朝首脳会談で彼の北朝鮮政策は転換したのだろうが、この演説では、イランを北朝鮮と同列に加え、徹底的な批判を行った。彼は、イラン政府は腐敗した独裁政治を民主主義という偽りの見せかけで隠していると述べ、さらにイラン政府が豊かな歴史と文化をもつ富裕な国を、暴力と流血、混乱が主な「輸出品目」の国とし、経済的に疲弊させ、長期にわたってイランの指導者たちの犠牲になっているのはイラン国民だと述べた。これに対してイランのザリーフ外相は、「トランプ大統領の無知なヘイト・スピーチは中世にこそふさわしい」と語った。

トランプ大統領はイランがシリアのアサド政権の独裁政治を支援し、イエメン内戦を激化させ、中東全体の平和を損なうためにその富を使っているとも述べたが、中東全体の平和や安定を損ねたのはアメリカのイラク戦争など対テロ戦争で、イエメン内戦が悲惨なものになっているのはサウジアラビア主導の空爆だ。トランプ大統領はイランがレバノンのヒズボラを支援していることが暴力の輸出となっていると言っているのだろうが、ヒズボラはイスラエルが一九八二年にレバノンに侵攻したことを受けて成立した組織であり、その武力による抵抗活動はイスラエルの軍事占領を二〇〇〇年に終わらせた重要な要因となった。ヒズボラはアサド政権を軍事的に支えているが、シリアに軍事介入しているという点ではトランプ政権のアメリカもまったく同様である。

イランとの核合意は最悪で、アメリカにとって片務的なものと述べたが、ドイツのメルケル首相は北朝鮮の核問題解決のモデルとしてイランの核合意を挙げたほど、イランの核兵器開発は遠のいた。トランプ大統領の発言や姿勢はパラノイア（偏執病）的なものとしかいいようがないが、彼のイランやイスラムに対する言動や姿勢こそ世界の平和を危うくしている。

トランプ大統領が国連演説を行った前日、一七年九月一八日付のＡＢＣのニュースはトランプ大統領がドローンによる攻撃を増加させたい意向であることを紹介している。

(https://www.nbcnews.com/news/military/trump-admin-wants-increase-cia-drone-strikes-n802311)

記事によれば、イラクやシリアのような紛争国では戦争の「行動基準」が当てはまり、標的が軍事的なものである限り市民の犠牲は許容されるという「規範」が適用され、トランプ大統領が大統領選挙期間中、「テロリスト」の家族を皆殺しにすると発言したことも紹介されている。一七年一一月三日、ロンドンのチャタムハウスでイスラエルのネタニヤフ首相は、イランの核合意から離脱もほのめかすトランプ大統領の姿勢を絶賛し、トランプ政権になってからの対米関係は「強固」だと語った。

外交力が低下して軍事力を強化するトランプ政権

アメリカはトランプ政権になってその外交力を明らかに低下させるようになった。二〇一八年のギャロップ社による世論調査でも世界におけるアメリカの指導力を肯定的にとらえるのは、二〇一六年の四八%から二〇一七年は三〇%と大きく落ち込み、中国の三一%を下回り、一位のドイツの四一%にも大きく水をあけられている。

(https://www.politico.com/f/?id=00000161-0647-da3c-a371-867f6acc0001)

一九六三年六月一〇日、ジョン・F・ケネディ大統領はアメリカン大学の卒業式での演説で「私は、真の平和について述べています。それは地球上の人生を生きるに値するものにし、また人々や国家が成長し、さらに希望を抱いて、その子どもたちのためによりよい生活を築くようにすることを可能にする平和です。……それは単にアメリカにおける平和ではなく、全ての男性、女性たちの平和であり、……単に私たちの世代のみならず、全ての時代における平和です」と述べた。

この演説から二カ月も経たない八月五日に米ソとイギリスは、「部分的核実験禁止条約」を結び地下を除く大気圏内、宇宙空間、また水中における核爆実験を禁止した。

「私たちが追い求めている平和とはどんなものでしょうか。アメリカの戦争兵器によって世界に強要されるパックス・アメリカーナ（アメリカによる平和や安定：特に二〇世紀以降のアメリカの支配下での平和と安定）ではありません」

トランプ政権の二〇一九年の軍事費の支出は七一六〇億ドルで、前年比で一〇%増、それに対して外交を担う国務省や非軍事の対外支援を行うUSAID（合衆国国際開発庁）の予算は三九三億ドルという少なさだ。トランプ政権のアメリカは軍事超大国の地位をさらに追求する一方で、イラン核合意や環境問題のパリ協定、TPPから離脱して、オバマ政権が国交を回復したキューバに対する制裁を強化するなど数々の国際的合意を反故にしてきた。このようなトランプ政権の姿勢はアメリカの外交力を弱め、中国やロシアなど自由主義の価値観とは異なる権威主義諸国の影響力を高めることになっている。第二次世界大戦が終了すると、大戦を戦った兵士たちの多くにはファシズムを打倒し、より平和な世界を勝ち得たという認識があったはずで、アメリカはIMFや世界銀行などを創設し、経済発展、国際理解を推進しようとしたが、トランプ政権は世界経済のリーダーとしてのアメリカの役割を放棄し、WTO（世界貿易機関）協定に違反するかのように、一方的に関税を引き上げ、イランと貿易を行う外国企業に対して制裁を科そうとしている。国連もアメリカ主導で創設されたものだが、トランプ政権はUNRWA（国連パレスチナ難民救済事業機関）への拠出金の半分以上の凍結や「国連教育科学文化機関（ユネスコ）」からの離脱を行い、国連人権理事会によるイスラエルへの「偏向」した批判をやめるように訴え、結局脱退した。

ケネディは「理知による解決」を訴えたが、トランプは？

「我々の問題は人間によって作られたものだ。それゆえ、人間によって解決できる。人間の理知と精神は、解決不可能と思われることもしばしば解決してきた。これからもまたそうできると私は信じている」――ジョン・F・ケネディ

ケネディ大統領は核兵器の拡散について強い懸念を抱いていた。ケネディは、一〇年か、二〇年後に世界の二〇カ国から三〇カ国が核兵器を保有するという「核の無秩序状態」になることを恐れ、イスラエルの核兵器開発を断念させる意図をもった。かりにイスラエルが核開発を継続すれば、アメリカはイスラエルの安全保障に責任をもたないというのが、ケネディがイスラエルに突きつけた「威嚇」だった。ケネディは、アメリカが二年に一度ディモナの核関連施設を査察するという提案を行ったが、しかしこれは実現せずにケネディ政権は大統領の暗殺という不慮の事件によって終焉することになった。

ケネディ政権は中東地域には「より少ない武器、より多くのトラクター」を唱えた。ケネディは敵対していたエジプトのナセル政権に四億ドル相当の小麦の支援を申し出て、これに応じてナセルはアラブ・イスラエル紛争を凍結するとして、反米的な主張を弱めていった。

ケネディが一九六三年一一月に暗殺されるとその後を継いだのはリンドン・ジョンソンだったが、彼は政治家であると同時にトランプと同じようにビジネスマンでもあった。ジョンソンはケネディとは異なり、ナセルを悪辣なデマゴーグと見なし、エジプトに対する経済援助を打ち切った。経済援助には渋かったが、

彼が中東の同盟国と見なしていたイスラエル、トルコ、ヨルダン、サウジアラビア、イランに対しては武器移転を大規模に行った。その取引額は八億ドルにも上り、ケネディのエジプトへの小麦支援の倍の額であった。その結果、イスラエルはヨルダン、シリアに対して敵対的な姿勢をとり、ナセルはエジプトの経済的低迷から国民の目をそらすために、反イスラエル・反米主張を強めて、一九六七年の第三次中東戦争でアラブ諸国の壊滅的な敗北を招いた。

ジョンソンは、反共主義の立場からイスラエルとイランを支援したが、トランプは過激主義に対抗するとして、イスラエルを支援しようとし、オバマ政権のイランとの核合意を否定した。トランプ大統領のイラン核合意からの離脱とイランとの緊張を煽る手法は、ケネディが強調した「理知」とは真逆なものだ。

イラン国内の抗議デモを歓迎するトランプ大統領

トランプ政権のタカ派たちが考えているのは、核兵器開発を阻止するというよりも、イランを経済的に締め上げて、国内から反政府的ムードが高まることを狙い、イランが核査察を拒否するなどの措置に出れば、それを口実に軍事攻撃をしかけるというものだろう。

「新しいアメリカの世紀（ＰＮＡＣ）」に集まったチェーニー元副大統領やポール・ウォルフォウィッツ元国防副長官、エリオット・アブラムズなどのネオコンは、一九九〇年代後半にクリントン政権のイラク攻撃を促し、ルパート・マードックなどのメディアを通じて反イラク・キャンペーンを張った。さらに、ネオコンは二〇〇一年の九・一一の同時多発テロ事件の背後にサダム・フセイン政権の策動があったと喧伝し、サウジアラビアやイスラエルの人権問題には触れることなく、サダム・フセイン政権下の人権侵害を問題視し、ブッシュ大統領やライス補佐官、チェーニー副大統領、ラムズフェルド国防長官はイラクがあと二年で核兵器をもつという虚偽の情報を流してアメリカ国民の間に恐怖をまき散らした。ネオコンがイラクに関する虚偽の情報をねつ造し、強調していったのは、イスラエルの安全保障を確実にすること、アメリカ国内でイスラエルの利益を擁護する福音派がイラクでの布教活動ができること、イラク石油の権利を獲得する意図があったこと、軍産複合体が武器・弾薬を売却する機会をもつことなどがあった。

トランプ大統領は二〇一七年一二月末にイランで発生した反政府デモについて「イランの市民は体制の腐敗と、海外のテロに資金提供するため国家の富を浪費することにうんざりしている」とツイートした。国務省の報道官もデモ参加者の拘束を「強く非難する」という声明を出した。

アメリカの一部メディアなどでは、「全体主義国家」でのデモはめずらしいこととしているが、イランでは経済問題を背景にするデモは時折行われてきたし、二〇〇九年にはアフマディネジャド元大統領が選出された選挙に不正があったとして大規模な抗議デモが起きたこともあった。

イランでのデモはインフレや失業など良好ではない経済状態や、卵やガソリンなど生活物資への補助金削減などを背景に起きたが、その要因をつくっているのは、核合意が成立してもイランへの単独制裁をいっこうに解除しようとしないアメリカのトランプ政権や議会内共和党の意向で、これらの勢力は国際的に認知された核合意までも破棄することを目指している。トランプ大統領はイランとの核合意は最悪で、アメリカにとって片務的なものと述べたが、ドイツのメルケル首相は北朝鮮の核問題解決のモデルとしてイランの核合意を挙げているほどイランの核兵器開発は遠のいている。

トランプ政権は二〇一八年二月上旬に「核体制の見直し（NPR）」という新しい核戦略指針を公表した。

アメリカや同盟国が核兵器以外の通常兵器による攻撃、あるいはサイバー攻撃を受けた場合にも、核兵器による報復攻撃を排除しないとし、「低爆発力」の小型核の開発を行っていくことも明らかにした。「低爆発力」とは聞こえがよいかもしれないが、「USA TODAY」によれば、広島に投下された原爆の規模は「低爆発力」のカテゴリーである。新指針はロシアや中国のほか、核・ミサイル開発を進める北朝鮮、さらに核合意が成立しているイランまで名指しして、これらの国の核兵器保有や開発によって冷戦終結後最も複雑で厳しい安全保障環境にあるとNPRは述べている。

イランで発生した反政府デモはドイツと核合意を成立させたロウハニ大統領の立場を弱めたいというイラン国内の保守強硬派の思惑もあるとも考えられるが、しかしデモはロウハニ大統領を批判するだけでなく、保守派の代表格であるハメネイ最高指導者や革命防衛隊を非難する声にもなっている。ロウハニ大統領は破壊・暴力活動を戒めるものの、イラン国民がデモを行う権利があると述べ、デモ参加者の要求に一定の理解を示した。

アメリカのネオコン（新保守主義）勢力はイスラエルのネタニヤフ政権の意を受けるかのように、イランのデモが経済的要因ではなく、抑圧・腐敗などに対する政治的な動機によるものであると訴え、イスラム共和国体制下で起きたアメリカ大使館占拠事件などをあらためて強調するようになった。アメリカの反イラン勢力は、「マネー・ロンダリングに関する金融活動作業部会（FATF）」のブラックリストに北朝鮮と並んでイランを留めるように訴えている。特に警戒しているのが、革命防衛隊のシリアなど地域紛争への関与やイラン経済での役割だが、すでにアメリカは革命防衛隊の多くの指導者たちを制裁の対象とし、アメリカ財務省は革命防衛隊を「テロ組織」と断定している。

イランはレバノンのヒズボラなどを正当な「抵抗勢力」と見なし、またロウハニ大統領は革命防衛隊の経済・金融活動への関与を薄めようとしてきた。実際、イランに国際的な制裁を再び科すことは不可能に近い状態だが、IAEAが、イランが核合意を順守しているという結論を出している限りはFATFもイランをブラックリストに留め続けることはできない。一八年二月下旬、イランのアラグチ外務次官は、トランプ大統領が核合意からの撤退をほのめかし、またヨーロッパの大銀行がイランとの取引を避けていれば、核合意そのものが崩れる可能性があると警告している。イランでは経済的不平等と失業に対する抗議が広がっているが、FATFがかりにイランをブラックリストに留め金融制裁を続ければ、イラン国内で政治・社会への不満の声はいっそう増幅しかねない。

「ヒジャーブ法」に抗議するイランの女性たち

イランではヒジャーブ（女性の身を覆うベール）に関して、三年にわたって行われた調査が政府によって二〇一八年二月四日に公表されたが、それによれば、半数近くの回答者が強制的なヒジャーブ（スカーフやイスラム・コートも含む）に反対していることが明らかになった。これは、ヒジャーブ着用の強制に反対するデモで二九人が逮捕された直後に公表されたが、イラン政府は明らかにイランの女性たちの不満を意識するようになっている。

イランではヒジャーブの強制着用に抗議して公然と脱いで抗議する姿も各地で見られるようになった。この運動は二〇一七年暮れに起きた反政府デモの潮流の中で勢いを得たが、ヒジャーブをはじめとして政府への不満が現れるのは、核合意後もイラン経済が上向かないことも背景としてある。

西欧的な近代モデルを追求したパフラヴィー王政は、イランの伝統的なイスラム的価値観をもつ保守的傾向の階層と衝突するようになり、イラン革命が成立する過程で、ヒジャーブは西欧化され、抑圧的な傾向をもったパフラヴィー王政への抵抗のシンボルと見なされていった。イラン革命に至る過程で、ヒジャーブは反王政的感情をもつ女性たちが抵抗の意味を含めて着用するようになったが、しかしそれは強制によるものではなかった。

一九八〇年に始まるイラン・イラク戦争は、国民に画一化や体制への忠誠を求める都合のよい機会ともなる。一九八五年に法律によって女性たちに対して信仰の度合いに関係なく、一様にヒジャーブの着用が強制されるようになり、ヒジャーブはイラン政府がイスラム的価値を普及させる手段ともなっていく。強制的な「ヒジャーブ法」は現在までも続いているが、女性たちの活動を、スポーツをはじめさまざまな分野で制約することにもなってきた。また、派手なスカーフをした女性たちは逮捕・拘束されるなど個人の生活に権力が介入する手段ともなっている。ヒジャーブの強制はイスラム共和国が考える宗教的価値観を普及させる一つの手段であり続けていることは間違いない。

パレスチナの女性たち・ヨルダン川西岸ラマラ

文化的画一化は少なからぬ国民が社会に対して抱く窮屈感となり、ヒジャーブ強制に対する不満は、経済的な低迷に起因する特に若者たちの閉そく感を背景に行われているものである。ヒジャーブ法は、イラン革命のシンボルでもあり、またその強制は権力の象徴とも見なされてきたが、ヒジャーブ強制に対する抗議は革命のイデオロギーに対するそれとも解することができる。ヒジャーブ強制の廃止の要求は、少なからぬイラン人に政府による文化強制の措置を見直させることにもなった。ヒジャーブに関する世論調査が公表されたのは、ロウハニ大統領が民意に耳を傾けようとする姿勢を見せたこともある。ヒジャーブの非着用が認められるかどうかは疑わしいが、首都テヘランの警察当局は一七年一二月末に女性がスカーフの着用方法が正しくなくても、逮捕・拘束はせずに、罰金刑で済ますことを明らかにしている。

しかし、ヒジャーブの非着用を訴えるデモの参加者に対しては逮捕・拘束もあり得ることをデモに対する取り締まりは示した。イラン国会の女性議員には過剰なスカーフへの取り締まりが抗議デモの背景になっていることを指摘する声もあり、ヒジャーブをめぐる女性たちの動きはイラン政府の重大な関心事であり続け、この女性たちの不満をトランプ政権は開拓することを考えているのかもしれない。

イランをしきりに挑発するトランプ政権

トランプ大統領はイランの革命防衛隊を「テロ組織」と認定する構えでもいるが、国連加盟国の軍隊の一組織に対するこのような動きは異例と見える。アメリカが国際法や国際的規範を無視すればするほど、米朝合意があったとはいえ、北朝鮮がアメリカの核兵器に対抗、抑止する手段としての核兵器に固執し、放棄しないことになる。現に二〇一八年八月に国連報告書は北朝鮮が核・ミサイル開発を継続していることを明らかにした。イラン核合意は核兵器の脅威を外交的手段で除いた望ましい事例であったが、この合意を否定するトランプ大統領の姿勢は日本に対する北朝鮮の脅威を増大させることになっている。

トランプ政権はイランとの緊張を高めようとしているが、その一つの表れがイランを極度に嫌っていたマイク・ポンペオを国務長官に就任させたことだった。ポンペオ国務長官は、トランプ大統領がイラン核合意から離脱してから一週間後に、ワシントンのヘリテージ財団で講演を行い、アメリカが地域でのイランの悪影響に対抗するために、あらゆる必要な手段をとっていくと述べた。これに対してイランのロウハニ大統領は、今日の世界はアメリカの意のままにならず、ポンペオ国務長官のような論理を受け入れることはありえないと語った。

ポンペオ国務長官の発言を受けて、イスラエルのネタニヤフ首相は、「アメリカの政策は正しい」とコメントしたが、ポンペオ国務長官は、イランのミサイル開発を終わらせ、その影響力の範囲を狭め、その弱体化を図るために、アメリカの同盟国とともに、前例のない財政的な圧力をかけるとしている。さらにポンペオ国務長官は、これが始まりにすぎないと述べたが、アメリカ国内で活動し、対イラン戦争に反対し、イラン核合意を支持する「国民イラン・アメリカ評議会」のトリーター・パールスィー代表は、ポンペオ国務長官がイランに最大限の圧力をかけて、イランを変えられることがなければ、戦争しかないと主張している。

リベラルな親イスラエル団体の「Jストリート」は、議会に対してトランプやイランの体制転換を考える取り巻きたちが、さらに莫大な資源を要し、多くの血を流す戦争を行うことができないようにしてほしいと働きかけている。ポンペオ国務長官は、イランとの対話の条件として、濃縮ウラン製造を含む完全な核関連活動の停止、イランの核エネルギー開発が軍事目的であったことを認める、核関連施設への査察の範囲を拡大すること、弾道ミサイル・プログラムを停止すること、拘束されているアメリカ人の解放、ヒズボラやハマスなどイスラエルと敵対するグループへの支援を止めること、またシリアから軍隊を撤退させることなどを条件としている。

イランは当初、イギリス、フランス、ドイツと核問題について協議し、後にこれに国連安保理常任理事国が加わり、核問題について一二年間の交渉を行い、前例のないほどの透明性がある、後戻りできない核合意をつくり上げた。ポンペオ国務長官は、トランプ大統領の中東政策の業績として、イランの「拡張主義」に対抗するペルシア湾岸のアラブ諸国とイスラエルの同盟関係を築き上げたことだと称賛した。

イスラエルも、サウジアラビアもアメリカの同盟国で、アメリカ製兵器を大量に購入し、ともにアメリカが人権問題について国連の場で擁護してきた。サウジアラビアとイランは地域の覇権をめぐって競合し、シリアではイランが支援するアサド政権がロシアの軍事介入もあってもちこたえそうで、サウジアラビアが武器や資金などを提供した反政府武装集団はシリア内戦で戦闘能力ばかりでなく、その存在すらも消えつつある。

イスラエルのネタニヤフ首相は、トランプ大統領にイランの核合意からの離脱と、イランを攻撃することを促してきた。イスラエルとサウジアラビアはイランの「危険性」を強調してきたが、イランはそれ自身がイスラエルとサウジアラビアにとって、直接的な脅威となってきたわけではない。しかし、イラク戦争でイランと敵対していたイラクのサダム・フセイン政権が倒れ、イランの影響力が隣国のイラクに及んだことを契機に、アサド政権のシリア、親イラン勢力のヒズボラが活動するレバノンまでイランの影響力が地続きに拡大するようになった。

戦争のドラムを叩く「ノーベル平和賞」候補の大統領

二〇一八年四月二八日、アメリカのトランプ大統領は、ミシガン州で支持者たちを前にして、朝鮮半島問題で成果があったことを誇り、それに支持者たちが「ノーベル、ノーベル」と連呼し、トランプ大統領がノーベル平和賞に値するとアピールした。トランプ大統領もまんざらでもない表情を浮かべた。

他方、四月二九日、イスラエルのネタニヤフ首相と会談したアメリカのポンペオ国務長官は、イスラエルがシリア領内のイランに関連すると考える施設に対して攻撃することを支持する考えを明らかにした。ポンペオ長官はイランの脅威が中東地域で増していることを強調し、イランの核合意についても内容が修正できなければ離脱するつもりだと語った。

ポンペオ氏がイスラエルを離れた直後、「シリア人権監視団」によればハマー県の南部にあるイランの民兵組織のミサイル保管施設がイスラエルのミサイルによって攻撃され、少なくとも二六人が死亡した。

トランプ大統領がポンペオ氏を国務長官に就任させたのは、イランとの核合意から撤退する意図があったからだろう。ティラーソン国務長官は核合意を支持していたが、ポンペオ氏は核合意に修正がなければ撤退と言い続けていた。アメリカ以外の合意に調印した六カ国は修正に同意せず、アメリカは合意から離脱した。ポンペオ氏とアメリカの大富豪のコーク兄弟とは親密な関係にあり、「コーク・インダストリーズ」は石油、化学、日用品の総合メーカーだが、イランへの制裁が解除されてイラン石油が国際市場に復帰し、石油価格が下落することを望んでいない。

アメリカのトランプ政権によるシリア攻撃支持とイラン核合意からの離脱を喜んでいるのは、イランの脅威を声高に唱えてきたイスラエルのネタニヤフ首相であることは言うまでもない。

しかし、シリアでイスラエルとイランの戦争が本格化すれば、一〇万発のミサイルやロケットを保有するレバノンのヒズボラがイスラエルに対して何らかの軍事行動を起こす可能性がある。ヒズボラによるイスラエル軍兵士拉致や、イスラエル北部への攻撃はイスラエルの安全保障にとって重大な懸念材料となってきたし、またイスラエルの南ではハマスがヒズボラに呼応する動きを見せるかもしれない。イランを挑発するトランプ政権の姿勢はイスラエルにとって「両刃の剣」だ。東アジアの問題では「ノーベル平和賞」ともてはやされるトランプ大統領は中東では、「戦争の親玉」に見える。

ボルトンは信用できない

二〇一八年六月の米朝首脳会談を前にして北朝鮮はアメリカのボルトン国家安全保障担当特別補佐官が北朝鮮非核化について「リビア方式」を採用すべきだと発言したことに対して反発し、米朝首脳会談をキャンセルする可能性も示唆した。

リビア方式は国際原子力機関（IAEA）による査察と、米英の専門家による核施設の解体が行われ、核を含む大量破壊兵器関連の資材・機器はアメリカに運搬されたが、二〇〇三年一二月、ボルトン国務次官（当時）はリビアの核放棄の真剣さが確認できたと語り、カダフィー政権に体制保障を与えることになった。しかし、二〇一一年三月、「アラブの春」が高揚する中で、アメリカやNATOの同盟国はリビア軍を空爆し、カダフィー大佐は一〇月に殺害され、カダフィー政権は崩壊した。

ボルトン補佐官はイラク戦争を強力に唱道した一人で、イランについても体制転換を構想している。ボルトン補佐官は、前にも述べたように、イランの反体制勢力ムジャヒディン・ハルクと協力関係にあり、イランのイスラム共和国体制を打倒し、ムジャヒディン・ハルクを政権の受け皿に考えている。一八年二月の韓国と北朝鮮が協力した平昌オリンピックの後でも、平壌と北朝鮮の核施設を先制攻撃すべきだと主張するなどトランプ政権の中でも極端にタカ派である。

ボルトン氏は、アメリカに敵対する国の体制転換のために、軍事介入を唱えてきたが、二〇一六年一月にも、「ブライトバート・ニュース」に、イランに対処する唯一の解決策はイスラム共和国体制を崩壊に導くことにあると述べた。二〇一五年七月のイラン核合意を前にしても、イランの核兵器開発を防ぐことができるのは、軍事行動しかないと述べ、さらに核合意成立後もイランの好戦的な行動がいっそう顕著になったと語っている。

ボルトン氏は、パレスチナ問題でも、ヨルダン川西岸をヨルダンに、ガザ地区をエジプトに併合させる提案を行い、エルサレムはイスラエルの首都であることを主張してきた。

米朝首脳会談も「外交的な衝撃と畏怖」であると形容し、会談が北朝鮮に軍事的脅威を与える機会にすべきだと述べた。

(https://www.aljazeera.com/news/2018/03/john-bolton-180323080234524.html)

トランプ政権はイランを批判する資格がない

トランプ政権は超富裕層によって構成されるが、アメリカでは一%の富裕層が、国家の半分以上の富を独占するようになり、三億二千万人の人口のうちフードスタンプ（国による食料費の補助）の受給者が五〇〇〇万人以上もいる。トランプ政権は、石油産業を保護し、環境問題に関するパリ協定から離脱するなど、富裕層をさらに富ます政策を行っているが、これが地球温暖化をいっそう深刻にしていることは間違いない。富裕層を優遇する富める者たちによるトランプ政権にはイランの聖職者が腐敗していると批判する資格はないだろう。

ポンペオ国務長官はイランの「侵略性」を強調するが、イランは一八三八年にアフガニスタンのヘラートに侵攻して以来二〇〇年近くにわたって他国の領土を侵犯したことがない。それに対してアメリカは一九五三年にCIAが主導して民主的に選ばれたモサッデグ政権を転覆し、国王独裁制への道を開いたり、イランの隣国イラクに侵攻したりして八年半もイラクを占領した。アメリカの同盟国であるイスラエルは、一九五六年の第一次中東戦争、一九六七年の第三次中東戦争、一九八二年のレバノン侵攻、二〇〇六年のレバノン攻撃、さらに二〇〇九年と二〇一四年にガザ空爆を行うなど、自国領以外への軍事介入を繰り返している。

イランによるイエメンのホーシー派への支援も、大規模なものではなく、それよりもサウジアラビアやUAEによるイエメン空爆のほうが深刻な被害をもたらしている。イランの革命防衛隊はシリアやイラクで活動するが、これら政府による要請に基づくもので、イランが一方的に介入したものではない。現在イラクに駐留する米軍兵士六〇〇〇人もイラク政府要請によるものであり、アメリカとイランは同様な立場で軍隊を派遣している。イランは、サウジアラビアやUAEのイエメン空爆とは異なって航空戦力をシリアやイラクに投入せず、市民に対する犠牲も、まったく目立つものではない。

ポンペオ国務長官は、イランの「原理主義」の危険性を説くが、彼自身がトランプ大統領を熱烈に支持するキリスト教原理主義ともいえる福音派の「アメリカ長老派教会」の信徒である。福音派は、アメリカのモラルはオバマ政権時代に著しく低下したと説くが、トランプ大統領の日頃の言動が倫理的とは決していえない品格に欠くものであることは周知の通りである。トランプ政権はイラン政府の国民への抑圧を強調するが、トランプ大統領は、ムスリム移民の禁止によってアメリカ在住のイラン人たちが、親族に面会することを極めて難しくしてしまった。さらに、イスラエルのタカ派政権によるパレスチナ人への抑圧についてもそれを支持する姿勢を明確にしている。弱者や抑圧された者たちを助けるのは、本来キリスト教の宗教的命題であるはずだが、トランプ大統領にその姿勢はまったく希薄だ。

イラン強硬派の意向を考慮するようになったロウハニ大統領

ホセイン・カーゼムプール・アルダビーリー・イランのOPEC代表は、二〇一八年七月五日に、アメリカのトランプ大統領のツイッターが石油価格を一〇%上昇させたと非難し、ツイッターへの書き込みをやめるように訴えた。世界では日々九九〇〇万バレルの石油が生産されるが、イランはそのうちの二五〇万バレルを占める。リビアやベネズエラの政情不安も石油価格をつり上げる要因になっているが、これらの国の政情不安を考えると、イラン石油は世界の市場にとって不可欠なものだ。イランの石油が国際市場から締め出されれば、原油価格が上昇するのは明白である。さらに、トランプ大統領のイランへの強硬な姿勢はイランのタカ派にホルムズ海峡を封鎖するという訴えや可能性をもたらしかねない。ホルムズ海峡封鎖の可能性が出れば、石油価格はさらに上昇することになる。海峡封鎖は事実上不可能なものの、石油市場は敏感に反応するに違いない。

トランプの中国との貿易戦争は、アメリカ国内の自動車価格をつり上げ、彼の支持層がもっとも利用するだろうウォルマートの商品の価格も上昇させることになるだろう。なぜならウォルマートに並ぶ商品の多くは中国で製造されるものだからだ。

イランのロウハニ大統領は、イラン国内の強硬派から攻撃されてきたが、トランプ大統領のイラン核合意から離脱後、強硬派から支持される傾向が続くようになった。ロウハニ大統領は、ヨーロッパの支持を得ようと必死に外交活動を行うようになり、スイスのベルンで一八年七月三日に、イスラエルを形容して「シオニストのレジーム」は不当であると発言し、アメリカがイラン石油の輸出を妨害することができるのだろうかと、トランプ政権の能力について疑問視して見せた。

イラン革命防衛隊のガーセム・ソレイマーニー将軍は、このロウハニ大統領の発言をとらえて、「ファールス通信」で「賢明で、適切な言葉」という評価を下し、イランの誇りを感じさせると述べた。ロウハニ大統領の発言はイランが再びホルムズ海峡を封鎖する可能性を示唆することを国際社会にアピールするものではないかという解釈もイラン国内ではある。世界の石油の三〇%がホルムズ海峡を通過し、ペルシア湾からインド洋に抜け出て輸送されている。革命防衛隊系の新聞「ジャヴァーン」はソレイマーニー将軍がロウハニ大統領とホルムズ海峡の地図の前で握手する写真を掲載した。

ロウハニ大統領は、革命防衛隊がイランの経済に介入する姿勢を批判し続けてきた。二〇一三年に大統領職に就いてから穏健派のロウハニ大統領は、革命防衛隊によって批判されたが、経済が上向かないと二〇一八年初頭にイラン各地で政府批判のデモが起こされたが、トランプ政権の核合意からの離脱をとらえて、イラン国内では大統領がアメリカに対してナイーブすぎたという批判も起こった。イランの通貨リヤールの価値が落ち込んだことをとらえて、ロウハニ大統領を弾劾すべきだという声も上がっている。

イスラエル・ネタニヤフ政権――パラノイア的なイランへの警戒

イスラエルのネタニヤフ首相が国内外の実業家から「不適切なギフト」を受け取ったなどのスキャンダルについて、検事総長が起訴するか、否かを判断するまで二〇一八年三月の時点から数か月かかるという。リーバーマン国防相など政権与党の幹部はネタニヤフ首相に代わる政治家が事実上存在しないことから彼の辞任に積極的ではない。ネタニヤフ首相のもっぱらの関心は自らのスキャンダルに対する世論の動静のような状態になっている。

一八年二月一八日、ネタニヤフ首相は、ミュンヘン安全保障会議でイスラエルの防衛のためならばイラン本国の攻撃も排除しないと述べた。これに対してイランのザリーフ首相は「漫画じみた話でまともに取り合うこともできない」と語り、ペルシア湾岸諸国による新たな安全保障枠組みの創設を呼びかけた。二月一〇日のシリア領内におけるイスラエル軍機撃墜に見られるシリアのアサド政権による対空戦力の強化は、ロシアの地対空ミサイルなどの提供によるものだが、スキャンダルを引きずりながらネタニヤフ首相はイランの脅威を強調し続けている。

ネタニヤフ首相は、二〇一五年四月五日、CNNのインタビューで「イランの制裁が解除されれば、途方もない金がイランの病院や学校、道路ではなく、〝テロ装置〟に使われることになるだろう」と述べたことがあった。

イランは、ネタニヤフ首相の主張とは異なって、世界銀行によれば、二〇一四年に識字率は九八％と高い。(index mundi) イスラエルこそ四〇〇万人のパレスチナ人を国なし状態に置き、パレスチナ人とはまったく不均衡な強力な軍備をもっている。イランへの経済制裁は、海外送金を不可能なほど困難にさせ、イランの通貨リヤールの価値下落をもたらすなどイラン国外で学ぶ六万人のイラン人学生たちを苦境に追い込んでいる。また、経済制裁が一九九〇年代のイラクのように、医薬品の高騰や不足などイラン人たちの健康にも悪影響を及ぼすものであることは言うまでもない。

イランには通常兵器でイスラエルを攻撃する意図もない。ネタニヤフ首相が主張するように、イランがオイル・マネーでテロを普及したり、中東を征服したりする気配も感じられない。むしろ軍事力でパレスチナへの占領を継続しているのはイスラエルのほうだ。

イスラエルがイランを警戒する背景には、一九七九年のイスラム革命後、イランがイスラムの聖地であるエルサレム旧市街を占領するイスラエル国家の解体を唱え、またイランが核エネルギーを開発したことがその核兵器製造につながるのではないかとイスラエルが考えてきたことがある。

ネタニヤフ首相はイラン核合意をナチスの軍事的拡張政策を許した一九三八年のミュンヘン協定になぞらえているが、アメリカ主導のイラク戦争でサダム・フセイン政権が崩壊したことによって、イランがイスラエルに対する安全保障上のいっそうの脅威となったことは確かで、アメリカの政策が地域のさらなる不安定化をもたらしたともいえる。イスラエルは隣国シリアに対するイランの関与をますます警戒するようになった。他方で、イランのザリーフ首相は、イランには侵略的意図はなく、イスラエルこそが近隣諸国とパレスチナ人に対して侵略的政策を追求しているとネタニヤフ首相の主張に応酬した。

ネタニヤフ首相のミュンヘンでのイランを敵視するスピーチは国際社会に向けたものというよりも国内を意識したものであり、自らのスキャンダルを覆い隠す意図をもったものだろう。しかし、この「古典的手法」が一触即発の危機をもたらしていることは間違いない。イスラエルには、一九八一年にイラクのオシラク原子炉を空爆して破壊し、また八二年にレバノンに侵攻、PLO（パレスチナ解放機構）をベイルートからチュニジアに駆逐するなど軍事力で現状をつくる傾向がある。

一八年二月末にアメリカのフォックス・ニュースは、シリアのダマスカスの一二キロほど北西にイランがミサイル基地を築いていると衛星写真とともに報じた。この記事によれば、基地の建設にはイラン革命防衛隊の精鋭部隊のクッズ軍団が関わっているという。革命防衛隊などイランの先鋭な活動を担う勢力は中東地域におけるアメリカやイスラエルの目標と闘うことを再三強調している。一八年二月にはイランの無人機がイスラエル軍機によって撃墜されたが、シリアをめぐってイスラエルとイランの対立が顕著になっている。二〇一七年一二月にもイスラエル空軍機がダマスカス近郊のイランの軍事施設を空爆したが、同じ月、シリアのアサド政権はイスラエルの地対地ミサイルがシリアのミサイル防衛システムによって撃退されたことを明らかにした。イスラエルとイランの対立はそれぞれの後ろ盾であるアメリカやロシアという大国も巻き込んで中東地域の重大な懸念材料となりつつあることはまぎれもない。

トランプ大統領とは異なるイランとの「対話」の道を歩むヨーロッパとアジア

フランスのマクロン大統領は、二〇一七年九月の国連総会の一般討論演説で、イラン核合意について「破棄することは深刻な過ちとなり、尊重しないのは無責任だ」との考えも示した。

トランプ政権はイランを経済的にも停滞状態に置いておきたい意向だが、ヨーロッパ諸国はイランとの経済交流に前向きだった。デンマークとイランの経済関係は一七年に一一％拡大したが、特にイランからの輸出の伸びは三八％と顕著であった。デンマークはアメリカのＮＡＴＯの同盟国だが、アメリカの対イラン政策とは明確に一線を画している。（Mintpress News, 2018/02/27 より）フランス、ベルギー、イタリアなどのヨーロッパ諸国はユーロ建ての投資を行っているが、アメリカやイスラエルなどは決して好ましいと思わず警戒する動きだろう。イラン核合意によるイランとの経済交流の拡大については世界の趨勢としてはこれを歓迎する動きのほうが圧倒的に多かった。

二〇一八年六月四日、フランス、イギリス、ドイツはトランプ政権のムニューシン財務長官とポンペオ国務長官に書簡を送り、ヨーロッパ企業がイラン制裁の二次制裁を免れることを求めた。トランプ政権はイランと取引を行う企業や銀行にはアメリカ市場へのアクセスなどを制限する「二次的制裁」を科すと脅しており、イランから撤退する企業も現れ始めた。ヨーロッパ諸国は、国際社会の集団安全保障の要である国連安保理によっても承認されたイラン核合意が最善の方策であるといまだに信じていると書簡の中で述べている。トランプ政権による核合意からの離脱がヨーロッパの安全保障をも損なうと考えられているが、中東で紛争が起きれば、シリアのように、大量の難民がヨーロッパに押し寄せ、中東地域のエネルギー資源のヨーロッパへの供給を断たれるか、大いに減じられる可能性もある。それは日本も同様であることは言うまでもない。

中東・アジア地域でもイランはイラクとの経済交流を活発にして中国、インド、トルコはアメリカのイラン制裁を意に介さない様子だ。インドはパキスタンを迂回するかのようにイランのチャーバハール港を利用し、中央アジアやロシアとの経済交流に前向きになっている。また、トランプ政権は一部の湾岸諸国によるカタールとの断交を支持したが、湾岸諸国の足並みの乱れもイランの影響力を高めることになっているのは間違いない。

二〇一七年一二月三日、インドの資金援助によるイラン南東部のイラン南東部チャーバハール港の改修完成式典が行われた。インドはこの港湾の整備に五億ドルを拠出し、この港湾によってインドは競合するパキスタンを経ることなく、中央アジアやアフガニスタンへの通商ルートを確立することになった。チャーバハール港からアフガニスタンとの国境に近いザーヘダーンまでの約五〇〇キロの鉄道も敷設される予定である。中央アジアやアフガニスタンは地下資源も豊富で、インドはさらなる経済発展に必要なエネルギーやレアメタルなどの地下資源にもアクセスできることになった。インドが意識するのは中央アジアや南アジアに影響力を伸ばす中国の存在だ。中国は「中国・パキスタン経済回廊（CPEC）」構想に基づきパキスタンのグワダル港の整備を行った。オマーン湾にあるチャーバハール港は、インドからのアクセスも容易で、陸に閉ざされた中央アジア諸国やアフガニスタンにとっても物流を活発にするものだ。

二〇一五年のイラン核合意の成立によってインドにはイランに投資しやすい環境が生まれた。チャーバハール港を通じて、インドは中央アジア五カ国とアフガニスタンとの新たな経済関係が生まれることになったが、港湾の整備以前は中央アジアやアフガニスタンはインドにとって経済的パートナーと言える状態ではなく、インドの貿易額のわずかに一％を占めるにすぎなかった。

中国が整備を進めたグワダル港はチャーバハール港から七二キロと至近な距離にあるが、インドには東西に延びる中国の一帯一路構想に対抗する「南北輸送回廊（International North South Transport Corridor：INSTC）」構想があり、これはインドのムンバイとロシアのモスクワを船や鉄道、道路で結ぶ全長七二〇〇キロの複合輸送網だが、中央アジアを巻き込んだ世界の地戦略におけるインドと中国の競合に日本も注目してよいだろう。

ロシアと中国はイランに対する新たな制裁に強く反対するだろうが、これら二国はイランにとっては貿易相手国として重要で、特に中国にはイランの石油が重要だ。インドも同様にイランの石油を不可欠として、イラン石油の輸出先としては二〇一七年に中国に次いで第二位であり、またインドは貿易相手国としてイランの総輸入の七%を占め、トランプ政権の意向とは関わりなく、イランとの経済交流を続けるだろう。トランプ政権の核合意からの離脱はイランに対する国際的な同情や共感を高める可能性があり、アメリカやイスラエルのイメージを低下させるものだ。

二〇一八年二月末にイランの中央銀行は輸入品に米ドルで決済を行うことを禁じた。このイランの決定の背景にはアメリカの制裁のためにドルでの決済が困難になったということもある。一七年一一月にイランのハメネイ最高指導者とロシアのプーチン大統領はアメリカの制裁を克服するために、両国はアメリカの孤立を意図して貿易におけるドル決済を放棄することを明らかにした。ヨーロッパ諸国がイランとの経済交流に前向きなことからイランはユーロ決済により多くの関心が向かうだろう。イランはドル以外の通貨での決済を世界に呼びかけながら、国内では闇の為替業者の取り締まりを強化するようになり、二月だけでも一〇〇件の為替業者を摘発した。

イラン核合意は国際的な取り決めであり、それを守ろうとしないトランプ政権の方針は不合理にも思えるが、アメリカが支援するイスラエルと、イランの対立は世界経済にも深刻な影響を与える重大な事態にも発展しかねない。イランは可能な限りヨーロッパ諸国やロシア、中国との経済交流でアメリカの単独制裁に風穴を開けるような姿勢をもっていくだろうが、日本もまたイラン政策については同盟国であるアメリカの思惑に一方的にふり回されることがないように賢明にふるまうことが求められている。

平和がなければすべては無である

西ドイツ第四代首相のヴィリー・ブラント（一九一三〜一九九二年）は「平和が全てではないが、平和がなければ、全ては無である。」と語った。彼は、ナチス政権を嫌い、ノルウェーに亡命し、ジャーナリストとして活動した。西ベルリンの社会民主党（SPD）を指導して一九五七年に同市長となり、一九六四年にSPD党首となる。一九六四年に自由民主党（FDP）との連立政権で首相となった。「接近による変化」という考えに基づいてソ連や東欧諸国との関係正常化を推進した。

東西冷戦の最前線にいる国として、核兵器をはじめとする重大な軍事的な脅威にさらされてきた西ドイツで外交による平和を実現しようとした。「接近による平和」は北朝鮮をはじめとして近隣諸国との対話姿勢が希薄ないまの日本外交にも教訓を与えるものだ。

二〇一七年一〇月一二日、ブラント元首相と同じSPDに属すドイツのジグマール・ガブリエル外相は、「ドイチュラント」とのインタビューの中でトランプ政権がイランとの核合意から離脱すれば、新たな中東戦争の危険性があると語った。彼はドイツとEUはイラン問題について、ロシアと中国の側につくつもりであることを明らかにしている。かりに核合意が破棄されればイランが核兵器開発に乗り出し、イスラエルがそれを重大な脅威と見なして戦争になりかねないとも述べた。

保守主義者はみなこの世の愚かな鬼たちだ

いつでも明日への道を遮る高い壁だ
行こうよ
僕はこの憎しみを持つ人々を恐れている
僕はひどく恐れている
ものごとが狂気に向かい
僕らのやさしさが踏みにじられてしまうのを
（後略）

これはイランの詩人ハミード・モサッデグ（一九四〇〜九八年）による詩だ（訳はファルズィン・ファルド氏、『現代イラン詩集』［土曜美術社出版販売　二〇〇九年］所収）。モサッデグ氏はテヘラン大学法学部の教授を務めながら、人権擁護の立場から弁護士としての活動も行っていた。訳者のファルド氏によれば、単純な形式を用いながら抒情詩的表現の彼の詩への評価は高かったという。

また、アメリカ・ロサンゼルス在住のイラン人歌手スィヤーヴァシュ・ゴマイシー（一九四五年生まれ）の歌に「想像してごらん（Tasavvor Kon）」がある。

想像してごらん　どんなに難しくても
すべての人が幸せに暮らす世界を想像してごらん
金や、人種や力が特権でない世界を

自由を求める声が警察によって圧殺されない世界を
核爆弾、爆撃機、砲弾のない世界を
子供たちの足下に爆弾が落ちない世界を
あらゆる人が自由で、苦痛がない
鯨が自殺するニュースが新聞にない世界を
（後略）（拙訳）

だが、アメリカはイランに戦争を仕掛ける

二〇一八年七月一〇日にUAEを訪れていたポンペオ国務長官は、アメリカとペルシア湾岸のアラブの同盟国は、イランにその行動がどれほどの代償を払うかを思い知らせると発言した。UAEは五〇〇〇人の米軍兵士たちが駐留し、空軍基地と米海軍が寄港する港湾がある。ポンペオ長官はイランのロウハニ大統領がホルムズ海峡の封鎖に言及したことに対して強く警告した。世界の石油価格はアメリカがイランの石油輸入をゼロにするように国際社会に要求してから上がり始め、世界の需給関係を緊張させている。ポンペオ国務長官は、アブダビのムハンマド・ビン・ザーイド・アール・ナヒヤーン皇太子兼連邦軍副最高司令官と会い、イラン問題について協議した。

その後、NATOのサミットに出席したポンペオ国務長官は、イランがテロ支援を行わないように、イランに対する資金を封じることをNATO諸国に呼びかけた。七月一二日のツイートでは、ポンペオ国務長官は、イランが中東全域に武器を送り、ヨーロッパでのテロの可能性をもたらし、一九七八年以来、イ

ランがヨーロッパ大陸で起こしたとされる地図を強調してみせた。彼は「イランの悪意あるレジーム（#Iran's malevolent regime）」とハッシュ・タグをつけてイスラム共和国が世界とその国民に苦難と死をもたらしてきたと述べている。イランを敵視し、封鎖するというのが、ポンペオ長官が就任してからの強調し、集中し続けているテーマである。

一八年七月二二日、ポンペオ国務長官は、カリフォルニア州シミバレーで開催されたイラン系アメリカ人の集会で挨拶し、イラン国民との連帯を表明し、イスラム共和国の指導部を「偽善的な窃盗集団」と形容した。

トランプ政権がイラン核合意から離脱し、またイランに対して新たな制裁を科すことで、イランのロウハニ大統領が提唱するアメリカ・イランの対話は不可能に近い状態になっている。これは、広くホルムズ海峡の封鎖を意味するものと考えられている。ロウハニ大統領は、イランの国際的孤立からの脱却を約束して大統領に就任したが、トランプ政権がその環境を壊すことになっている。イランではハメネイ最高指導者に近く、経済力もある革命防衛隊がロウハニ大統領の外交路線に懐疑的となり、イランにアフマディネジャド時代にあったような反米路線をとるように考えさせている。

ボルトン国家安全保障担当大統領補佐官は、一八年七月一日にシリアのアサド大統領が反政府武装勢力を制圧して権力を掌握しようが、アメリカの戦略的関心ではないと述べた。オバマ政権時代は、アサド政権の打倒がシリア政策の目標であったが、「アラブの春」でアサド政権の打倒を考え、多くの犠牲者と大量の難民を出したシリア人からすれば大変無責任に映ることだろう。ボルトン補佐官は、ロシアの助力も得て、イランの軍組織をシリアから追放し、イランに帰還させることを考えていると述べた。

ヨルダン・アンマンのパレスチナ難民学校の授業

ボルトン補佐官はイランが継続して核開発を行っていることだけが問題ではなく、国際テロリズムを支援し、中東地域に軍隊を派遣していることだと語った。ボルトン補佐官は、イランが最大の国際的テロリズムの財政支援者だと語っている。そのボルトン補佐官は、イランの反体制派組織のムジャヒディン・ハルクを支援しているが、ムジャヒディン・ハルクは、反王政のテロ闘争を行い、一九七〇年代には六人のアメリカ人をイランで殺害した。彼らは王政を支援するアメリカに強い憎悪や反発を抱いていた。また、イラン革命が成立しても、一九七九年一一月にイラン人学生たちがアメリカ大使館を占拠すると、それを支持する立場を明確にしていた。大使館占拠事件では、五二人のアメリカ人外交官が人質となり、解放までに四四四日間も要した。

アカデミー賞を受賞した映画「アルゴ」に描かれた世界だが、これは多くのアメリカ人に屈辱を与え、その後のアメリカの対イラン観を形成することにもなった。ムジャヒディン・ハルクの過去の活動を問わずに、ボルトン補佐官はイランの現体制を倒すためならば、組織の性格や歴史など考慮に入れないようだ。

イラン革命防衛隊司令官はトランプに警告する

イラン革命防衛隊の特殊部隊である「エルサレム（クッズ）軍団」のガーセム・ソレイマーニー司令官は、二〇一八年七月二六日にトランプ大統領を「カジノ・ギャンブラー」と形容し、イランがイマーム・フサインの国であることを忘れるなと警告した。イマーム・フサインは預言者ムハンマドの孫で、シーア派の第三代イマーム（シーア派が考える預言者の後継的指導者）であり、フサインが示した自己犠牲と殉教の精神はイラン人の心情に強くしみ込んでいる。

フサインはウマイヤ朝の初代カリフのムアーウィヤの息子のヤズィードがカリフ位に就くことに反対し、臣従（忠誠）の誓いを行わなかった。兄ハサン（第二代イマーム）の死後マディーナでイマーム位を継いでいたが、クーファ（現イラク）から指導者として招かれ、一族を連れてイラクに向っていたが、カルバラーにおいて兵力で圧倒的に上回るウマイヤ朝軍に敗れ、殺害された。

シーア派ではこの殉教を悼んで泣くことは救済があると信じられている。

フサインは預言者ムハンマドの娘のファーティマと、その夫で、ムハンマドの従兄弟である第四代正統カリフのアリーの間に生まれた次男である。フサインの息子で第四代イマームのアリー・ザイヌルアービディーン（六五八～七一三年）は病弱のために、父とともにイラクに向わずに助かった。彼の母はサーサーン朝ペルシアの最後の皇帝ヤズデギルド3世の娘シャフルバヌーであるという伝承もあり、シーア派はイラン（ペルシア）の民族的宗教という一面ももっている。

フサインの戦いは「闇と悪」に対する戦いであり、ムハッラム月はイランの人々に正しい道に生きること、家族の絆を教えるものである。

ソレイマーニー司令官は、アメリカが一一万人の兵力を、近代的な兵器とともに派遣したにもかかわらず、タリバンに勝利することができず、現在はタリバンとの和平交渉を視野に入れていること、またイラクでも多大な犠牲を出したことを指摘して、どうしてアメリカがイランと戦争をできようかと発言した。ソレイマーニー司令官は、イランでは「スーパーマン」と形容されるほど、さまざまな戦闘局面で登場し、イラクではＩＳと戦うシーア派の民兵組織を指揮し、またシリアでは、アルカイダと関係するスンニ派武装集団との戦闘を支援した。

トランプ大統領がイラン核合意から離脱すると、イランではインフレや失業がより強く意識されるようになり、イラン各地で抗議デモが行われ始めたが、それはアメリカとイラン政府への反発、あるいは現状への苛立ちから発せられたものだろう。デモは未熟練労働者や女性たちにも広がり、女性たちの一部にはヒジャーブを破り捨てる行動も見られている。経済的不満を口にして始められたデモも「独裁者に死を！」などのスローガンに変わった。二〇一七年一二月から一八年一月にかけてのデモでは少なくとも二五人が死亡したとされているが、一八年八月に再開されたデモは、経済問題に限定されているものの、ムジャヒディン・ハルクなどの反体制派は、「聖職者に死を！」などのスローガンは現体制の失政に対する不満を表すものだと強調している。ＡＴＲ機を注文したイランの航空会社は、制裁が乗客の生命をも脅かすものだともコメントするようになった。フランスの石油大手のトタル、プジョー、またドイツのシーメンスはイランとの経済交流から撤退することを明らかにし、イランの通貨のリヤールは、一八年四月から八月にかけて半分以上値を下げ、イラン政府の制裁に対する「無策」を嘆く声も高まっているが、国内で不満が増幅すればするほど、革命防衛隊司令官の発言に見られるようなイラン政治の過激な潮流が生まれる可能性が高い。

第六章

国際社会の反発
――テロ・難民・環境・人権問題

イスラム系諸国からの移民・難民の入国を制限するように、トランプ大統領にはイスラムという宗教そのものに偏見があるようだが、それはイスラム系移民を嫌うヨーロッパの極右勢力の指導者に共感する姿勢にも見られている。しかし、二〇一八年七月にトランプ大統領の訪問に抗議する大規模なデモがイギリスで起こったように、ヨーロッパや、またアメリカ国内でもトランプ大統領の人種観や差別意識に強く反発するリベラルな考えをする人々の運動が目立つようになった。イギリスのヘンリー王子がアフリカ系の血が流れるアメリカ人女優と結婚したり、あるいはロシアで開かれたワールドカップで移民主体のフランス代表チームが優勝したりするなど、トランプ大統領の人種観やナショナリズムとは逆行するような現象が世界では続々と発生している。トランプ大統領が掲げる「アメリカ第一主義」がテロ、難民、エネルギー、環境など国際協調がますます必要な時代に世界で受け入れられるのはまったく困難な様子である。

「自由と民主主義」のアメリカがフランスのファシズムを支持する

二〇一七年四月二〇日、パリのシャンゼリゼで警官が銃撃される事件が発生し、一人が死亡、二人が負傷した。武装組織のＩＳが犯行声明を認めたが、四月二三日に行われたフランス大統領選挙の第一回投票を前にして四人の候補全員が事件を受けて「安全対策」を強調するようになった。中道・右派の統一候補であるフィヨン元首相は、「イスラム全体主義」との戦いは次期大統領にとっての優先課題であるべきだと述べ、急進左派のメランション左翼党共同代表は「パニックを起こさず、民主的プロセスを中断させない義務を果たす必要がある」と語った（「ロイター」より）。右翼国民戦線のル・ペン党首は「フランス人としてのアイデンティティを守り、移民と闘う」ことを強調している。中道系独立候補のマクロン前経済相も、大統領の最優先課題は国民を守ることだと語るなど「安全」の問題が議論の中心となった。

決選投票は中道系独立候補のマクロン前経済相と、極右・国民戦線（FN）のル・ペン党首の間で五月七日に行われた。結局、親EUを唱えるマクロン候補が勝利したが、極右、「ネオ・ファシスト」とも形容されるル・ペン候補が決戦投票に残ったことは右傾化するフランス政治の変化を物語っている。

このル・ペン候補をアメリカのトランプ大統領は、自らの政治姿勢に重ね合わせるように、テロや国境問題に最も強力に対応していると称賛した。

「自由」や「民主主義」を掲げるアメリカの大統領が極右の政治家を支持することは異例のことだ。第二次世界大戦中、アメリカのフランクリン・ルーズベルトはファシズムとの闘いを強調して、戦争の正当性を訴え、社会主義のソ連の独裁者スターリンとも同盟した。

第二次世界大戦中、ナチス・ドイツはフランス北部を占領し、フランス南部はドイツの傀儡のヴィシー政権に統治させ、第一次世界大戦のフランスの英雄フィリップ・ペタン元帥が首相となった。ルーズベルトは一九四一年一月の就任演説で、「言論および表現の自由、信教の自由、欠乏からの自由、恐怖からの自由」を守るのがファシズムとの戦いであるという有名な「四つの自由」演説を行い、日本の真珠湾攻撃を契機に第二次世界大戦に参戦し、ヴィシー政権軍に軍事的に勝利した。

トランプ大統領がル・ペン候補を支持するのは、たとえていえば、ルーズベルト大統領がペタン元帥を支援することと同様のことともいえる。

ル・ペンは、フランスのユダヤ人がフランスとイスラエルの二重国籍をもつことに反対するなどユダヤ人に対しても好感をもっていない。ナチス・ドイツ占領時代の一九四二年七月に、フランス警察が一万三〇〇〇人のユダヤ人を拘束した「ベルディブ事件」に関して「フランスに責任があるとは思わない」と発言すると、フランスのユダヤ人社会はいっせいに反発した。

ル・ペンは、フランスの主権の回復を唱え、警察力を強化し、四万人の受刑者分の刑務所を増設することを主張した。合法的な移民の数を年間二万人から一万人に下げ、テロリズムを根絶するために「イスラム原理主義」のネットワークを摘発するとも述べている。イスラムに対する嫌悪も彼女の考えの中心にあるが、フランスの五〇〇万人のムスリムの多くは非宗教的、世俗的だ。フランス軍をNATOの指揮系統から離脱させることを望み、フランスの国防省の予算を一七年からの五年間でGDPの二％から三％に増額することを訴えた。

民主主義のファシズムへの勝利が第二次世界大戦のアメリカの「大義」であったが、トランプ大統領のアメリカはネオ・ファシズムを支持するようになり、アメリカの戦争の「意義」をも否定するかのようだ。

「アメリカに頼る時代は終わった」

極右を支持し、国際協調を重視しないトランプ大統領の姿勢は、ヨーロッパのリベラルな勢力からは反発されることになる。ドイツのメルケル首相は二〇一七年五月二八日、ミュンヘンで演説し、過去数日間のサミットでの経験からヨーロッパが他者（アメリカを主に指す）に頼る時代は終わり、ヨーロッパの運命はヨーロッパ自身が決めて行かなければならないと訴えた。

トランプ大統領は環境問題についてもヨーロッパと協調しようとしていないが、ヨーロッパに大量に押し寄せる難民の問題はシリアなどの紛争によるものだけではない。アフリカのサヘル地帯（サハラ砂漠南縁部に広がる半乾燥地域）では気候変動に起因する干ばつが深刻で、人々は難民化してヨーロッパに向っている。温室効果ガスの世界二位の排出国であるアメリカにはヨーロッパに流入する難民問題についても責任の一端があり、まさに国際協調が必要な分野だ。しかし、トランプ政権は環境よりも経済優先を唱え、当初エクソン・モービルCEOのティラーソンを国務長官にすえたことに見られたように石油企業の活動を重視し、石炭産業を一〇〇%復活させることを考えている。これらの産業が地球温暖化を促進するものであることは言うまでもない。

一七年三月一〇日にステファン・オブライエン国連人道問題担当事務次長が国連安保理に行った報告によれば、現在イエメンでは七三〇万人が、またナイジェリア北東部のチャド湖地域では五一〇万人が、南スーダンでは五〇〇万人が、ソマリアでは二九〇万人が飢餓状態にあり、紛争とともに、干ばつがその主要な要因となっている。このうち二〇〇〇万人が瀕死の状態で、一四〇万人が幼い子どもたちだ。ナイジェリアで少なからぬ人々が飢餓状態にある中でトランプ大統領は、一七年二月に一二機のA-29スーパーツカノ軽攻撃機（一機およそ一二〇〇万ドルと推定される）を売却する契約をナイジェリアのブハリ大統領との間で行った。ナイジェリアの飢餓克服には六億ドルが必要とされるが、その額の半分近くがアメリカからの軽攻撃機の購入に費やされる。（http://www.tomdispatch.com/post/176269/tomgram%3A_michael_klare%2C_do_african_famines_presage_global_climate-change_catastrophe/）

ヨーロッパで続発するテロの背景には、ヨーロッパ経済が二〇〇八年の世界同時不況から完全に脱することができず、失業率が下がらないことも背景にある。しかし、トランプ政権はアメリカ・ファーストを掲げ、ヨーロッパとの経済交流を促進するどころか、保護主義に走るようになった。アメリカとヨーロッパの経済交流が活発になれば、失業率の改善にもつながる。トランプ大統領は一七年五月下旬、ブリュッセルでトゥスク欧州連合（EU）大統領らと会談した際にドイツの対米黒字を「とてもひどい」と、特にその中心にあるドイツの自動車輸出を批判した。

イギリス総選挙のイスラム・ファクターと反トランプの潮流

人種的なトランプ大統領に対する反感のうねりは、ヨーロッパではイギリスにも広がっていった。二〇一七年六月に行われたイギリスの総選挙では、メイ首相率いる保守党が過半数の議席を獲得できず、またどの政党も過半数に達しない「ハングパーラメント（宙づり議会）」状態となった。

保守党が過半数の議席を得られなかった要因の一つにアメリカのトランプ大統領のテロに関する発言が考えられる。メイ首相はトランプ大統領と良好な関係にあるが、それがイギリス国民の不興をかうものであることは疑いがない。

トランプ大統領は一七年六月三日にロンドンで発生したテロを受けて、翌日ツイートし、「テロ攻撃で少なくとも七人が死亡、四八人が負傷したのに、ロンドン市長は怖がる必要なしと言っている！」とムスリムのパキスタン系のサディク・カーン市長の発言を批判した。カーン市長が「怖がる必要はなし」と市民に呼びかけたのは、「市内に配置する警官を増員するので」という理由があったが、トランプ大統領のツイートは市長の一部の発言だけを抜き出したもので、悪意をもって行われたものと思われても仕方がないものだった。このトランプ氏のツイートに対するメイ首相の反応は遅く、カーン市長が「良くやっている」と述べるにとどまり、トランプ大統領の発言を直接批判することはなかった。

カーン市長はテロ事件後、「ロンドン市は、我々の街、ここで暮らす人々、我々の価値や生活慣習に対するこの卑劣な攻撃には屈することはない。我々はテロを必ず打ち破り、テロが勝利することは決してない。イギリスの誇り高き、愛国的なムスリムとして、(テロを行った者たちの)邪悪なイデオロギーがイスラムの真の価値とはまったく関係がなく、ロンドンを分断しようという企みは決して成功することがないと申し上げたい」と述べている。

労働党のジェレミー・コービン党首は、「サディク・カーンはロンドンとこの国を代表して、憎悪に立ち向かう発言をした。それこそがテロリストの勝利を阻止する方法だ。分断を促進するのではなく」とツイッターで述べた(BBCニュースジャパン)。

トランプ大統領のツイッターの書き込みはムスリムであるカーン市長に対するヘイト感情が表れたものだった。カーン市長はロンドンと価値観を共有しない人物(トランプ大統領)をレッドカーペットで迎えるべきではないとトランプ大統領の公式訪問に反対する考えを示した。

「ガーディアン」の世論調査では、イギリスではトランプ大統領が世界の安定にとって脅威になっていると六四%の人が考え、また五六%が信用できないと回答している。

トランプ大統領の考えや発言は世界を分断するもので、ある意味でISなどの暴力的集団にパワーを与えるものである。イギリスの総選挙では、コービン党首の労働党が議席数を三〇に増やすなど躍進した。

労働党の躍進の背景には既成政治に反発する若者たちが熱心に支持したことがあった。

(https://news.yahoo.co.jp/byline/bradymikako/20170609-00071923/)

労働党のマニフェストでは、主要産業の国有化、国営の医療制度「国民保険サービス(NHS)」の拡充や教育予算の増額、大学授業料の無料化や全ての小学生に給食を無償提供などが盛り込まれた。

コービン氏は二〇一五年九月に党首に就任すると、「人々は不平等、不公平、要らざる貧困にうんざりしている」と語った。シリア難民についても、人道的な取り組みが必要と語り、キャメロン政権によるシリア空爆の姿勢を批判した。

外交問題でもイギリスのブレア政権が二〇〇三年のイラク開戦に参加したことに謝罪すべきだと主張し、またさらに多くのシリア難民のイギリスへの受け入れを求めている。

「中東の平和はパレスチナの人々への正義を通じて達成される」と彼は以前ウェブサイトに記したことがあり、「占領、分離壁、暗殺はパレスチナ問題の何の解決にもならない」と述べ、従来のイスラエルの行為は国際法に違反するものであり、和平達成のためには、イスラエルが最も嫌うイスラム勢力のハマスやヒズボラとも交渉すべきだと主張する。

コービン氏は、イスラエルの占領を一貫して批判し続けて、占領地への軍の展開、多数のパレスチナ人の拘束、標的殺害などはイスラエルの平和や安全に対してもプラスにならないし、パレスチナ人に公正をもたらすものではまったくないと訴えてきた。

また、イスラエルの政策がパレスチナ人たちの貧困、深刻な栄養不足、失業、健康不良をもたらし、教育の機会さえ奪っていると非難している。パレスチナのニュース・ブログ「エレクトリック・インティファーダ」はコービン氏がイスラエルに対するＢＤＳ（ボイコットと資本の引き揚げ、制裁措置）に賛同し、彼が二〇二〇年に首相に就任すれば、イギリスがイスラエルに対する武器禁輸も行うだろうと期待感を寄せている。

コービン氏は党首に選出されると、ロンドン中央で行われた難民支持デモに参加し、キャメロン首相がシリア難民たちにもっと同情や共感を示すべきだと訴えた。

若い学生たちがコービン氏の熱心な支持者たちとなり、彼は難民支援の集会で「世界に横たわるあらゆる問題は平和的に解決しなければならない」とスピーチを結んだ。コービン氏の政治姿勢や、それを支持する若者たちがパレスチナ和平や難民問題などアメリカのトランプ政権の公平を欠く政策への強い批判の盾となっている。

イスラム・ヘイトをリツイートしたトランプ大統領

イスラムを嫌うトランプ大統領の姿勢は、二〇一七年一一月にイギリスの極右政党「ブリテン・ファースト」の「イスラム・ヘイト的」な書き込みをリツイート(転載)したことにも見られた。アメリカの歴代大統領たちもイスラムに対する嫌悪をこのように明らかにしたことはない。大統領としての品格、資質をあらためて疑問視させる行為であった。

「ブリテン・ファースト」のジェイダ・フランセン副代表が投稿した三つの動画付ツイッター記事にはそれぞれ「イスラム主義の暴徒が少年を屋根から突き落とし、死ぬまで殴打」「イスラム教徒が聖母マリア像を破壊」「イスラム教徒の移民が松葉杖の少年を殴打」というタイトルがつけられている。ジェイダ・フランセンはヒジャーブをした女性に罵声を浴びせてイスラム教徒に対するハラスメントをしたとして罰金刑の有罪を受けたことがあり、「ブリテン・ファースト」は大統領選挙の時期からトランプ大統領を支持してきた。

トランプ大統領のリツイートに対して、イギリス労働党のジェレミー・コービン党首は「私たちの社会への脅威だ」、ボリス・ジョンソン外相は「ヘイトスピーチが存在できる場所はない」、保守党のニコラス・ソームズ下院議員は「大統領として不適格」という反発の声を上げたが、これらのイギリスからの批判を無視するかのように、トランプ大統領は「メイ首相よ、私のことは気にしなくて良い。イギリス国内で起きているイスラム過激派によるテロの撲滅に専念していただきたい。我々はうまくやっている」とツイートした（『ハフポスト』の記事より）。

イギリスの『テレグラフ』（一七年一〇月一七日付）は「バズフィード」の調査結果として二〇〇〇年から二〇一七年までイギリス国内でテロの犠牲になったのは、一二六人であるのに対して、同期間に犬に噛まれて亡くなったのは毎年一八人、運転中の電話使用によって事故に遭い犠牲になったのが毎年二九二〇人で、テロよりはるかに多かったとしている。それ以前、一九八五年から九九年までの間テロの犠牲となったのは一〇九四人、さらにその前の一九七〇年から八四年までの期間は二二一一人であった。二〇〇〇年より前にイギリスで発生したテロは主にＩＲＡ（アイルランド共和国軍）によるものである。

(http://www.telegraph.co.uk/news/0/many-people-killed-terrorist-attacks-uk/)

「イスラム教徒の移民が松葉杖の少年を殴打」はオランダで撮られたものだが、殴打したのは移民ではなく、オランダで生まれ育った者であり、移民ではなかったことをオランダの検察当局は明らかにした。マリア像を破壊した動画は、シリアで撮られたとみられるが、紛争や混乱が続くシリアでのごく一部のできごとが誇大に扱われている。

トランプ大統領はごく一部のムスリムの行動をあたかも一般のムスリムの行動のように紹介している。

コーランではマリア（マルヤム）への言及が新約聖書よりも多く、マリアへの敬意を示す表現も見られる。

「マリアよ、神はおまえを選び、おまえを浄め、おまえをえらんで世のすべての女の上に置きたもうた」（『コーラン』第三章四二節）

トランプ大統領に移民の活力を見せつけたフランス代表チーム

移民・難民を蔑むような発言を続けてきたトランプ大統領は、サッカー・ワールドカップ・ロシア大会決勝でフランス代表チームが勝利すると、「フランス、おめでとう。たぐいまれに優れたプレーをし、ワールドカップに勝利した」とツイートした。

しかし、彼はイギリス滞在中の二〇一八年七月一三日に、ヨーロッパへの移民の流入についてヨーロッパの文化を変える否定的な現象だと発言している。かねてからヨーロッパの移民が犯罪をもたらすとも不正確な統計を根拠に語っていたが、フランス代表チームを熱烈に応援したフランス人たちはトランプ大統領とは異なる見解をもっているに違いない。

フランス代表チームの選手二三人のうち一九人がフランスへの移民か、移民の子どもたちであった。フォワードのアントワーヌ・グリーズマンは、父方の家族は、ドイツ南西部の町で、ウェストファリア条約が結ばれたミュンスター出身で、母はポルトガル系だ。ディフェンダーのサミュエル・ユムティティはカメルーン・ヤウンデ出身、四得点を上げたフォワードのキリアン・エムバペは、父親はカメルーン人、母親はアルジェリア人で、パリ一九区の生まれである。フランスの警察当局に「パリ一九区ネットワーク」という呼称があるように、ここは過激派に共鳴し、テロを行ったり、イラクやシリアに赴いてＩＳやアルカイダに参加したりする若者たちを生み出し、疎外された移民の若者たちが少なからず居住するところでもある。

アフリカ系の代表チーム選手のブレーズ・マテュイディは、選手たちのナショナリティーの多様性がフランスという美しい国のイメージでもあり、フランス・チームのジャージを身にまとうことを誇りに思っていると語っている。

一九九八年のフランス・ワールドカップで優勝した時の中心選手で、決勝戦で二得点をあげるなど大活躍したジネディーヌ・ジダンは、アルジェリアからの移民の子どもであったが、一家が住むマルセイユのカステラン地区は失業率や犯罪発生率も高いところだった。ジダンは「我々は宗教や肌の色を気にしない。一緒に、プレーする瞬間を楽しんでいるのだ」と語っている。フランス・チームの勝利を「ヌワール（黒）、ブラン（白）、ベール（北アフリカ系の移民の子どもたち）」による民族的多様性の成功によるものだと評価する声もフランスでは聞かれるようになった。

他方で、一九九八年のワールドカップでは、フランス極右の国民戦線の指導者ジャン＝マリー・ル・ペン（一九二八年生まれ）は、「フランス代表チームの選手たちの一部は、フランス国歌も知らない外国人」と述べたことがあり、その娘の国民連合（国民戦線から改称）党首のマリーヌ・ル・ペンは、代表チームの選手たちが他の国の国籍をもっていることが問題だと語っている。

ジダンの生まれたマルセイユのカステラン地区の状態は前回優勝の一九九八年からほとんど変化がなく、暴力や麻薬などの犯罪の温床となっているが、フランス代表チームの活躍によってフランス社会における移民への認識を良好に変化させることが期待されている。

トランプ政権の「テロ」——パリ協定からの脱退

二〇一七年六月一日、トランプ大統領は、地球温暖化対策の国際枠組み「パリ協定」からアメリカが離脱することを明らかにした。彼はまたパリ協定への残留を求めている国々は厳しい貿易慣行でアメリカに数兆ドルの負担を強いる一方で、アメリカとの軍事同盟への貢献が不十分だと訴えている。とても正気の沙汰とは思えない。

一七年三月中旬、トランプ政権が国連分担金の五〇％以上削減を指示したことが「フォーリン・ポリシー」の記事で明らかになっている。このような措置がイエメンや南スーダンなど緊急の食料支援が必要な国に影響を及ぼすことは明らかだ。他方で、トランプ政権はイエメンを空爆するサウジアラビアとは一二兆円の武器契約を行った。前に述べた通り、トランプ大統領は一七年四月上旬にシリアに巡航ミサイルを撃ち込んだ後に「残酷なことに、美しい赤ちゃんたちもこのような非常に野蛮な攻撃によって殺された」と語ったが、地球温暖化を背景にする干ばつや飢餓で苦しむ赤ん坊に対する想像力に欠けているようだ。

イエメンの首都サナアは水がまったく欠乏する世界最初の首都になると見られ、イエメンの干ばつはホーシー派やアルカイダなどの武装集団が活動する背景ともなっている。トランプ政権の関心はイランが支持するとされるホーシー派が戦略的運河であるバーブ・エル・マンデブ海峡の航行を妨害することを懸念しているかのようである。

地球の気候変動は途上国の暴力をも助長し、その意味でも世界の安全保障にとって脅威となっている。

直前でも述べたように、アフリカのサヘル地方はエルニーニョ現象やインド洋のモンスーンによって明らかに高温化するようになった。サヘル地方では一九七〇年代までは適切な降雨量によって農耕も比較的順調に行われていた。ところが、八〇年代になってインド洋の海水温度が上がると、砂漠化が進行するようになり、農地面積も減少するようになっている。たとえば、二〇一三年一月にアルジェリア・イナメナスの日本人ビジネスマンを含む人質事件を起こした実行犯たちの多くが生まれたマリでは二〇五〇年までに農業生産は一六％減ると予想されている。

国連の予測では、このまま二酸化炭素の放出量が減らなければ、アフリカでは二〇二〇年までに七五〇〇万人から二億五〇〇〇万人が水不足に陥り、また一部の地域では農業生産が五〇％も落ち込むとされている。

トランプ政権のパリ協定からの離脱は、中東やアフリカの暴力をいっそう助長し、ヨーロッパへの難民の数を増加させるものであることは疑いがない。

国際的評価を下げるアメリカ

愛によって苦みも甘くなる
愛によって銅は金にもなる
愛によって澱も清い雫となる
愛によって痛みは癒しとなる
愛は死者をも生き返らせ

愛は王さえも奴隷にする

——ルーミー

（東京トルコ・ディヤーナト・ジャーミイ監訳／西田今日子訳『神秘と詩の思想家　メヴラーナ　トルコ・イスラームの心と愛』）

マーケティング・リサーチを行うGfKは二〇一七年一一月一六日、一七年の国家ブランド指数を発表した。日本は昨年の七位から四位にランクアップした。分野別では「輸出」がトップで、「観光」「人々」「移住・投資」もアップしている。評価項目は「輸出」「観光」「人々」「移住・投資」「文化」「統治」の六つである。「輸出」とはその国の製品に対するイメージとその国から得られるサービスで、「人々」は国民の技量・能力、開放性、友好性、寛容などその他の資質を表し、「移住・投資」は居住、労働、研究などで人々を引きつける力やまた生活やビジネス環境の質などを指すのだそうだ。「文化」は文化・歴史遺産や現在もっているカルチャーへの評価である。「governance（統治）」という項目もあるが、これは政府の適格性、公正さ、また国際的問題に対する関与が評価基準となる。

アメリカは二〇一六年の一位から六位へと転落した。アメリカへの評価が下がったのは「統治」が一六年の一九位から二三位に転落したためだ。言うまでもなく、トランプ大統領の移民・難民の受け入れ制限や、環境問題でのパリ協定からの離脱、「アメリカ・ファースト」のスローガンなど国際的問題への関与の希薄さからである。つまり、トランプ大統領の政策がアメリカへの評価を下げる大きな要因となっている。

対照的にドイツは「文化」「統治」「人々」で一六年の二位から一位へとランクアップした。ドイツが難民の受け入れにやや厳格になったとはいえ、難民や環境問題などで国際的イニシアチブを発揮するからだ。

(http://www.gfk.com/jp/insights/press-release/1750anholt/)


一七年一〇月三一日、ドイツで宗教改革五〇〇年を記念する式典が開かれた。メルケル首相は、多様な意見を尊重する改革の遺産を強調し、ドイツ・プロテスタント教会トップのベットフォルトシュトローム氏は、「この国が必要としているのは、不安を乗り越え愛を強める力だ」と述べ、カトリックのドイツ司教会議議長のマルクス大司教が「多様性を肯定する者は寛容さを実践しなくてはならない」と訴え、極右や過激派が主張するような差別や暴力を否定した。(「毎日新聞」二〇一七年一一月一日)

アメリカはトランプ政権になってその外交力を明らかに低下させるようになった。一八年のギャロップ社による世論調査でも世界における米国の指導力を肯定的にとらえるのは、一六年の四八%から一七年は三〇%と大きく落ち込み、中国の三一%を下回り、一位のドイツの四一%にも大きく水をあけられている。

(https://www.politico.com/f/?id=00000161-0647-da3c-a371-867f6acc0001)

「イスラム国(IS)」が台頭する南アジア戦略

トランプ大統領の対テロ政策やその認識が正確ではなく、テロの要因を増幅させているのは、ヨーロッパだけではない。二〇一八年一月三日、アメリカのニッキー・ヘイリー国連大使は、パキスタンに対する二億五五〇〇万ドルの経済支援を控えることを明らかにした。国務省のヘザー・ノーアート報道官も翌日、国務省はパキスタンがテロ組織に対して断固たる措置をとるまで、ほぼすべての安全保障支援を凍結することを表明した。一月一日にトランプ大統領はツイッターでアメリカがパキスタンに愚かにも対テロ戦争開始後の一五年間に三三〇億ドルの経済・軍事援助を与えていたが、その見返りは嘘と欺瞞だけだったと述べた。米軍がアフガニスタンでテロリストの掃討を行っている中でパキスタンはテロリストたちに避難場所を与えてきたと語っている。

これに対してパキスタンのハワジャ・ムハンマド・アーシフ外相は、アメリカは五万七八〇〇回のアフガニスタンへの攻撃をパキスタンの基地から行い、武器・弾薬をパキスタンの領土からアフガニスタンに供給し、パキスタンでは数千人の国民がアメリカの始めた対テロ戦争の犠牲になったと述べた。

アメリカが始めた対テロ戦争がパキスタンにおけるテロの増加となっていることは確かだろう。パキスタンではアメリカがアフガニスタンで対テロ戦争を開始する前年の二〇〇〇年は、テロの犠牲者が四五人であったのに対して、ピークの二〇〇九年には一万一七〇四人、トランプ政権が成立した二〇一七年も一二六〇人であった。

二〇一八年七月一三日、パキスタン南西部バロチスタン州マストゥングで州議会選挙の候補者の集会を狙ったテロが発生し、候補者を含む少なくとも一二八人が犠牲になった。この集会には一千人以上が参加していたが、バイクに乗った男が集会に突入し、自爆したが、爆弾には殺傷力を高めるために、ベアリングが入っていた。このテロは、イラクやシリアで「領土」をもっていた「イスラム国（IS）」によるものであった。

同日、ハイバル・パフトゥンハー州バンヌーでも政治集会に向かっていた政治家を狙ったテロ事件が発生し、四人が死亡したが、パキスタン・タリバン運動（TTP）が犯行声明を出した。

アメリカ国務省のノイアート報道官は、事件を受けてパキスタン政府が武装組織の一部を支援していると批判し、パキスタンの人々の民主的な権利を奪っていると批判した。七月一三日は、パキスタンのナワーズ・シャリーフ元首相とその娘のマルヤムが帰国し、イギリスに不正に資産をもっていた罪で逮捕された日でもある。一八年七月六日にシャリーフ元首相は、不正資産の件で、禁固一〇年と一二億円相当の罰金の有罪判決を受けていた。帰国することで、シャリーフ元首相は、自らの与党である「パキスタン・ムスリム連盟ナワーズ・シャリーフ派」へ支持を高めることを考えたのだろう。シャリーフ元首相は一九九九年に軍部のクーデターによって解任されたことがあるが、有罪判決の背景に軍部の策動があったと述べている。

親子を引き離すトランプ政権の「不寛容(zero tolerance)政策」

トランプ大統領の移民に対する不寛容な姿勢が顕著に表れたのは、二〇一八年四月から移民に対して「ゼロ寛容政策」をとるようになったことにも見られた。一八年六月一八日の記者会見でトランプ大統領は、「アメリカは移民キャンプにならない。難民をとどめておく施設にもならない」と発言した。

トランプ政権は、アメリカの国境を越えた不法移民の親子を別々に収容する措置をとり、国内外から強く批判されるようになった。親子を引き裂く政策は、「ゼロ寛容」ではなく、「ゼロ・ヒューマニティ(人間性)」でもあり、独裁者の手法ともいえ、ナチス・ドイツが他国の青い目で金髪の子どもばかりを拉致して、ドイツ人に仕立てた歴史事実を彷彿させるという声もあるほどだ。

トランプ政権の「ゼロ寛容」政策では、不法入国した人々や亡命を求める人々を刑事裁判にかけるが、彼らの子どもたちは、未成年者の収容センターに送られ、親子別々となってしまう。四月一九日から五月三一日までで二〇〇〇近い家族の親子たちが引き離される事態となっている。未成年の収容センターに送られた子どもたちと親との再会のプロセスは未定のままで、子どもたちのうち一〇〇人以上が四歳以下という非人道的な性格をもっていた。

トランプ大統領のメラニア夫人も「子どもたちが家族と引き離されるのを見たくない」と語り、またジョージ・W・ブッシュ元大統領夫人のローラ・ブッシュ氏も、「トランプ政権の方針は第二次世界大戦中の日系人の強制収容所を思い起こさせ、残酷、非道徳的で、胸が張り裂けそうだ」と語った。共和党のウィル・ハード下院議員も、「子どもたちを親から引き離して、不法移民への抑止力としようとすることは、アメリカ人のすべきことではない」と発言した。ハリー・ポッター・シリーズの著者J・K・ローリング氏は、「ヒトラーとトランプの違いはチョビ髭だけ」とツイートした。

子どもたちの人権を侵害するという点では、イスラエルがパレスチナ人の子どもたちを逮捕・拘束するのも同様で、イスラエルは一八年中期現在で三〇〇人から四〇〇人のパレスチナの子どもたちを拘禁していると見積もられている。子どもたちは単に投石したとかという理由で逮捕されている。イスラエル軍は子どもたちを両親から引き離し、どうして逮捕するのか、どこに連れていくかも親に告げることはない。

侮れないイスラムの同胞意識

トランプ大統領は、エルサレムに大使館を移転したり、イスラム系諸国から移民の受け入れを禁止したりするなど、イスラム世界の神経を逆なでするような措置を立て続けにとっているが、イスラム世界の同胞意識は決して侮れない。

前嶋信次『イスラムとヨーロッパ』（平凡社・東洋文庫、二〇〇〇年）には、一九六〇年に著者がシカゴを訪れた時の回想が紹介されている。預言者ムハンマドの誕生日を祝う「マウリド・アン＝ナビー」の行事に参加すると、アルジェリア独立問題（一九六二年に独立）に関する激烈な演説が行われ、「かの地の兄弟のために応分のザカート（喜捨、寄附）をしてもらいたい」という呼びかけが行われると、またたく間にドル札が高く積まれるほど集まったという。前嶋氏は、預言者ムハンマドが「告別の巡礼」と呼ばれる最後にメッカ巡礼を行った際に騎乗したラクダの上から「皆の衆よ、すべてのムスリムは他のすべてのムスリムの兄弟である。そなたたちはすべて相等しいのである」と語ったという伝承を思い出し、一人のアルジェリア人が殺されれば、パキスタンやアメリカのイスラム教徒が痛みを感ずるのは、全ムスリムが兄弟、同胞であるという考えがその根底にあり、この考えこそがイスラムを偉大にさせたのではないかと記している。

イラク戦争や、イスラエルによるガザ攻撃の惨状がイスラム世界に伝わると、遠く東はインドネシアや、西はモロッコにまで抗議や同情の声が上がるのは、イスラムの同胞意識のためであり、アメリカやイスラエルはこのイスラムの一体性を決して軽んずることはできないだろう。一九七三年に第四次中東戦争が発生すると、アメリカはイスラエルに対して武器を供与し始めたが、これに反発したアラブ・イスラム諸国はアメリカや、アメリカに武器空輸のための基地を提供するオランダに対して石油禁輸措置をとり、親イスラエル国と見なされた日本なども石油輸出の制限を受けることになった。慌てた日本はパレスチナの民族自決権を認める立場をとるようになったのだが、その後はアメリカへの配慮もあってパレスチナの民族自決権をあまり強調することがなくなった。日本はイラク戦争では真っ先にブッシュ政権を支持したり、イスラエルとの防衛協力を推進したりするようになった。日本もまたイスラムの同胞意識を決して軽んずることはできないだろう。

トランプ大統領は二〇一七年九月二四日、八カ国からの入国の制限もしくは停止を命じ、イランとリビア、シリア、イエメン、ソマリアのほか、ベネズエラ、北朝鮮、チャドが対象となった。ベネズエラについては政府関係者のみだが、北朝鮮とシリアは原則として入国禁止となり、入国制限については期間を設定せず、「改善」が見られるまで継続する方針をもった。新たに対象となったチャドは、ムスリムが人口の五割を超え、過激派組織「ボコハラム」が活動する国だ。しかし、ボコハラムの拠点であるナイジェリアは含まれていない。シリア難民の一切の受け入れを認めず、イスラム系諸国に異様に厳しい政策をとるトランプ政権にはイスラム世界全体から強い反発があるだろう。

トランプの歴史誤認と国際社会での孤立と歴史の教訓

二〇一八年六月にカナダ・オタワで開催されたG7サミットを前にして、フランスのマクロン大統領は、カナダのトルドー首相との会見の中で「(米国が孤立する) 六＋一という (対決) 構図を排除すべきでない」と述べた。マクロン大統領は米朝首脳会談についてもイラン核合意から離脱する中でトランプ政権による交渉は信頼できないという考えを明らかにした。二人の首脳ともアメリカがG6の国々に鉄鋼やアルミに対して高関税を課す理由に「安全保障」をあげていることに強く反発している (朝日新聞)。

G7サミットは一九九八年から二〇一三年までG8でロシアも含まれていたが、一四年にロシアがクリミア半島を併合するなどウクライナに軍事介入すると、参加資格を停止された。

トルドー首相が一八年五月に電話会談でトランプ政権が高関税を課す理由がどうしてアメリカの安全保障と関連するのかを問うと、トランプ大統領は「君たちはホワイトハウスを焼き打ちしたじゃないか」と答えたという。トランプ大統領は一八一四年に、米英戦争の最中にホワイトハウスが焼き払われことに言及したらしいが、ホワイトハウスに火をつけたのはイギリスであり、カナダではなく、カナダの建国は一八六七年のことである。

「アメリカ合衆国通商代表部」によれば、二〇一六年には、アメリカはカナダから三二〇一億ドル相当の輸出を行ったが、カナダからの輸入額は三〇七六億ドルであり、実質的にはアメリカはカナダに対して貿易黒字状態にある。

トランプの人種観とは異なるイギリス王室

二〇一八年五月、イギリスのヘンリー王子とアメリカの女優メーガン・マークルが結婚したが、マークルの母親がアフリカ系であるためにイギリス人の人種観が変わるだろうという見方と、マークルは結局白人としてしかふるまうことを許してもらえず、イギリスの白人至上主義には変化がないだろうというものもあった。

ＵＰＩ（United Press International）の一九八六年一〇月一〇日付に「バッキンガム宮殿のモスレムたち（MOSLEMS IN BUCKINGHAM PALACE）という記事がある。

現在のエリザベス女王はイスラムの預言者ムハンマドの子孫というものだ。

スペインのセビーリャ（セビリア）でアッバード朝を創設したアブー・アルカースィム・イブン・アッバードは、預言者ムハンマドの娘ファーティマの子孫であったと伝えられている。右の記事によれば、アルカースィムは一〇四二年に亡くなり、その後孫のムハンマド・アルムタミッドが一〇七一年にセビーリャからコルドバを支配するようになったが、一〇九一年にムラービト朝に征服され、アッバード朝は崩壊した。アルカースィムにはザイダという娘がいたが、ムラービト朝の攻撃の間、カスティーリャとガリシアの王であったスペイン王レオンの元に逃れた。ザイダはローマ・カトリックに改宗し、アルフォンソ国王と結婚し、洗礼してイザベラと名乗るようになった。アルフォンソ国王とザイダの血を引くマリア・デ・パディーリャはカスティーリャ王ペドロ1世と結婚し、四人の子どもをもち、その娘たちはイングランドのエドワード3世の息子たちと結婚した。その子孫がエリザベス女王というわけである。しかりである。

スペインの王侯貴族には北アフリカのムスリムやユダヤ人を祖先にもつ者たちが多い。地中海を挟んで北アフリカや南欧はコスモポリタンの風土があった。マルタ島、シチリア島、モロッコ、イベリア半島、

ＵＰＩの記事は一九四七年に生れた場合、一五〇〇年まで遡れば、六万人の先祖がいることになり、エリザベス女王がムハンマドの子孫であっても不思議なことではない。ヨーロッパの王室はみな親戚だという表現もあるくらい婚姻関係によって多くの血が混ざりあうようになったが、植民地主義支配によってさらにアフリカや中東などの血もヨーロッパ人に入ったことだろう。いまさら王室がアフリカのハーフの女性と結婚してそれに驚くことも、問題にすることもないだろう。

トランプ大統領とは違う「対話」の道を歩むフランス――対イラン外交

二〇一七年一〇月一五日に行った演説でフランスのマクロン大統領は、イランが核合意を順守しているとは認められないと発言したトランプ大統領がイランについて「悪い外交」を行っていると断言した。マクロン大統領は北朝鮮と対話を閉ざせば北朝鮮の脅威が拡大するように、トランプ大統領が強調するイランの弾道ミサイルや地域の安定についてもイランとの不断の対話が必要であると述べた。フランスや他のヨーロッパ諸国はイランの核合意を尊重していくという考えも示し、シリア問題についてもアサド政権を支持するイランと永続的な解決の道を探っていくと語った。マクロン大統領の発言に先立ってフランス、ドイツ、イギリスは一〇月一三日に共同声明を出し、「合意を維持することは、共通の国家安全保障上の関心事だ」とトランプ大統領の姿勢をけん制している。

二〇〇三年のイラク戦争に先立って、フランスのシラク政権、ドイツのシュレーダー政権はともに、イラクが大量破壊兵器をもっているという明確な証拠がないとしてイラクへの軍事介入に反対したが、これに対してアメリカ・ブッシュ政権のラムズフェルド国防長官はフランス・ドイツの姿勢を「古いヨーロッパ」と批判した。これにフランスのド・ビルパン外相は「フランスは、数々の内戦、革命、世界大戦を経験した古い国だからあえて反対する」と反論した。「古い国」のはずの日本は真っ先にイラク戦争に賛成したが、正当な根拠がない戦争を支持したことが少なくともアメリカの軍事干渉を受ける側のイラクをはじめイスラム世界における日本への好感度を下げるものであったろう。

現在のイランの核問題についてマクロン大統領の考えには正当性があり、繰り返し書いてきた通りトランプ大統領の発言は根拠がまったく希薄である。

二〇〇〇年九月、ニューヨークの国連本部でユネスコの松浦晃一郎事務局長の司会のもと、「文明間の対話」準備の首脳会議が開かれた。その際、イランのハタミ大統領（当時）は、「経済指標や破壊的な武器が支配する世界ではなく、道徳・謙虚さ、そして愛が支配する世界で生存していくという希望を実現したい」と述べた。二〇〇〇年一一月に来日したイランのハタミ元大統領は日本の禅とイスラム神秘主義がともに沈黙の中から多様な示唆と寓意を読み取ること、相手の言うことに耳を傾け、相互に理解し合うのが日本とイランを含めてアジアの精神風土だと語った。

アメリカのトランプ大統領はハタミ大統領の理念やヨーロッパ諸国の姿勢とは真逆に「経済指標や破壊的な武器が支配する世界」を目指しているかのようだ。

イギリス国民はトランプ大統領を拒絶する

二〇一八年七月一二日、トランプ大統領とメラニア夫人がイギリスに到着した。イギリス国内では「ストップ・トランプ・デモ」が行われる。「世論調査会社YouGov」によれば、七七％の人がトランプ大統領を好ましいと思っていない。デモの呼びかけ人であるコラムニストのオウエン・ジョーンズ氏によれば、トランプ大統領は、「偏狭」「人種主義」「反ムスリム」「女性蔑視」など嫌悪すべきすべての価値観を表す人物で、彼が大統領でいることによって、イギリスですら極右の人種的ファシストが力を増幅させている。彼は、七月一三日に六万一〇〇〇人以上の人が反トランプのデモに参加するという見通しを明らかにした。デモは、パキスタン系ムスリムのサーディク・カーン・ロンドン市長によっても支持され、トランプ大統領はカーン市長がテロに弱腰だと批判したことに対して、カーン市長はトランプ大統領が民主主義にとって脅威であると応酬し、ロンドンにトランプ大統領に抗議する巨大風船を揚げることも許可した。

トランプ大統領がイギリスのデモのオーガナイザーが形容するように、「偏狭」な不合理な人物であることは、その中東政策をごく客観的に見ても明らかだ。

トランプ大統領はイギリス訪問以前にＮＡＴＯサミットに出席し、七月一二日の記者会見で「イランとアメリカの間でエスカレーションがあるかもしれない」と述べた。トランプ大統領の考えではイラン経済は崩壊しつつあり、イランは以前よりもアメリカに敬意をもつようになり、いずれアメリカにディールを提案してくるだろうと語った。しかし、トランプ大統領とポンペオ国務長官はイランが呑めない条件を「最後通牒」のような形でつき付けている。それは、イランがサウジアラビアやＵＡＥに屈服し、イラク、シリア、レバノンをこれらの国の影響下に置き、イランがパレスチナ支援を止めるというものだ。呑めない条件を最後通牒にするという点ではブッシュ大統領が、サダム・フセイン大統領と、その息子たちに四八時間以内にイラクを離れなければならないという要求を出してイラク戦争を開始したことに似ている。

ポンペオ国務長官は、一八年七月一〇日、ＵＡＥを訪れて、イランの「悪い行い」を封じるために、イランの財政能力を奪わなければならないと語り、またイラン革命防衛隊のガーセム・ソレイマーニー司令官がイラクとシリアでトラブルを起こしているが、彼はその代償を払わなければならないと述べた。国際社会で孤立するトランプ政権の「根拠なきファンタジー」が中東の動乱を（それは私たち日本人とも無縁ではないが）引き起こさないように、イギリス国民のように、世界がトランプ大統領に「ＮＯ」をつき付けていることをアピールすることが求められている。

セントルイス号の教訓

三千年の歴史から学ぶことを知らぬ者は、知ることもなく、闇の中にいよ、その日その日を生きるとも。——ゲーテ「西東詩集―不満の書」

このゲーテに影響を与えたイランの詩人はハーフェズ（一三二五～一三八九年）とされているが、彼も歴史の経過の中で培われた賢者の知恵に学ぶことを説いている。

愛しきものよ、忠告に耳を傾けよ！
幸福なる若者たちが命よりも愛するのは老いた賢者の忠告

賢い古老のことを私は思い出す
私は決して忘れていない（佐々木あや乃訳）

現在、世界の難民の数は二二五〇万人と見積もられているが、二〇一七年はそのうちのわずか一％の二〇万人にも満たない人々が第三国での定住が認められたのみである。

一九三九年五月にユダヤ人難民九〇〇人を乗せたセントルイス号はキューバに到着するが、キューバ政府はごくわずかな人々しか上陸することを許さなかった（三〇人にも達しなかったとされる）。キューバで上陸を認められなかった多くの人々はアメリカに向かったが、ルーズベルト政権も入国を拒否し、沿岸警備隊が派遣されて、セントルイス号の入港を拒否し、さらにカナダ政府も同様の措置をとった。セントルイス号はベルギーのアントワープに引き返し、ベルギー、オランダ、イギリス、フランスにその乗船者たちは引き取られることになったが、第二次世界大戦でナチス・ドイツがベルギー、オランダ、フランスを占領したことによって、セントルイス号のユダヤ人乗客の二五四人がナチスの絶滅収容所で犠牲になった。

アメリカ国務省は、二〇一二年九月にセントルイス号の生存者たちに公式に謝罪し、またカナダのトルドー首相も二〇一八年五月に謝罪する意向を示した。

セントルイス号のユダヤ人生存者に謝罪したアメリカだが、トランプ大統領は、二〇一七年にアメリカの難民受け入れを年間七万人から四万五〇〇〇人に減らした。これは一九八〇年以来、最も少ない数であり、トランプ大統領は一八年四月中旬にアメリカ合衆国は移民キャンプではなく、十分な移民収容施設をもち合わせていないと発言した。一八年六月までにアメリカが受け入れたシリア難民はわずかに一一人だ。シリアでは内戦が継続し、六〇〇万人以上が難民化した。

一八年六月、キルステン・ニールセン国土安全保障長官は、スーダン、エルサルバドル、ホンデュラス、ハイチ、ネパール、ニカラグア人に対して一時保護資格（TPS）を打ち切ることにした。これらの国の人々はアメリカのTPSで保護を受ける九八％を構成する。

一八年一月、かつてアメリカやカナダ、キューバによって上陸を拒否されたユダヤ人の国、イスラエルは、エリトリアやスーダンからの三万五〇〇〇人の移民をアフリカのルワンダやウガンダに送還しようとしていることが明らかになった。多くがイスラエルに一〇年近く住み、ヘブライ語を話し、イスラエルの学校に子どもたちが通う人々もいる。イスラエルはルワンダ、ウガンダと送還者たちの保護に関する協定を結んでおらず、本国に送還されれば、人権侵害や迫害を受ける可能性がある。国内からの少なからぬ反発があるにもかかわらず、ネタニヤフ政権は強引に強制送還を進めようとしているが、それはパレスチナ人に対するアパルトヘイト政策と同様なメンタリティーによって行われている。

アメリカ、イスラエルとも、セントルイス号への謝罪も、セントルイス号の体験も学んでいない様子である。

品格に欠ける大統領

アメリカの俳優ロバート・デ・ニーロが二〇一八年六月一〇日夜、トニー賞の授賞式で両手の拳を突き上げながら「くたばれ、トランプ！」とトランプ大統領を痛烈に批判した。これは、第七二回トニー賞で一七年秋からブロードウェイの小劇場で「スプリングスティーン・オン・ブロードウェイ」公演を行っているブルース・スプリングスティーンに「スペシャル・トニー・アワード」が贈られた場での出来事だった。デ・ニーロは、一八年一一月の中間選挙での投票を呼びかけると同時に、スプリングスティーンに授賞式が行われたニューヨーク・ラジオ・シティをロックで激しく揺さぶってくれと呼びかけ、スプリングスティーンが政府の誠実、透明性や高潔のために闘ってきたことを称えた。スプリングスティーンは一六年九月に「共和党は大バカ者に支配されている。これは民主主義の悲劇だ」とローリングストーン誌のインタヴューで語ったことがある。

デ・ニーロの発言に応じて、劇作家、脚本家のトニー・クシュナーは、「まったく同感だ。誰もデ・

ニーロと議論する余地はない。トランプの大統領職はヒトラーの過ちを踏襲するものであり、トランプは精神を病んだナルシストだ」と発言した。

このデ・ニーロの批判に対してトランプ大統領は「デ・ニーロはＩＱが低く、映画の撮影でパンチを本物のボクサーからいっぱいくらったので、パンチ・ドランクンになったのだろう」とツイートした。

ツイートした時の英語は「Robert De Niro, a very Low IQ individual, has received to many shots to the head by real boxers in movies. I watched him last night and truly believe he may be "punch-drunk."」となっていて、「to many shots」は本来「too many shots」で、トランプ大統領自身のＩＱ自体が疑われるというツイートも現れた。デ・ニーロは「レイジング・ブル（Raging Bull、一九八〇年公開）」でボクサーを演じたことがある。

カナダのブロック大学で心理学を研究しているゴードン・ホドソン氏が行った研究では、ＩＱの低いものほど、差別的な偏見をもち、差別的な考えを行う人ほど「そもそも相手の立場に立って考える能力が欠如している」という根源的な問題があるのだという。

(https://buzzap.jp/news/20150723-iq-racism-bias-politics/)

トランプ大統領の日ごろの言動を見ていると、「相手の立場に立つ」という発想は希薄で、ホドソン氏の研究結果に納得してしまいそうである。

トランプ・エルドアンの「衝突」――トルコのリラ安

トルコの通貨リラの下落は、トルコに投資するヨーロッパ諸国の金融不安への警戒感が伴って日本の株式市場も二〇一八年八月一三日に終値が二万二〇〇〇円を割り込むなど一カ月ぶりの安値がつくなど世界経済に影響を与えるようになった。

リラ安の背景には、トルコのエルドアン大統領とトランプ政権の確執がある。八月一〇日にトランプ政権はトルコから輸入する鉄鋼、アルミニウムに課す追加関税を二倍に引き上げ、これがリラ安に拍車をかけた。トルコは二〇一六年七月のクーデター未遂事件に関連してアメリカ人牧師のアンドルー・ブランソン氏を二年間にわたって拘束している。七月二六日にトランプ大統領は、この拘束を理由にトルコに大規模な制裁を科すつもりだと述べていた。実際、アメリカ財務省は、八月一日にトルコのギュル法相とソイル内相にアメリカ国内資産凍結などの制裁を科したが、これに対して八月四日にトルコのエルドアン大統領は「アメリカの司法長官と内務長官にトルコ国内の資産があれば凍結する」と応酬した。トルコはアメリカのNATOの同盟国で、アメリカ財務省が同盟国の閣僚に経済制裁を科すのは異例中の異例である。

トルコの通貨安が日本など先進諸国の経済に長期的な不安を与えるという見方は多くないが、トルコ経済の危機は、トルコの小規模経営者や農民層、またトルコで暮らす三五四万人余りのシリア難民などの生活を直撃することだろう。トルコに対する外国からの投資は一八年の最初の四カ月で二一%も減少した。

エルドアン大統領は、トランプ政権がISとの戦いでクルド人勢力と同盟したことに強く反発し、一八年三月にトルコ軍と、トルコが支援するアラブの反アサド武装勢力はクルドの町アフリンを制圧した。このクルド人との戦いはシリア北部に駐留する米軍の安全をも脅かすもので、NATO諸国同士の戦闘に至る危険性もあった。エルドアン大統領は、トランプ大統領がエルサレムに大使館を移転したことにも怒りの感情を露わにした。

トランプ政権は、トルコがロシアの超長距離地対空ミサイルシステムであるS－400（ミサイル）を導入する一方で、アメリカからF35戦闘機を購入する予定であることに不快感を示している。かりにS－400をトルコが配備すれば、トルコはそのメンテナンスやパーツ部品をロシアに頼らざるをえず、F35に関する情報がロシアに漏洩される可能性がある。

トランプ大統領は、F35戦闘機のトルコへの売却を凍結してしまったが、F35の一部の部品はトルコ国内で製造され、トルコの業者の代わりを見つけるのには二年も要するとされている。またヨーロッパに売却されるF35戦闘機のエンジンの修理やオーバーホールはトルコ北西部のエスキセヒルで行われている。

エルドアン大統領は、リラ安の責任をトランプ大統領に求めている。トルコには過激な民族主義者たちの活動もあるが、トルコ国内で反米感情が一気に噴出していく可能性もある。エルドアン大統領は、アメリカの一方的な制裁はアメリカ自身の安全や利益を脅かすことになると述べている。トルコのインジルリク空軍基地は、中東での戦争で米軍の重要な出撃拠点であり続け、B61核爆弾も配備されている。両国の対立はトルコを含めた中東・ヨーロッパの政治情勢にもネガティブな影響をもたらすことだろう。エルドアン大統領は、トルコの民族感情に訴え、その支持者たちにドルやユーロをリラに換えることを求めることだろうが、エルドアン大統領とトランプ大統領の衝突は、社会の底辺で暮らす弱い人々たちを最も直撃することは明らかで、両国には相互の自重や譲歩が求められている。

第七章

日本経済への重大懸念と外交役割

かりに第三次湾岸戦争が発生すれば、日本経済に深刻な影響を与えることは間違いない。エネルギー資源のない日本は中東の紛争に大きく揺さぶられてきたが、日本は日米同盟がありながらも、軍事介入を行うアメリカとは異なる中東への独自外交を追求し、それが中東イスラム地域における良好な対日感情を形成することにもなってきた。日本は同盟国アメリカがイランと対立関係にある中で、王政時代から築いたイランとの信頼関係を背景にアメリカとは異なる外交を展開していた。また、平時においては教育や医療支援を行い、さらに日本の文化はこの地域で評価されるなど日本のソフトパワーの発揮も、エネルギー安全保障など経済を含めて日本人の安全に役だってきたことは明らかである。

日本が中東の危機にいかに対応してきたか、また日本人たちがいかにこの地域の安定に貢献してきたか、将来においてもこの中東という不安定な地域にエネルギーの供給を頼る日本には繰り返し試練が訪れるかもしれない。過去の歴史的経験から日本や日本人のこの地域における役割を考えることにする。

第一次石油危機の教訓から見直された対中東外交

一九七三年一〇月六日に開始された第四次中東戦争でイスラエルを支援するアメリカに対して産油国は石油禁輸の措置に訴え、また日本などアラブ諸国に友好的でないと判断された国々には石油の輸出量を段階的に減らすことを決定する。日本が友好的でないと見なされた背景には、アラブ諸国の半分にしか大使館を設けていなかったこと、アラブの石油で経済発展を遂げたにもかかわらず、日本はアラブ・イスラム世界に経済支援を十分に行っていないなどの理由があった。日本社会は、トイレットペーパーや洗剤などが店頭から消えるなどパニックに陥った。

その年の一一月に来日したアメリカのヘンリー・キッシンジャー国務長官は田中角栄首相に「親イスラエル外交を」とつめ寄った。田中首相は「日本は中東の石油に依存している。石油が来なくなったとき、アメリカが供給してくれるのか」と応酬したが、国務長官は答えることができなかったと、小長啓一・首相秘書官は田中首相から聞いた。二階堂進官房長官は、中東和平についても、パレスチナ人の民族自決権を認め、すべての占領地からイスラエル軍の撤退を求める内容の談話を発表し、三木武夫・副首相を政府特使として産油国に派遣した。田中角栄政権はイスラエルに対して占領地からの撤退を求めた国連安保理決議二四二号の履行を求め、アラブ諸国から「友好国」の認定を得るように努めた。

その後、日本パレスチナ友好議員連盟では、宇都宮徳馬、木村俊夫、伊東正義といった気骨のある政治家たちが会長となり、また、三木武夫、大平正芳、福田赳夫と国際感覚に優れた政治家たちが外相であった一九七〇年代後半から八〇年代にかけて日本は「パレスチナの民族自決権」を支持する立場をとった。

すでに一九六七年の中東戦争の後、国連総会で「武力で併合した領土は認められない」と三木武夫外相は演説し、副首相時代の一九七三年に「パレスチナの子どもたちのつぶらな瞳を裏切ることはできない」と述べて中東和平の重要性をあらためて強調した。

一九八〇年一〇月、伊東正義外務大臣は、国会の「安全保障及び沖縄・北方問題に関する特別委員会」で中東和平の基本がパレスチナ問題にあり、パレスチナの民族自決権を認めなければならないという考えを明らかにした。伊東外相は、二国家共存でなければ中東の平和が実現しないし、イスラエルの外相にもPLOとイスラエルが相互に認めることが平和の第一歩ではないかと意見を述べたことを紹介している。伊東外相の考えは、その一三年後のオスロ合意で実現することになったが、現在のイスラエルのネタニヤフ政権はパレスチナ国家建設をいっこうに容認しないばかりか、ヨルダン川西岸に入植地を築いて民族自決権の基礎となるパレスチナ人の土地まで奪っている。

パレスチナに同情を寄せた政治家たちの発言は、単に石油への思惑からだけで発せられたものではなく、イスラエルに占領されるパレスチナ人たちの困難な生活状態に対する同情というヒューマンな想いもあったことは明らかである。いずれにせよ、第一次石油危機は、日本人の中東やパレスチナ問題に対する関心を高めることになった。

サダム・フセインのイラクにも接近

第四次中東戦争に伴う石油危機を契機にして、日本はアラブ寄りの外交姿勢を鮮明にした。その一つの例がイラクであり、三木副首相がアラブ諸国を訪問した翌月になる一九七四年一月に、中曽根康弘通産相がイラクを訪問した。また、イラクからはアザウィ経済相が同じ年の八月に訪日し、日本とイラクの間で経済技術協力協定の調印が行われた。ちなみに、中曽根氏は、二〇〇三年のイラク戦争の際には「今度こそサダム・フセインの息の根を止める」と語った人物である。

この日本とイラクの経済協力協定は、イラクへの一〇億ドル借款供与を内容とするもので、対象プロジェクトとしては、肥料プラント、石油化学プラント、輸出石油精製などがあった。この協定は、イラクに対する専門家の派遣、イラクからの研修生に対する手当てを支給すること、バグダッド郊外の電気産業訓練センターの設立、民間レベルの研修生の受け入れなどを内容としていた。この見返りとして、イラクは協定成立から一〇年間に九〇〇〇万トンの原油供給を日本に行うことで合意し、石油危機を経た日本は原油購入をより確実にするという目的に達することになった。

この協定の結果、一九七四年の日本の対イラク輸出は、四・七三億ドル、また輸入は二・〇一億ドルで、輸出は前年比で一一倍、また輸入は前年比で六五倍と飛躍的に伸び、両国関係は大いに拡大した。この時期、日本からのイラクへの主な輸出品は、鉄鋼、機械、繊維、タンカーなどで、イラクからの輸入品は石油、ナツメヤシなどだった。また、工業プロジェクトの立地であるバスラ港付近には、日本の企業関係者が数多く調査に出かけた。

一九七四年以来、日本はジェトロ（日本貿易振興会）をバグダッドで開催される国際見本市に派遣するようになった。さらに、一九七四年には、イラク博物館の数々の貴重な所蔵品の展覧会が東京や札幌、名古屋などで催されている。この「イラク展」はおよそ八〇万人の人々が見学した。

日本は、一九七〇年代に、バグダッドにあるカージミーヤ病院などイラクの一三の病院に対して円借款を行った。また、ＪＩＣＡ（国際協力事業団）は、一九七五年から一〇年以上にわたって電気産業訓練センターに技術協力を行った。ＪＩＣＡは、イラクからさまざまな分野の研修生を受け入れるようになり、こうした研修生への訓練や教育もイラクと日本の交流促進に役立った。イラクと日本の経済関係は、一九七四年の経済協力協定以後、次第に拡大し、たとえば一九七三年にはイラクの日本に対する輸入依存度は六・七％しかなかったのが、一九七七年には二〇％を超えるようになった。

一九七八年三月には日本イラク文化協会が設立され、また日本イラク航空協定が調印された。翌月にはイラク航空の東京までの運航が実現し、また一九七八年一一月には日本航空の南回りヨーロッパ線の一部と中東線のバグダッド寄航が行われるようになった。

イラン革命とイラン・イラク戦争が日本に与えた脅威

第一次石油危機を契機に産油国寄りの政策を追求した日本であったが、一九七九年のイラン革命をめぐる政治的動乱によってイラン産の原油の調達に大きな停滞が生まれ、原油価格が上昇したが、石油情勢はそれに続くイラン・イラク戦争によってさらに悪化した。一九七八年当時、イランの石油供給シェアはOPEC原油の一七%、世界原油の一〇%を占めていた。一九七八年一一月には一バレルあたり一二・七ドルであったアラビアン・ライト（当時の標準油種）の公式販売価格が、一九七九年末には二四ドル、一九八〇年四月には二八ドルまで上昇した。

一九七〇年度日本のイランからの石油輸入は、実に全輸入の四二%を構成していた。その後、第一次石油危機でアラブ諸国に配慮して、石油の購入先を多角化したこともあって、イランからの輸入は減少したものの、それでも一九七七年度は全体の一七%を占め、日量八〇万八〇〇〇バレルを輸入していた。

イランの隣国イラクでは、サダム・フセインが一九七九年七月に大統領に就任したが、イランの混乱を見て一九八〇年九月にイランに軍隊を侵攻させた。イラク軍がイランに攻め入った背景には両国間の領土問題があり、一九七五年にイラン・イラク間で締結されたアルジェ協定は、国王時代のイランの優位な軍事力を背景にシャットル・アラブ川の中央で境界線を引いた。これは一九一三年にオスマン帝国とイランの間で締結され、イランには同川の航行権しか認めなかった一九一三年のイスタンブール協定、さらにイランの都市ホラムシャフル周辺に限って川の中央を境界とした一九三七年のイラン・イラクの二国間条約よりもイランに対して大きく譲歩したものだった。さらに、フセインにはイラン南西部のアラブ系住民が多く住み、石油産出地帯であるフーゼスターン州にも領土的野心があった。

日本企業は革命以前、王政時代のイランに強い経済的関心を抱いていた。テヘランの日本人学校の生徒数も、一九六八年が一九人、七三年が九八人、革命直前の七八年二七四人と増加していった。日本には、三井物産グループとイランが共同出資したＩＪＰＣ（Iran-Japan Petrochemical Co. Ltd）プロジェクトがあった。このプロジェクトは、一九七一年一〇月に基本合意され、一九七三年の第一次石油危機を経た一九七六年秋から本格的なプラント建設工事が始まった。イラン革命で建設が一時中断したものの、革命政権の強い要望で八〇年六月に日本側によってナショナル・プロジェクト化されて再開されたものの、同年九月にイラクがイランに侵攻し、イラクは石油化学プラントの建設を進めれば、攻撃するという警告を行い、八四年九月に実際に爆撃されて工事関係者は全員が退避した。結局、八九年一〇月になって日本側が出資金七二二億円とローン一二五〇億円を放棄するとともに、清算金として一三〇〇億円をイラン側に支払う条件で合弁事業解消の合意が成立したが、この巨大プロジェクトの挫折は、日本企業に中東地域での事業が政治的リスクの伴うものであることをあらためて強く意識させることになった。

イラン・イラク戦争のタンカー戦争と石油施設攻撃

イラン・イラク戦争が始まった一九八〇年九月、イラク軍はイランのフーゼスターン州の広範な前線を構築しながら攻め込んでいった。イラク軍はホッラムシャフルに侵入したが、しかしアーバーダーンの重要な石油精製所を奪取することができなかった。八〇年一二月になると、イラク軍はイランの強力な抵抗に遭遇し、イラン領内に入った八〇キロから一二〇キロの地点で身動きができなくなった。革命後に創設されたイラン革命防衛隊は士気が高く、イラク軍を押し戻し、一九八二年にはホッラムシャフルを奪還した。同年後半には、イラクは占領したイラン領から撤退したが、イラン革命の指導者ホメイニはイラクに妥協せず、フセイン政権を打倒するまで戦争を継続する姿勢を貫いた。イラク軍も防御戦を固め、戦争はイラン・イラクの国境地帯、あるいはイラク領に少し入った地域で戦われるようになった。

戦争は膠着したが、イランは「バスィージュ（動員）」という少年の民兵組織による人海戦術を用いて、地上からの攻撃を行ったが、イラクの戦闘機による攻撃や砲撃などによって成功しなかった。両国とも大都市などへの空爆やミサイル攻撃を繰り返し、さらにペルシア湾岸を航行するタンカーを標的にし合うようになった。イランは、イラクだけでなく、イラクの戦争努力を支援するクウェートなど湾岸アラブ諸国のタンカーも攻撃するようになったが、これに対してアメリカや西側ヨーロッパ諸国はアジア、アメリカ、ヨーロッパなど世界への石油輸出を途絶えさせないために、軍艦をペルシア湾に派遣した。

一九八六年一一月に、レーガン政権が、国交を断絶し、反米主張を行うイランに対して武器を売却し、そこから得た資金でニカラグアの反政府勢力コントラを支援していたことが発覚すると、アメリカ国内を揺るがす大きな政治スキャンダルとなった。それを覆い隠す意図もあって、レーガンはイランに厳しい敵対的姿勢をとるようになった。アメリカの圧力を受けた湾岸のアラブ諸国もまたイランとの対決姿勢を見せていく。クウェートのタンカーは、星条旗を掲げてペルシア湾を航行するようになり、イランの国際的孤立は次第に明白になった。イランは、湾岸諸国の石油輸送の通過ルートとして重要なホルムズ海峡を封鎖すると威嚇し、革命防衛隊の小型戦闘ボートは自爆攻撃を含めてアラブ湾岸諸国のタンカーや欧米の戦艦を攻撃していった。

欧米諸国や、サウジアラビアなどアラブ湾岸諸国はイラクに支援を与え、イラクはアラブ諸国の石油の富で兵器を買いあさるようになり、イランの不利はだんだん明白なものとなった。イランのラフサンジャニ国会議長は、戦争遂行を断念することを考えていく。現実的な考えをする彼はイランの国際的孤立に懸念を感じていた。イラクは前線で化学兵器を本格的に使用するようになり、革命防衛隊も含めてイラン軍の兵士たちは大量に前線から後退していった。また、一九八八年三月にイラクがクルド人の居住するイラク・ハラブジャの町に化学兵器を使用して五〇〇〇人から六〇〇〇人を殺害したという情報がイラン側に伝えられると、イラン軍の士気はさらに低下していった。

イラン・イラク両国の相互のタンカー攻撃や石油施設への爆撃、パイプラインの破壊などによって両国の石油生産は大きく停滞することがあり、経済発展の大きな障害となった。イラクは、米ソ、湾岸のアラブ諸国などによって支援されたが、それに対してイランの側に立ったのはアラブ諸国ではシリアとリビアだった。シリア、リビアともサダム・フセインがアラブ世界において覇権を築くことを望まなかった。イランの悪化する経済、戦局がイラクで優位に立っていたこと、またバンダル・アッバースからドバイに向かっていたイラン航空六五五便が一九八八年七月三日に、アメリカ海軍のミサイル巡洋艦ヴィンセンスに撃墜されて二九〇人の乗客乗員全員が死亡するという事件が発生するなどイラン国内では厭戦ムードが広がり、イランは一九八八年八月に国連の停戦案を受け入れた。戦争は両国に一〇〇万人以上の戦死者を出して終結した。

その後、一九九〇年八月にイラクがクウェートを侵攻すると、国際的孤立を回避する目的もあって、イラクはイランとの国交を回復し、イランがイラクに出していた条件であるイラク軍のイラン領からの撤退、シャットル・アラブ川の主権を分割すること、また戦争捕虜の交換などをイラクが受け入れた。

一九八〇年代のイラン・イラク戦争中、日本はアメリカとは異なる独自外交を行い、敵国同士であったイランとイラクとの和平調停も行った。それは王政時代からのイランとの信頼関係も背景にするものであった。特にイラクは日本企業の投資先としては世界最大で、日本企業の戦争による損害を食い止めるためにも、戦争の早期終結は必要なことだった。イラン革命後アメリカのイランとの断交はあったものの、日本はイランから石油を買い続け、イラン・イラク戦争でイラク軍の石油施設破壊などによって日量一〇万バレルを割り込むことがあったものの、イラン・イラク戦争中に二〇万バレル台に回復し、戦後の一九八九年以降は三〇万から四〇万バレルの水準に達した。

一九八〇年代、レバノンではシーア派の民兵組織は欧米人ジャーナリストたちを人質にとって、アメリカなどに揺さぶりをかけ続け、自らの主張を訴えたり、また政治取引の材料としたりした。中には一〇年も囚われていたアメリカ人ジャーナリストもいた。日本は、アメリカ人ジャーナリストの解放にも、イランとの親密な関係から独自の解放交渉を行った。

当時、三宅和助中東アフリカ局長は日本独自の人質解放やレバノン和平の道を探っていた。一九八六年一二月の国会外務委員会で三宅氏は次の通り考えを述べている。

「実はラフサンジャニ議長が来られましたのは（一九八六年）七月の上旬でございまして、その時点のはるか前、すなわち半年も、相当前から日本は日本独自のイニシアチブで人質解放のための努力を日本なりにしてまいったわけでございます。これはいろいろな外交チャネルを通じまして安倍外務大臣、私あるいは大使のレベルでやってまいったわけでございます。これは決してアメリカからの要請に基づいたわけでございませんので、日本はイランとの間に非常に深い、最も有効なパイプを持っているということから、やはり西側諸国の人質が捕まっているということに対して人道的見地から日本はできるだけの努力をしようということで努力してまいったということで、米側の要請があったとかないとかいうことではまったくありません。実際問題として、アメリカから正式の要請はございませんでした」

他方、イラン・イラク戦争後、日本政府は、エネルギー安全保障の観点やまた対米関係からイラクとの良好な関係を築くことを目標としていた。イラン・イラク戦争が終わると、イラクはおよそ一兆円の負債を日本に負った。イラクには日本にイラクの戦後復興を協力してもらう必要があったので、日本への債務の返済には真剣にならざるを得なかった。日本の企業がイラクへの投資に躊躇していることが判明すると、イラク政府はその石油収入の四五%を日本に対する債務の返済に当てることを明らかにしたが、このこともまた日本のイラクからの原油購入に対する関心を高めるものだった。

湾岸危機・戦争の対応に苦慮した日本

良好に推移してきた日本・イラク関係であったが、一九九〇年八月にイラクによるクウェート侵攻が行われたため、両国は経済関係だけでなく、政治的関係も一挙に後退することになった。このクウェート侵攻を境にして、イラクと日本の関係は「友好」から「冷却」へと向かっていく。日本の政策は、アメリカのイラク封じ込め戦略と完全に一致していった。

イラクのクウェート侵攻は、冷戦終焉後の国際情勢の中で国際社会に驚きと衝撃を与えるものだったことは間違いない。八月二日にイラクがクウェートに侵攻すると同日、直ちに国連安保理はイラク軍のクウェートからの撤退を求める決議六六〇号を採択した。また、六日には国連安保理は、イラクと、イラクの占領下に置かれたクウェートの両国に対して輸入全面禁止、医薬品などを除く輸出禁止などを決定した。こうした国際社会の動きに呼応し、日本政府はイラクのクウェート侵攻に「遺憾の意」を表明し、イラク軍のクウェートからの即時撤退を求めた。また、イラク・クウェート間の問題が話し合いによって解決することを望むという声明を発表した。

イラクのクウェート侵攻に伴う湾岸危機によって、日本企業は、イラクから撤退した。サダム・フセイン政権は、日本企業関係者たちを、日本がアメリカの協力国であるという理由で、「人間の盾《たて》」としてイラクの発電所や軍事施設などに拘留した。「人間の盾」たちは、国際的な世論の圧力もあって釈放されたが、日本企業関係者がイラクから撤退する時、あるイラク人は「危機が回避されたらまたイラクに戻ってきてくれ。あなたたちは、欧米人とは違って我々を同等に扱ってくれた」と述べたという。それほど、イラクにおける対日感情には良好なものがあった。

イラクによるクウェート侵攻は、イラクとの友好関係を築こうとしていた日本政府に大きな失望感を与えることになったことは間違いない。日本の対中東政策は、「石油の確保と中東の安定への貢献」、さらに「アメリカとの同盟関係の枠組みの中で政策を立案する」という二つの基本がある。日本は、二〇〇三年のイラク戦争と同様に、湾岸戦争の際も、日米同盟の観点からアメリカの圧力によってその対応や方針を決定するという姿勢に終始し、主体性のある、独自の政策を展開することができなかった。こうした外交姿勢は、アメリカには「圧力」を行使すれば日本は意のままなるという印象を強く与えることになる。

日本は、クウェート危機が発生してから四週間後の八月二九日になって、多国籍軍への一〇億ドルの資金の拠出を決定するとともに、輸送、物資、医療、資金という四分野における協力の用意があることを発表する。しかし、アメリカ議会では日本側の対応が遅く、協力が不十分だとして、九月一二日に在日アメリカ軍の駐留費用を日本が負担しない場合、アメリカ軍が日本から段階的に撤退することを要求するという決議案も下院に提出された。

こうしたアメリカ議会の動きに慌てた日本政府は、九月一四日に多国籍軍への拠出金額を合計四〇億ドルに増加することを決定した。アメリカのソロモン国務次官補は、九月一九日にアメリカ議会下院の公聴会で、「経済大国で、世界でも主要なプレーヤーである日本は、ペルシア湾に死活的利益をもっているので、その貢献は目に見えるものでなければならない」と発言した。ソロモン次官補は、輸送や資金などでの日本政府の対応が余りに遅かったことに遺憾の意を表明している。また、「日本に決定を出させる唯一の方法は『日本叩き』だという印象がつくられた」とも発言した。

アメリカはまた日本に対して多国籍軍への輸送面での協力を要請していた。日本の自衛隊の航空機や船舶がペルシア湾に行くことを望んでいた。日本の支援が「鈍い」と判断したアメリカ議会では、日本のことを「ペーパー・アライ（紙の上での同盟）」などと表現する議員もいた。他方、日本では、クウェート危機の平和的解決を探る動きも出てきた。社会党の土井たか子委員長は、クウェートからのイラク軍の撤退を求めるために、イラクに赴きフセイン大統領と会談しようとした。

一九九一年一月一七日に湾岸戦争が始められると、アメリカは日本に対するさらなる貢献を求め、日本の国会では二月二八日に多国籍軍に対して九〇億ドルの追加支援法案が可決された。クウェートに侵攻したイラクに対する軍事行動である「砂漠の盾」作戦、また湾岸戦争の「砂漠の嵐」作戦でのアメリカ国防費の総額は六一〇億ドルと見積もられているが、そのうちの一三〇億ドルが日本によって支払われたことになる。クウェート、サウジアラビアを除けば第一位の経済的貢献だった。

アメリカは当時、日本に再三湾岸への自衛隊の派遣を迫ったが、日本の支援は資金援助に限定された。こうした日本の姿勢に対してアメリカからは、「金は出しても血は出さぬ」という批判も聞かれた。実際、多額の資金援助を行ったにもかかわらず、九一年二月末に行ったルイス・ハリス社による世論調査では、「クウェート危機への解決に日本は十分な貢献をしたとは思わない」という世論が七七％にものぼった。

湾岸戦争は、アメリカ軍五四万人を中心とする多国籍軍が一月一七日よりイラクに対する空爆を開始し、二月二四日には地上戦に突入し、二月二六日にクウェートを解放した。イラクは、国連安保理による停戦決議を受諾し、三月三日、停戦協定が成立した。戦争が終わると、アメリカは日本にペルシア湾における機雷の除去のために自衛隊の掃海艇の派遣を要請した。ペルシア湾に出入りする船舶は日本のものか、あるいは日本借用のものが多いこと、また自衛隊の機雷除去作業に定評があったことなどが、アメリカが日本に掃海艇の派遣を要請した根拠だった。社会党、公明党は、掃海艇の派遣は「自衛隊の海外派兵につながる」として反対した。こうした日本の貢献に対してもアメリカからは「少なすぎ、遅すぎ（too little, too late）」という声も聞かれた。

ペルシア湾岸への平和的関与に固執した日本の政治家

日本とパレスチナなどアラブ世界との交流に貢献した俳優で、参議院議員だった山口淑子さんは湾岸危機・湾岸戦争に関する回想で次のように語っている。

日本の政治家で「昭和の顔」といえば、まず思い浮かぶのは、後藤田正晴さんです。イラクで邦人人質事件が起きたとき、中東問題小委員会で駐日イラク大使をゲストに招いたんです。大使は自国の正当性をぶち上げる長広舌を延々。そうしたら後藤田先生、「あなたを招いたのは、早く人質を返してくれということなんだ。いつ返すんだ!」と一喝。カミソリのような鋭さに、向こうもタジタジとなってね。いま、後藤田さんのような骨のある政治家はいなくなりました。

これは、一九九〇年八月にイラクがクウェートを侵攻し、アメリカとの軍事的緊張が高まった時に、サダム・フセイン政権が日本人を含めて外国人の企業関係者たちをイラクの「ゲスト」として拘束した時のエピソードだ。

当時の日本政府は同様に人質をとられているアメリカやイギリから抜けがけするわけにはいかないと、日本独自にイラク政府と二国間で交渉する姿勢がなかった。駐イラク・日本大使の片倉邦雄氏（当時）は「東京のアクションは遅いし、人質解放の策がなく、ふがいなかった」と当時を振り返っている。

後藤田正晴氏も人質がなかなか解放されないことに政治家としていら立ちを感じていたのだろう。山口淑子氏が紹介したエピソードは後藤田氏の人柄をよく表している。

それ以前の一九八〇年代のイラン・イラク戦争の際にも後藤田氏は中曽根首相に湾岸での米軍への支援に自衛隊を派遣するように要請されたことに対して、「自衛隊が一発でも発砲すれば、戦争に巻き込まれる。憲法は戦争放棄と書いている。憲法に反するということはできない。アメリカが言うからってどうってことはない」と突き放した。後藤田官房長官は閣議に諮《はか》られても私はサインしませんと主張した。閣内が不一致ならば、内閣は総辞職である。中曽根首相はあきらめざるを得なかった。(「後藤田正晴ロングインタビュー」より)

シリアにまで米軍を派遣するトランプ政権の中東政策を見るにつけ、日本の政治家たちは後藤田氏の姿勢は教訓になるだろう。その意味では、二〇一七年一二月に国連安保理でアメリカがエルサレムをイスラエルの首都と認定することを否定する決議案に日本が賛成したのは好ましいことであった。

九〇年八月のイラク・サダム・フセイン政権のクウェート侵攻から翌年の湾岸戦争にかけてアメリカの先代ブッシュ政権から湾岸に自衛隊の派遣要請があった時、当時の後藤田正晴官房長官は「どんな立派な堤防でもアリが穴をあけたら、そこから水がちょろちょろ出ていずれ堤全体が崩れることになる。アリの一穴をやってはいけないよ」と語った。


「政治家がいつも考えなければならないのは、国家、国民の運命である。そのためには、不断に勉強していなければならないが、特に歴史の教訓、国家の興亡の歴史に学ぶことが大変重要なことではないかと思う」(後藤田正晴『政治とは何か』)

敗戦によって台湾で捕虜になった後藤田氏は日本が戦争で破滅していく過程を知っていて、戦前、軍部はなし崩し的に政治に介入し暴走していったが、その歴史の教訓を忘れてはならないと考えていたに違いない。日本の憲法は世界で最も戦争を行うアメリカの要求に対して「堤防」となってきたが、この堤防が崩壊すれば、日本はまたかつてのように戦争に参加する国になりかねない。湾岸戦争の時のようなアメリカの圧力は、イランとの緊張が高まればまたアメリカが日本にかけてくるかもしれないが、後藤田氏のようにアメリカの要求を拒絶するような胆力が日本の政治家や官僚たちには求められている。

イラク戦争――日本の反省

二〇一五年一一月に第一次ブッシュ政権時代の時代のラムズフェルド元国防長官に外国人叙勲では最高の旭日大綬章が与えられた。彼は、イラクのサダム・フセイン政権が大量破壊兵器を保有し、開発を続け、九・一一のテロの背景にフセイン政権の策動があると言ってイラク戦争を唱道した人物だったが、言うまでもなく、九・一一とフセイン政権は何の関係もない。

彼や、またウォルフォウィッツ元国防副長官は、イラクに対する軍事攻撃に固執するようになり、イラク反体制派に対する軍事的支援を強調した。これらブッシュ政権内部の「タカ派」の考えは、サダム・フセイン政権を軍事的に打倒し、イラクに民主的政府の樹立を行うというものだった。

しかし、イラクのフセイン政権を軍事的に打倒しても、大量破壊兵器は見つからず、イラク人は少なくとも、一〇万人余り（多い見積もりでは五〇万人、あるいは六〇万人）が犠牲となり、さらに現在でも「イスラム国」やシーア派民兵組織などの暴力が席巻している。アメリカがフセイン後につくったイラク政府は腐敗し、抑圧的できわめて評判が悪い。

ラムズフェルド元国防長官などタカ派高官たちは、イラクの反政府組織であり、ロンドンに拠点をもち、アフマド・チャラビーが率いる「イラク国民会議」に軍事訓練、武器、資金を与え、米軍の支援とともに、兵力四〇万人のイラク軍を敗北に導くことを考えた。アメリカ議会のタカ派は一九九〇年代にこの「イラク国民会議」に年間数億ドルの資金を与えていた。

チャラビーはシーア派の裕福な商人の家庭の出身で、一九五八年の革命で倒れたイラク王室にも近く、革命でイラクを離れた。チャラビーがブッシュ政権に提供した虚偽の情報は、ラムズフェルド国防長官やチェイニー副大統領などイラク戦争に前向きだったタカ派にはきわめて都合のよいものだった。ラムズフェルド国防長官は、チャラビーをフセイン後のイラクの元首に据えようともしていた。シーア派のチャラビーは、イラク新政権からスンニ派や元バアス党員たちを排除することに熱心で、イラク国内の宗派対立を煽り、根づかせていった。

ラムズフェルドなどが主導したイラク戦争は、国連安保理の決議に基づくものでなく、不当で、侵略的なものだった。国民和解にはほど遠く、イラク国内の亀裂を深めていった。ラムズフェルド国防長官は、イラク戦争に反対したドイツやフランスを「古いヨーロッパ」と批判し、「ブッシュ大統領は絶対に正しい」と発言したが、一五年六月六日、イギリス「タイムズ」紙とのインタビューで「イラクに戦争で民主主義を押しつけたのは誤りだった」とブッシュ政権の姿勢を批判し、また「欧米は過激主義に対処するための十分な備えがない」とも無責任な発言をした。

ラムズフェルド氏もが「誤りだった戦争」と認めるイラク戦争を真っ先に支持し、さらに勲章まで与えるのは日本政府の恥の上塗りのように見えた。アメリカのトランプ政権は再びイラン・イスラム共和国体制打倒のためにチャラビーのように、国内基盤のほとんどないムジャヒディン・ハルクを利用しようとしている。

イラク開戦時に国務長官であるコリン・パウエル氏はイラクのフセイン政権が大量破壊兵器を保有していると国連で演説したが、悔やんでも悔やみ切れない人生最大の汚点だと、二〇〇五年に回想している。二〇〇二年から二〇〇三年にかけてブレア首相もイラクがヨーロッパの脅威となる大量破壊兵器を保有していて四五分で配備可能と主張していた。二〇〇二年九月からサダム・フセインは核爆弾をもとうとしている、さらにイラクは化学兵器の使用方法をアルカイダに教え、ＶＸガスを保有していると訴えていたが、すべて虚偽であった。

二〇一四年五月二八日、国会答弁にて安倍首相は、「イラク戦争は大量破壊兵器をもっていないことを証明できなかったイラクが悪い」という発言をした。

「あの際にもですね、累次にわたる、いわば国連決議に違反したのは、イラクでありまして、大量破壊兵器があるにもかかわらずそれを証明しなかったのはイラクであったことは申し上げておきたいと思うわけであります。その上において申し上げればですね。つまり我が国と密接に関わりがあるかないかということが、これがまさに我が国の生存に関わりがあるかどうかということがですね、判断基準の中心に置かれるわけであります。そこで主体的に判断を行っていくということであります。当然、その中において正当性があるかないかということを検討していくことはあると、このようには思います」

(https://www.youtube.com/watch?v=xVJpfzkuzW8)

後半の部分は特に意味不明だが、しかし、二〇一六年三月安倍首相は学校法人「森友学園」の国有地売却問題で、証人喚問された籠池泰典氏の「昭恵夫人から一〇〇万円の寄付を受けた」とする証言について、安倍首相は一六年三月二八日の参院決算委員会で、「寄付していないのは証明しようがない。いわば悪魔の証明だ。籠池氏らが出したものが検証されるべきだ」とイラク戦争の時と真逆なことを述べている。

イラク戦争を支持したのは日本の「識者」たちも同様であった。池内恵アジア経済研究所研究員(当時)は「イラク〝対テロ〟戦争に不戦敗は許されない」(「諸君!」二〇〇四年一月号)の中で、「大量破壊兵器の開発・隠匿」に関しては戦後の調査で発見できていないが、しかしこのことを問題視する声はイラク国内からあまり聞かれないのであると根拠が希薄なことを述べている。一九九〇年代の経済制裁や査察はイラクの大量破壊兵器に対して行われ、イラク人は経済的にも苦しい生活を余儀なくされ、米英の「言いがかり」には国内で相当な反発があったことは想像に難くない。また、「今回のイラク戦争に対する反対が最も少ない国はイラクであるといってよい」と池内氏は言うが、しかし一九九一年の湾岸戦争では、アメリカなどの空爆で四五万人のイラク人が犠牲になったという見積もりもあるイラク人が戦争に反対していなかったとはまったく思えない。

イラク戦争を支持した小泉純一郎首相、川口順子《よりこ》外相、高村《こうむら》正彦元外相などはサダム・フセインばかりに目が向いていたに違いない。サダム・フセインの背後には彼の政治的判断とは何の関係もない、また何の罪もない、多くの市井《しせい》の人々が暮らしていた。「イスラム国（ＩＳ）」による蛮行は許容しがたいものだったが、しかし、イラク人には、家族や親族が米軍などの攻撃で犠牲になったおびただしい人々がいて、米軍やアメリカがつくったイラク政府に怨念を抱いている。イラク戦争の直前、国連安保理で日本の原口幸市国連大使は、国連による査察の有効性を疑問視し、その停止までも唱え、恥ずかしい姿をさらした。多くのイラク人たちがフセイン政権による大量破壊兵器の保有などという米英などの勝手な言いがかりで殺されたにもかかわらず、イラク開戦時に日本政府は「戦争を許さない努力」を払うどころか、戦争を支援し、無意味な戦争によって多大な犠牲が出たイラク国民に謝罪の意を表明することもなかった。

福田康夫元首相は日本独自の情報をもっていなかったことが米英の虚偽の情報に振り回されることになったと回想しているが、アメリカとイランの緊張が高まる中で日本はイラク戦争の失敗を繰り返さず、その教訓を活かしたい。

ケネス・ルオフ・ポートランド州立大学教授（日本史研究）は、日本の日露戦争の勝利が東アジアを世界の新たな舞台に登場させ、その勝利が人種、文化、宗教（キリスト教）に基づく国際システムの土台を揺るがし、近代化が欧米だけでなく、世界に共有されるものであることを示したと説いている。日本が非白人、非キリスト教徒の国でありながら、その魂を売ることなく、近代化を遂げられることを示したことをルオフ教授は強調している。

(http://psuvanguard.com/lecture-examines-19th-century-relationship-between-middle-east-and-asia/)

中東研究者の酒井啓子氏は著名な左派系のエジプト人学者たちから「欧米に抗することでかつてアジアのヒーローになろうとした日本が、第二次世界大戦を反省するなら、中国や韓国やアジア諸国と対立するのではなく、それらと『共闘』して欧米への代替案を提示する方向で反省するのが筋じゃないのか」と言われたことがあるそうだ。パリ協定からの離脱、イスラム系移民・難民禁止の大統領令など奇矯な行動をするトランプ政権に親密な姿勢を強調するのでは世界から評価される日本にはならない。

ソフトパワーで中東イスラム地域に貢献してきた日本

漫画家の手塚治虫氏の「リボンの騎士」のアニメにはアラビア語版もある。「リボンの騎士」の主人公のサファイアは強さと弱さを合わせもち、自らの暗殺を図った男の手当てをするなど優しい性格も見せる。二〇一一年七月三〇日に「BuzzFeed」に「ムスリムの女の子には、少女マンガは超衝撃的」という記事がアップされた。漫画家で画家の田村吉康氏は、二〇一六年にモロッコを訪問した様子をツイートしたが、「弱点をもったキャラクターこそが日本のマンガの特徴」と語る。弱点をもったキャラクターの周囲の人々に支えられて成長していく姿がモロッコなどイスラム世界の若い女性たちの心をとらえるようだ。田村氏は「日本のマンガが、貧しい国々や、文化的に恵まれない立場の子供たちに希望を与え、勉強への意欲をもたせ、異文化に触れる窓口になる」可能性を指摘する。

(https://www.buzzfeed.com/jp/yuikashima/yoshiyasu-tamura?utm_term=.ekaZYKQ6o#.ivpX2Lo3)

「手塚にとって正義とは、さまざまな異質の集団同士の衝突と対立を、戦争や暴力によらず相互の理解によって平和的に解決することであった。それは生きとし生けるものすべての『生命の尊厳』を最優先にした思想であり、極めて理想主義的であった」(水野雅士『手塚治虫とコナン・ドイル』五二頁)

こうした手塚治虫の理想に接すると、彼の作品は紛争や暴力の混迷の中にある現代の中東イスラム世界にも一つの解を与えることになる。

相互扶助や正義、平和を描く日本の漫画はイスラムの原点を確認させることにもなっている。また、漫画を通じて日本の社会や文化、女性の心情を伝えることは、イスラム世界の人々に生きる知恵や社会発展への教訓を与えることにもなるだろう。漫画が日本の良好なイメージを築くのであれば、日本人の安全にも寄与することになる。

アメリカとの戦争に敗れ、国土が荒廃しながらも、不死鳥のように実現した日本の戦後の経済発展はイスラム世界で広く敬意をもたれているが、それは日本が平和であったからこそ可能であったとエジプト・カイロ大学日本文学科教授のマーヒル・エルシリビーニー氏は語る。彼もまた中沢啓治氏の漫画「はだしのゲン」をアラビア語に自ら訳すことによって、アラブ世界に平和の尊さを訴えたいと語っている。

トルコの古都ブルサで発行されるトルコ・日本友好ジャーナル「ＳＡＫＵＲＡ」に、ブルサで二〇一七年一〇月に行われた折り紙コンテストが紹介されていた。二〇一八年五月に放映された日本テレビ「news every.」によれば、トルコでは折り紙に関するテレビ番組が毎日放送されているそうだ。一七年は折り紙専門の雑誌も誕生し、二カ月に一回、二万部が発行されるというから折り紙への関心が高いことがうかがえる。平面から立体に形が変わるのが面白いとか、新たな発想が生まれて幸せな気分になれるなどトルコの人々の声が紹介されていた。

中国新聞（二〇一五年九月七日付）には、中国新聞のジュニア・ライターたちが、トルコ・イスタンブールで行われた「佐々木禎子と千羽鶴プロジェクト」に参加したトルコの子どもたちとインターネットのテレビ電話で平和についての考えを交換した。トルコの六人の少女たちは、二歳の時に被爆し、原爆症にかかりながら「千羽折ったら元気になる」と願い折り鶴をつくり続け、一二歳で亡くなった佐々木禎子さんのエピソードに「禎子さんの話を聞いてすごく悲しかったが、広島の皆さんや、戦争で苦しんでいる世界中の子どもたちのために参加できて喜んでいる」と千羽鶴の制作に関わった感想を述べている。

トルコの詩人ナーズム・ヒクメット（一九〇一～六三年）は佐々木禎子さんの物語に影響を受けて広島の原爆投下を題材にする「女の子」を詠んだ（日本では「死んだ女の子」のタイトルもある）。

この詩に感銘した日本の女性たち四人とナーズム・ヒクメットの間で一九六〇年に交換された書簡が二〇一七年、ヒクメット没後五四年目にして公開された。ある女性は手紙に「『女の子』の詩に心を打たれない人は誰もいません。この詩をいつ声に出して読んでも涙で胸が張り裂けそうな思いにさせられます。心はつらく悲しい気持ちでいっぱいです。広島を忘れてはいけないことを、人々に叫びながら訴えていかなければならないと感じています」と綴り、ヒクメットは、「わたしの『女の子』に命を吹きかけてくれた日本人女性のみなさんに心から感謝します」と返事をした。

死んだ女の子　ナーズム・ヒクメット（飯塚広訳）

扉をたたくのはあたし　あなたの胸に響くでしょう
小さな声が聞こえるでしょう
あたしの姿は見えないの

十年前の夏の朝　私は広島で死んだ
そのまま六つの女の子
いつまでたっても六つなの

あたしの髪に火がついて　目と手が焼けてしまったの
あたしは冷たい灰になり
風で遠くへ飛び散った

あたしは何にもいらないの　誰にも抱いてもらえないの
紙切れのように燃えた子は
おいしいお菓子も食べられない

扉をたたくのはあたし　みんなが笑って暮らせるよう
おいしいお菓子を食べられるよう
署名をどうぞして下さい

気骨ある日本人たちの援助活動

中田正一氏（一九〇六～一九九一年）は「飢えと渇きに苦しむ人々に最も必要な命の糧《かて》は水だ！」と考え、

日本の伝統的な手掘りの井戸で世界の困窮する人々に命の糧を与えようとした。中田氏は戦後、農林省に入省し、一九六三年にアフガニスタンに派遣されて農業指導に取り組み、農業技術カリキュラムを小・中学校に普及することに貢献した。一九六七年に農業を中心とした国際協力を行う人材を育てることを目標に「国際協力会」(後の「風の学校」)を設立し、自らの志を将来の世代に伝えることを考える。

一九七四年に農林省を退職し、一九七五年に独立してから間もないバングラデシュに農業支援のチームの指導者として赴任した。これはバングラデシュ政府の要請によって日本政府が派遣したものだが、中田氏は砂防や飼料に適したイピルイピルの木を植林し、その普及に成功した。

中田氏は、伝承される古式の井戸掘り技術である「上総掘り」を中心に、風車や揚水《ようすい》技術などの生活基盤の整備技術と農業技術を世界各地に伝えようとした。モノやカネに頼らず、現地の人々と協力して危機を乗り越えようとし、物資がない発展途上国でも応用できる技術の教化や難民などの困難な生活状態の改善に努めた。

最初の海外での活動の地であるアフガニスタンには愛着があったようで、ソ連軍が撤退した一九八九年にモンゴル系のハザラ人に扮して三度潜入を試みて失敗したこともあったが、一九九一年にアフガニスタンでの農業支援から帰国した後、脳腫瘍に倒れて他界した。

「愛の反対は憎しみではなく無関心。自分さえ豊かに生活できれば、他はどうであろうと一切無関心、飽食を重ねて、マネーゲームに興じる時代。これは一番悪い社会だと思う」――中田正一二〇一八年五月、建設技術者などで構成される土木学会がアフガニスタンで長年にわたって灌漑《かんがい》事業に取り組む中村哲医師に、日本の治水技術で砂漠の緑化や農業生産の向上に貢献したとして土木学会技術賞を贈ることになった。

中村医師が緑化した地域には記念公園があるが、美しいバラが咲き乱れているという。中村医師は「アフガン人は無類の花好きで、わけてもバラは花の王者だ」と語る。（「西日本新聞」一八年五月一九日）

アフガニスタンではケシ栽培に代わって農民たちにバラの栽培を勧める動きもある。アブドゥッラー・アルサラーンさんはアフガニスタン東部のナンガルハール州で、二〇〇〇人を雇用するバラ園を経営し、バラ油（ローズオイル）からバラの香水を製造し、その製品はドイツ、フランス、カナダなどに輸出されている。（「アラブ・ニュース」一八年五月四日）

アフガニスタンの政治研究で著名なバーネット・ルービン氏（ニューヨーク大学国際協力センター長）は、ツイッターで（一八年五月二四日）、アフガニスタン・ナンガルハール州のバラでつくられるバラの香水を購入することを呼びかけている。（https://twitter.com/BRRubin/status/999306300499652610）

その香水の名前も「ピース・ブレンド・ボックス」で、こうした取り組みの一つひとつがアフガニスタンの平和創造、さらにはその周辺地域の安定に貢献するものである。

イスラムの人々と日本の核兵器禁止条約交渉への不参加

二〇一七年のノーベル平和賞は、核兵器の非合法化と廃絶を目指す国際ＮＧＯで、今年の核兵器禁止条約成立に貢献した「核兵器廃絶国際キャンペーン」（ＩＣＡＮ）に授与すると発表した。

ＩＣＡＮは二〇〇七年にウィーンで発足し、スイスのジュネーブとオーストラリアのメルボルンに事務所がある。核兵器禁止条約を求める国際世論を高めたりするためのメディアやネットを使ったキャンペーンに尽力してきた。日本の「ピースボート」のパートナー団体だ。

一七年七月七日、国連で核兵器禁止条約は採択されたが、この条約は「核兵器のない世界」を目指し、核兵器の使用や開発、実験、生産、製造、保有や、「使用するとの威嚇」も禁止された。

日本は交渉には核軍縮での協力が不可欠な核兵器保有国が加わっておらず、日本が建設的かつ誠実に参加することは困難という理由で、核兵器禁止条約に関する会議に参加しなかった。一〇〇カ国以上の国々が核兵器禁止条約に賛成したが、交渉に不参加の日本政府の姿勢は犠牲になった人たちも含めて被爆者の痛みや、ノーベル平和賞がＩＣＡＮに与えられたような世界の趨勢《すうせい》を意識していないかのようだ。日本原水爆被害者団体協議会の藤森俊希事務局次長は「このままでは建設的なことはできないので出ないという発言は、唯一の戦争被爆国の政府が言うことではない」と日本政府の姿勢を強く批判した。（「毎日新聞」）

岸田外相（当時）は、二〇一六年一〇月に「唯一の被爆国として核兵器国、非核兵器国の協力を重視する立場から主張すべきことはしっかりと主張したい」と述べていたが、それを覆したわけである。

この変節の背景には北朝鮮の核兵器の脅威が増したと現政権が感ずることと、世界一の核大国を目指すと明言するトランプ政権のアメリカへの配慮があるのだろうが、一〇〇カ国以上の国々が交渉に参加する中での日本政府の姿勢は犠牲になった人たちも含めて被爆者の痛みや、非核化に向けた世界の傾向を意識していないかのようだ。

安倍首相は核兵器禁止条約について、一七年八月九日の「長崎原爆の日」にあらためて批准、署名する気はないと明言した。核兵器でもって日本の安全を高めるという考えは安倍政権も掲げる非核三原則（「核兵器をもたず、つくらず、もちこませず」という三つの原則）と矛盾するものだ。核兵器禁止条約に署名しない安倍首相に対して、長崎県平和運動センター被爆者連絡協議会の川野浩一議長は首相に要望書を渡す前に「あなたはどこの国の総理ですか。私たちをあなたは見捨てるのですか」と強い口調で語った。要望書には「（条約採択の場に）唯一の戦争被爆国である我が国の代表の姿が見えなかったことは極めて残念です。私たち長崎の被爆者は満腔《まんこう》の怒りを込め、政府に対し強く抗議します」と書かれてある。（朝日新聞、一七年八月九日）

同年八月九日の平和式典で長崎市の田上《たうえ》富久市長は、「安全保障上、核兵器が必要だと言い続けるかぎり核の脅威は無くなりません。核兵器によって国を守ろうとする政策を見直してください」と述べている。唯一の被爆国としての立場を、北朝鮮の核問題を平和的に解決する姿勢を継続的に、積極的にアピールしたらどうか。アメリカの核の傘にいることを強調するよりも世界の圧倒的多数の国々に好感をもたれると思う。被爆国・日本への共感は中東イスラム世界をはじめ世界の多くの国々に共有されるのは次の数々のエピソードでも明らかである。

クウェート大学は湾岸戦争後に「平和の鳥プロジェクト」を起ち上げ、イラク軍の侵攻によって傷ついた子どもたちの心をいやし、平和の尊さを教えるために学校で「サダコと折り鶴の物語」を教えるようになったが、禎子さんの話を聞いたクウェートの子どもたちは近隣のバーレーンにも出向いて彼女のストーリーを語ったこともある。

二〇一二年七月のパレスチナ自治政府のアラファト議長を追悼する記事では、アラファトの死でパレスチナ人は阻喪《そそう》などしない、広島は不正や罪が起こったことを世界の人々が熟考の対象とする聖地となっている。アメリカ、イスラエルよ、広島の人々は生き残り、楽観的に希望をもって暮らしていることを知れ、と述べている。

(http://worldmeets.us/alhayataljadeeda000019.shtml#axzz4or0ftL31)

一七年四月末に「毎日新聞」地方版で広島県廿日市市《はつかいち》の市民団体「日本シリア連帯協会」のアブドゥーラ・バセム氏（シリア人）は、「（シリアが）復興段階に入った時には、私は日本とシリアの懸け橋になりたい。建設技術に加え、両国の言葉や文化が分かります。日本の業者を連れてシリアの復旧に関わりたい。一度なくなった街でも、みんなが力を合わせたら再建できることを私はヒロシマから学びました。日本政府にも市民にも支援を期待したいです」と語っている。（「毎日新聞」二〇一七年四月二九日・地方版）

一七年六月二九日、広島市のＮＰＯ「モースト」のメンバーたちが一九八〇年代のイラン・イラク戦争中に化学兵器の攻撃を受けたイラン北西部のサルダシュトで化学兵器の犠牲となった人々の追悼を行った。イラン人の音楽家ナズリさんが墓地で「さくらさくら」を演奏し、モースト理事長の津谷静子さんが持参した折り鶴を犠牲者の墓に手向けた。化学兵器の被害を受け、追悼式に参加したイラン人のチサンさんは、「モーストの支援によって笑顔を取り戻すことができた」と語ったが、モーストは二〇〇四年からイランの化学兵器被害者のイラン人に対して医療支援を行い、広島に招待する活動を行ってきた。

フランスは一九六〇年代にアルジェリアのサハラ砂漠で核実験を繰り返し、きのこ雲の中に戦闘機を突入させたり、また実験後兵士たちを爆心地に進めさせたりするなど、核戦争を想定した訓練も行った。このフランスのアルジェリアでの核実験に最初に反対の声を上げたのは日本政府であった。日本の地理学者の小堀巖氏は、一九六一年にアルジェリアを訪問した時の体験を左のように語っている。

「一九六一年秋、サハラのオアシスで、出来たばかりのソニーのトランジスタ・ラジオで受信したＮＨＫの短波放送からは、東京外国語大学にアラビア語学科が新設されたというニュースが伝えられてきた。それを聞いたアルジェリアの友人は、我がことのように喜んだものである。一九六〇年にフランスがレガンヌで原爆実験を始めた時は、最初に抗議したのは日本政府であったが、そのことを彼はよく知っており、私まで感謝された」

(http://www.japan-algeria-center.jp/andalg/jp/)

アラブ首長国連邦（ＵＡＥ）の王族で、慈善団体の事務総長を務めたアブドゥル・アズィーズ氏は二〇一二年に広島を訪問した際に、平和記念公園内の国立広島原爆死没者追悼平和祈念館で被爆者の男性と会い、「平和をもたらすのは軍事力ではない。被爆体験を世界中の若者に知ってほしい」と語った。（「広島平和メディアセンター」の記事より）

トランプ政権は三〇年間で一兆二〇〇〇億ドルを超える核兵器の近代化と維持を行うつもりでいる。日本はトランプ政権の核の傘に入るよりは、核軍縮や廃絶に向けて努力する姿勢をアピールしたほうが中東イスラム世界をはじめ国際社会における日本の国家イメージをアップすることになることは間違いない。

日本の国際法尊重の伝統

国際法破りのトランプ大統領とは異なって日本には国際法を順守する姿勢や伝統があった。

墨田区にある東京都復興記念館には有島生馬（日本の画家、有島武郎の弟で、里見弴の兄：一八八二〜一九七四年）が関東大震災（一九二三年九月一日）を描いた絵画が展示されている。東京の被災した様子を視察する白い海軍服の山本権兵衛首相の傍らに立っている欧米人は、駐日ベルギー大使バッソンピエール男爵で、有島生馬の姪の皎子《きょうこ》の頭をその心情に気遣うように撫でているような様子だ。

第一次世界大戦の開戦時にベルギーは永世中立国であったが、ドイツの参謀本部はシュリーフェン・プランを発動し、一九一四年八月四日にベルギーに侵攻していった。シュリーフェン・プランは一九〇五年にドイツ陸軍参謀総長のシュリーフェンが立案したもので、動員・兵站《へいたん》能力が弱いロシアとの東部戦線は全兵力の八分の一ぐらいでその前進を阻んでおき、西のフランスとの戦いではフランス軍と正面で衝突する兵力とベルギーから侵攻する兵力によってフランス軍を挟撃して、約六週間でフランス軍を制圧して、その後主力をロシアとの戦線に投入するというものだった。しかし、ドイツの思惑のように戦局は展開せず、一九一八年一一月まで戦争が継続したのは周知の通りである。

ベルギーのアルベール1世は徹底抗戦の姿勢を見せたが、このベルギーに対して日本では、朝日新聞社長の村山龍平が「中立を蹂躙《じゅうりん》せられ国歩艱難を極めつつも親しく陣中に在はして将卒と共に惨苦を嘗め給へる白耳義（ベルギー）皇帝アルバート陛下の勇武を欣仰《きんぎょう》」（大正三年一一月七日付大阪朝日新聞）と書き、これを契機に日本国内のメディアではベルギーへの支援活動がいっせいに展開されていった。ドイツは大戦中ベルギー国内の蔵書三〇万冊を焼失させてしまったが、日本をはじめとして国際連盟の加盟国を中心に、大学図書館の復興事業が展開され、日本では東京帝大の図書館学の和田萬吉教授らが中心になって蔵書の復興支援を行った。

こうした二国間関係を踏まえて関東大震災に際してベルギーでは、関東大震災直後の九月五日に「日本人救済ベルギー国内委員会」が結成されてチャリティー音楽会やバザーなどが行われ、約二六四万二〇〇〇フランの義援金を日本に贈ったが、これはアメリカ、イギリスに次いで第三位の額であった。

第一次世界大戦における日本のベルギー支援は、ドイツが永世中立国を軍事的に踏みにじったことに対する日本人の義憤の感情があっただろうが、最近の国際情勢、アメリカのトランプ政権のように国際法を平気で侵害する行為が多過ぎる。国際法は、政治的正当性を競う基準であり、それを蹂躙することは、その国のイメージまで大いに損なうことになり、決して国益にならない。

対イラン政策で日本に同調を求めるトランプ政権と国際法順守を求める日本

二〇一八年六月一九日、来日したアメリカ国務省アンドリュー・ピーク次官補代理はＪＮＮのインタビューに応じ、日本政府や経済界がイランへの投資を抑制するように呼びかけた。ピーク次官補代理は次のように述べている。

「イランの財政状況は不透明ですし、経済は、国家および各地でテロを支援している革命防衛隊が支配しています。そして、アメリカの制裁も行われます」

(http://news.tbs.co.jp/newseye/tbs_newseye3400576.htm?1529582710993)

革命防衛隊がテロを支援しているというのは事実に反するだろう。革命防衛隊は、イラクで実質的に米軍とともに、ＩＳと戦闘を行い、その支配地を奪還するのに功績があり、アメリカの「テロとの戦い」にも貢献した。

トランプ政権の特異なイラン政策に同調しないからといって日米関係がまったく損なわれるということ

はないだろう。日本に求められるのはその「顔」が見える外交である。

イスラエルのネタニヤフ首相は、一八年五月四日、「(五月二日に行われた)安倍首相の訪問について何かメディアで見たかい？　何にもない！」とイスラエルのメディアが安倍首相の訪問を無視したとフェイスブックに書き込んだ。

ネタニヤフ首相の書き込みとは異なってイスラエルのメディアでは安倍首相の訪問は五六の記事、全国紙では三八の記事が現れた。実際は、ネタニヤフ首相は会談後の記者会見の機会を設けなかったが、意図的に安倍首相の訪問を記事にさせようとしなかったのはネタニヤフ首相のほうで、こちらのほうが外交的欠礼に相当するだろう。ネタニヤフ首相にとっては安倍首相の訪問は決して快いものではなかったことは明らかだ。安倍首相はイスラエルとパレスチナの二国家共存を説いたし、日本大使館をエルサレムに移転する意図がないことを明らかにするとともに、占領地における入植地建設の抑制までも説いた。

イスラエルのメディアでは、ネタニヤフ首相にはフェイクニュースを自身のSNSで流し、自らが犠牲になっていることを強調したい傾向があると主張する見解もある。ネタニヤフ首相は、イスラエルのアラブ人サッカーチームの「ブネイ・サフニーン」が一八年四月末に発生した大洪水の犠牲者に対する黙とうに敬意を示さなかったとSNSに書き込んだが、自ら恥じたのか、削除してしまった。

虚偽の主張をする政治家たちによって世界が不安定に向かうことが懸念される。日本は彼らのメンタリティーにふりまわされることなく、公正を求める国際社会の声を背景に正々堂々と不合理には批判の声を上げたらいい。

レーガン政権の制裁に怒ったサッチャー首相と脱トランプ外交への提言

二〇一八年七月三日の日経新聞の社説に「イラン原油の禁輸回避を連携して探れ」という記事が載った。トランプ大統領が、原油価格が高すぎると産油国を批判するものの、価格高を招いたのはトランプ政権のイラン石油の輸出制限に対する懸念だと、トランプ政権の政策矛盾を同記事は指摘している。また、日本は欧州、中国と足並みを揃えて、イランから石油を購入した国に対するアメリカの制裁の回避策を探り、イランを核合意に留めておくように主張した。

イランの石油を多く輸入する国は、インドや韓国も同様であり、これらの国との協議も重要であろう。欧州諸国は中東でのさらなる混乱は難民のいっそうの流入などその安全保障にも深刻な影響を及ぼしかねない。

アメリカはレーガン政権時代にソ連からヨーロッパに向けてガスを輸出するパイプライン事業に協力を行った企業に対して罰金など制裁を科すことを明らかにした。これは、現在のトランプ政権のイランと取引を行った企業をアメリカの市場から締め出すという二次制裁と同様であり、他国の主権を侵害するものだ。いまのイラン石油と同様に、ソ連からのガスは、ヨーロッパのエネルギー事情にとっては重要な事業であった。レーガン政権の同盟国への制裁に特に怒ったのは、レーガン大統領と親密な関係にあったイギリスのサッチャー首相であり、一九八二年八月末にソ連のパイプライン建設にパーツを供給しようとしていたイギリスの二企業に対してレーガン政権の制裁を無視することを促した。

イギリスがアメリカの最も強固な同盟国であるという自負があったサッチャー首相は、レーガン政権の主権を侵害する措置に対して「激怒」(outraged) したという。フランス、イタリア、西ドイツもレーガン政権の制裁を無視する方針をとった。結局レーガン政権も、同盟国の意向を無視できなくなり、パイプラインに関する外国企業への制裁を八二年一一月に撤回せざるをえなくなった。このパイプラインをめぐる軋轢があってもサッチャー首相とレーガン大統領の「信頼関係」は揺らぐことがなかった。

日本政府に必要なのは、レーガン政権の制裁を無効にしたヨーロッパ諸国のように、アメリカとの一時的な対立が生じても、アメリカの不当な圧力をはね返す国際的協調の環境をつくりだす努力だろう。

イラン核合意を否定したアメリカの政治勢力は、二〇〇三年のイラク戦争を唱道したシンクタンク、圧力団体、メディアなどで、「アメリカ企業研究所」「民主主義防衛財団」「ワシントン近東政策研究所」などのシンクタンクが中心にいて、イスラエルのネタニヤフ政権のタカ派的意向を代弁している。アメリカの中東政策は、イスラエル、軍需産業、石油などの圧力団体の影響力によって方向づけられ、国際社会でも「特殊」だ。

京都大学の中西寛氏は、「日本の湾岸戦争での『貢献』が世界的には評価が低く、日本外交の威信が低下したことは否めない」と書いているが、この場合の「世界的には」は「アメリカからの」と置き換えたほうがわかりやすい。

(http://www.nippon.com/ja/features/c00202/)

そしてこの湾岸戦争の際の「トラウマ」が安倍首相を含めて現在の安保法制を進める論者たちの主張の背景になっているが、湾岸戦争への協力が主に資金面に限られていたことについては中東イスラム世界では武力攻撃に参加しなかった日本として評価されていた。

二〇一五年六月の衆議院憲法審査委員会で、与党が参考人として呼んだ長谷部恭男・早大教授は従来の政府解釈が個別的自衛権のみを認めてきた点を踏まえて「(閣議決定は)どこまで武力行使が許されるのかも不明確で、立憲主義にもとる。『他衛』まで憲法が認めているという議論を支えるのは難しい」と明言した。

「戦争というものはいつでも、なかなかきそうな気はしないんですよね。人間は心情的には常に平和的なんだから。しかし国家は心情で動いているのではない。戦争が起きた時にはもう間に合わないわけだ。強行採決につぐ強行採決、……今の政府のやり方を見ていると、いつどういうことが行われるかわからない。権力はいつも忍び足でやってくるのです。」(大岡昇平『戦争』岩波現代文庫)

(http://38300902.at.webry.info/201305/article_58.html)

二〇一七年一一月六日、トランプ大統領は日米首脳会談で、日本がアメリカから多くの軍事装備品(実際は兵器だが)を購入すれば、「アメリカに多くの雇用が生まれ、日本がもっと安全になる。アメリカは世界でベストな軍事装備品を製造している」と語った。これだけ露骨に武器のセールスを誇り、アメリカの軍産複合体的体質を国際社会に明らかにする大統領は初めてだろう。

航空自衛隊のF15やF4戦闘機、地対空誘導弾PAC3、海上自衛隊のP3C哨戒機などなどは日本国内でライセンス生産を行っているが、日本のF15は改良によって性能を向上させ、米軍のF15よりも性能に秀でているとされている。

トランプ大統領は「サムライの国」の日本がなぜ北朝鮮のミサイルを撃ち落とさないか、理解できないと語ったことがあるが、一七年一一月五日付の「テレスール」(中南米全体を対象とするテレビ局)は日本の自衛隊が迎撃ミサイルを発射しなかったのは、日本に着弾する可能性がなかったこと、また空中で撃ち落とすことが非常に困難であるからだと指摘している。

トランプ大統領は一一月二日のフォックス・ニューズとのインタビューで、中国や韓国が北朝鮮を放置すれば、これらの国は「サムライ国家」日本と大きな問題を抱えることになると述べている。つまり、アメリカが日本に多くの兵器を売却し、日本がアジアの軍事大国になるということを言いたいのだろう。トランプ政権による武器移転が中東情勢をいっそう不安定にする懸念があることは言うまでもない。サウジアラビアはイランやカタールと対立し、中東の緊張はアメリカの武器セールスにとって都合よく機能している。私たちが住む東アジアもそうしたアメリカの思惑の中にあることに留意しなければならない。

イラン核合意を支持しないのは、G7の中でもアメリカだけだから核合意を支持する日本の意思を貫徹するのも困難ではない。イランでの日本に対する感情は良好なのだから、日本はその資産をさらに発展させるべきだ。

日本の首相のイラン訪問は一九七八年九月の福田赳夫首相が最後で、イラン革命後に首相のイラン訪問がなかったのは、イランとアメリカの外交関係が断絶されたことなど、日米関係に配慮してのものだろう。イラン問題で孤立しているのはアメリカのトランプ政権やイスラエル、サウジアラビアなのだから日本の首相はイランに乗り込んで核合意支持を明言し、また国連安保理常任理事国入りを目標にしているのだから国際社会を日本が政治的にもリードしている姿勢を見せてもよいだろう。

第八章

パレスチナの現実
――本当の平和とは何か

トランプ政権は、ジャレッド・クシュナー上級顧問が国連パレスチナ難民救済事業機関（UNRWA）の解体を視野に入れるなどパレスチナ人が置かれた苦境の改善に注意を払っているようには到底思えない。国際社会はパレスチナ問題の二国家共存を唱えてきたが、トランプ大統領は就任早々の二〇一七年二月にイスラエルのネタニヤフ首相と会談し、「わたしは二つの国家と一つの国家（という考え）の双方に目を向けている」と発言した。パレスチナ国家の創設を認めてこなかったネタニヤフ首相にとって望ましいのはイスラエル主導による「一国家」のほうだが、イスラエルは二〇一八年七月に、イスラエルはユダヤ人の国家であるという「国民国家法」を成立させたので、一国家ということになれば、ヨルダン川西岸やガザに住むパレスチナ人たちは「二級市民」となり、西岸におけるイスラエルの入植地建設は「合法化」されいっそう進むことだろう。いよいよ過酷になるパレスチナの現実を紹介し、それに同情する国際社会の声を紹介し、ここでも日本のあるべきパレスチナ問題への関与を考えてみたい。

トランプ政権のパレスチナ政策とパレスチナ人の過酷な生活状態

トランプ政権でイスラエル・パレスチナの和平交渉を行っているのは、イスラエルとビジネス経験があるトランプ大統領の娘婿のジャレッド・クシュナー上級顧問、また長年イスラエルと親しい関係を築いてきた弁護士出身のデヴィッド・フリードマン駐イスラエル大使で、この政権の下で公平な交渉が行われていくかは大変疑わしい。イスラエルのネタニヤフ首相は、アメリカの大使館がエルサレムに移転されることで、パレスチナ人たちがエルサレムを将来の首都とする考えを放棄することになると考えてきた。

現在、パレスチナ自治政府は西岸の一八％弱を行政権と警察権をもって支配しているに過ぎず、西岸と東エルサレムのイスラエル人入植者は四〇万人に近い。イスラエルは占領地の東エルサレムの八六％を支配し、東エルサレムには二〇万人のイスラエル人入植者が住み、そのうちの二〇〇〇人はイスラエル軍に守られながらパレスチナ人たちに隣接するように暮らしている。

人口八六八万人のイスラエルは、世界で一六番目の軍事力をもち、二〇一七年にはＧＤＰは世界で第三二位であった（ＩＭＦ）。イスラエル政治は二〇〇〇年代から右傾化していったが、それはアメリカが「対テロ戦争」を始めた時期に一致する。アメリカの関心が「テロ」に移行し、イスラエルもアメリカに歩調を合わせるように、「テロとの戦い」を強調し、ガザのハマスの制圧に躍起となり、二〇〇六年、二〇〇八〜〇九年、二〇一四年と三度にわたってガザ攻撃を行った。オバマ大統領はネタニヤフ首相に一七度会い、二〇一六年にその後一〇年にわたる三八〇億ドルの支援を約束したものの、イスラエルの入植を停止させることができなかった。

一九九三年に締結されたイスラエルとパレスチナの間の和平協定であるオスロ合意も、イスラエルのタカ派政権は実質的に反故にした。オスロ合意ではイスラエルは一九九九年までにヨルダン川西岸から撤退することになっていたが、それどころかイスラエルのヨルダン川西岸における入植地は増加し続けている。「パレスチナ解放機構（ＰＬＯ）」のウェブサイトには、「1．イスラエルは占領を終わらせることがなかった、2．イスラエルは不当な入植地を建設し、拡大させつつある、3．パレスチナの司法権が及ぶのは、ヨルダン川西岸の一七・二％の土地にすぎない、4．イスラエルはパレスチナの政治犯を釈放していない、5．イスラエルはパレスチナ人の移動の自由を認めていない、6．イスラエルは入植者の犯罪を黙認している」などイスラエルによるオスロ合意違反が列挙されている。

現在、イスラエルは歴史的に「パレスチナ」と呼ばれる地（ヨルダン川西岸、ガザ、イスラエルをカバーする地域）の八五％を支配しているが、「歴史的パレスチナ」に住むパレスチナ人たちは六三〇万人余りだが、そのうちの西岸・ガザのパレスチナ難民は一九八万人でこれら地域の四二％が難民の生活を強いられている。（「ザ・タイムズ・オブ・イスラエル」二〇一八年三月二八日）イスラエルの経済封鎖を受けるガザは世界で一番人口稠密で一平方キロあたりに実に五一五四人が住んでいる（パレスチナ中東統計局〔ＰＣＢＳ〕、二〇一六年）。一八年六月末現在で、イスラエルに拘束されるパレスチナ人政治犯は五九〇〇人で、そのうちの二九一人は子どもたちだ（「ワールド・ブリテン」一八年七月三〇日）。イスラエルは、ヨルダン川西岸の水源の八〇％を独占し、パレスチナ人たちのバンツースタン（アパルトヘイト時代の黒人の指定居住地域）化が進んでいる。

イスラエルの極右「イスラエル我が家」の党首のアヴィグドール・リーバーマン国防相が住むのはヨルダン川西岸、占領地の入植地だ。彼はモルドバのナイトクラブで用心棒をしていたが、一九七八年、二〇歳の時に旧ソ連モルドバからイスラエルに移住した。青年時代には、イスラエルの人種主義組織の「カハ」の指導者であるラビ・メイル・カハネに思想的影響を受けた。パレスチナ人の政治犯たちを死海で溺死させることを提案したり、またイスラエル国内にいる、イスラエル国籍をもつパレスチナ人たちを国外に強制移住すべきであると主張したりするなど人種主義的な言動を繰り返してきた。また、二〇〇六年にはガザのパレスチナ代表たちと面会したイスラエルのアラブ系国会議員を殺害することを要求するなど彼のタカ派的な言動は枚挙にいとまがない。

ミュージカル「屋根の上のバイオリン弾き」はロシアに住むユダヤ人の伝統的なしきたりが一つの家族

の中で次第に崩れていく様子をストーリーにするものだったが、家族はユダヤ人に対する暴力的襲撃（ポグロム）に遭ってニューヨークに向かうところで終わる。（原作ではパレスチナに移住していった。）ポグロムが始まったのは、一八八二年にロシア皇帝アレクサンドル2世の暗殺事件を契機にする。実行犯はユダヤ人ではなかったが、犯行に関与した中に一人のユダヤ人がいた。ユダヤ人に関するデマが飛び交い、それからおよそ二〇年にわたって約二〇〇の都市や町でポグロムが発生した。ポグロムはリーバーマン国防相の出身地であるモルドバでの発生件数が一番多かった。

旧ソ連が崩壊すると、ロシアなど旧ソ連からのユダヤ人移民は一〇〇万人にも上った。この旧ソ連からの移民はイスラエル政治の中ではとりわけタカ派的な発想で、パレスチナ人に対して強硬な政策を唱える。旧ソ連移民たちの最初の政党「イスラエル・バアリヤー」を立ち上げ、ヨルダン川西岸に入植地を拡大することを提唱したこともある。

他方、二〇一五三月に総選挙が行われたイスラエルでは、クネセト一二〇議席のうちネタニヤフ首相は連立によってかろうじて過半数の六一議席を確保し、新政権を成立させた。この連立政権の中には、ネタニヤフ首相の政党である右派リクードよりもタカ派で、極右政党の「ユダヤ人の家」が含まれる。こうした連立政権では少数政党がキャスティングボートを握り、「ユダヤ人の家」のような少数政党のイデオロギーや主張を無視することができない。しかも、ぎりぎりの段階で「ユダヤ人の家」が連立参加したことによって過半数に達したため、新政権はよけいにこの極端な政党の意向を無視できなくなった。

「ユダヤ人の家」は人種主義政党で、「パレスチナ人国家」を絶対に認めない立場をとり、ヨルダン川西岸におけるさらなる入植地拡大を主張する。つまりパレスチナ人に対するいっさいの法的保護を与えないというのがこの政党の考えである。それはあたかも、一九三五年に市民・人種に関するニュールンベルク法を制定し、ユダヤ人からドイツの市民権をはく奪したナチス政権の考えと酷似している。この法律でユダヤ人とドイツ人の通婚も禁止され、ドイツを去るユダヤ人も増えていった。アパルトヘイト政策（人種隔離政策）で悪名高かった南アフリカのボータ政権も、一九八四年に新憲法を制定したものの、黒人の政治参加を継続して認めず、秘密警察で黒人を弾圧していった。「ユダヤ人の家」は一八年八月九日に占領地における入植地建設四〇周年を祝う式典を開いた。

追放されるパレスチナのベドウィンたち

ベドウィンは、アラビア語では「バドウ」と呼ばれる人々で、アラビア語を話し、北アフリカ、アラビア半島、エジプト、イスラエル、イラク、シリア、ヨルダンなどに居住する。ベドウィンは中東全体の人口ではわずかだが、しかし広大な土地を利用する。彼らの多くは羊、ヤギ、ラクダ、馬などの家畜を飼い、冬の雨の多い季節には砂漠に移動し、また酷暑の夏季には耕作地に移り、農業や手工業などに従事する。第二次世界大戦後は各国政府によるベドウィンの定住政策が進んだ。

ベドウィンは飼う家畜によって分類され、活動範囲が広いラクダを所有するベドウィンのほうが社会的ステータスは上とされ、サハラ砂漠、シリア、アラビア半島の砂漠を拠点とする。その下に羊とヤギを飼うベドウィンがいて、ヨルダン、シリア、イラクの農耕地の近くに住む。第一次世界大戦後、ベドウィンたちは中東諸国政府の権威の下に置かれるようになった。ベドウィン社会の長はシャイフと呼ばれ、部族の長老たちの補佐を受けてきた。

イスラエル国内のネゲブ砂漠に住むベドウィンたちは、電気、水、下水、道路をほとんど利用できず、彼らの村はイスラエル当局による破壊の脅威に常にさらされてきた。イスラエル建国以前、現在のイスラエルのネゲブ砂漠に住む人々のほとんどがベドウィンたちであった。第一次中東戦争で九〇%のベドウィンたちが難民として流出し、一万一〇〇〇人がネゲブ砂漠に残ったが、現在は二〇万人が暮らしている。そのうちの半数がネゲブ砂漠のイスラエル政府指定の土地に住み、政府が合法と認めないベドウィンの村はイスラエル国内で最も失業や貧困率が高いコミュニティーとなっている。ビールシェバは、人口二〇万人余りのイスラエル第四の都市だが、この町の郊外にあるワディ・ナアムは一九五〇年代につくられたベドウィンの村で、この村にイスラエルが七〇年代に有毒廃棄物処理場を建設したため、ベドウィンたちに健康被害が出るようになり、またイスラエル軍の訓練キャンプに囲まれているために、不発弾に触れて犠牲になるベドウィンの子どもたちもいた。ワディ・ナアムの近くには、イスラエルの発電所があるが、ベドウィンたちにはその電力が供給されず、彼らは太陽光や発電機に頼ってきた。

イスラエル政府はネゲブ砂漠に住むワディ・ナアムなどのベドウィンたちを強制移住させ、イスラエル人のための新たな住宅（入植地）を建設することを意図している。ベドウィンたちはネゲブ砂漠の人口の三〇%を構成するが、定住させられれば彼らの伝統的な生活様式が奪われることになる。イスラエルのリーバーマン国防相は、ベドウィンたちが土地を盗み、力ずくで使用していると主張してきた。

イスラエルによるベドウィンへの過酷な措置は、ネゲブ砂漠だけではなく、占領地である東エルサレムでも同様で、二〇一七年一一月にアル・エイザリーヤ（「ラザルスの土地」というキリスト教にとっての聖地の一つ）の町の北に位置するアル・ババ山周辺のベドウィンたちの追放を決定した。ここには五七のベドウィンの家族、三〇〇人が住むが、住民たちはこの決定が不当なものだと抗議している。イスラエルはベドウィンたちを追放して、一万二〇〇〇戸の入植地の住宅を建設し、東エルサレムの八つの入植地を道路で連結することを考えているが、これを「大エルサレム」計画と呼んでいる。これが占領地住民たちを追放する民族浄化政策であることは間違いなく、ベドウィンたちを追放すれば、ヨルダン川西岸とエルサレムの分断が完成すると見られている。

パレスチナ人たちは希望を捨てない

あなたに幸せの意味を教えてくれる
あなたを大きく成長させてくれる
あなたに力を与え、あなたの強さを教えてくれる
希望はかけがえのない友達
時々姿を消してしまうかもしれないけど
決してあなたを裏切らない
他人の庭をいくら探しても
本当の幸せを見つけることはできない

これはパレスチナ・ガザ地区のハン・ユーニス難民キャンプで暮らす少女ルアさん（一五歳）がつくった「希望」という詩だ。

ピエール・クレヘンビュールＵＮＲＷＡ（パレスチナ難民救済事業機関）事務局長は、二〇一四年のイスラエルの攻撃で破壊されたＵＮＲＷＡが経営する学校の瓦礫の中からこの詩が書かれたノートを見つけた。見つけた時にはルアさんの消息はわからず安否を心配したという。

クレヘンビュール事務局長は、二〇一六年一〇月にＪＩＣＡのイベントで日本のパレスチナ支援に感謝と敬意を表するとともに、日本の戦後とほぼ同じくらいの期間、パレスチナ人たちは難民生活を余儀なくされていることを強調した。日本は戦後復興を遂げ、敗戦から一九年にしてオリンピックを開催するまでになった。しかし、パレスチナ人たちは難民キャンプに閉じ込められ、移動の自由もない生活を余儀なくされ、一五歳以下のガザの子どもたちは三度の戦争を経験した。

クレヘンビュール事務局長は、日本のパレスチナ人への教育支援は将来への投資に貢献するものであり、それは教育熱心なパレスチナ人への欲求に応えるものだと語った。同じ機会に清田明宏ＵＮＲＷＡ保健局長は、ＪＩＣＡがアラビア語の母子手帳を配布するなど医療面での日本の貢献に触れ、パレスチナでは貧困や運動不足（移動の自由がない）から糖尿病、高血圧、ガンで亡くなる人が多いことを紹介した。

クレヘンビュール事務局長は、パレスチナ人がこれまで難民としての暮らしたのと同じ時間だけ難民でいることは考えたくないと述べたが、そのためにはパレスチナ和平の前進が必要であることは言うまでもない。

パレスチナ社会にまったく希望が見えないというわけではない。「フォーブス」二〇一七年九月一三日の配信記事は、国連世界観光機関（ＵＮＷＴＯ）が発表した「世界観光指標（World Tourism Barometer）」によれば、一七年一月から四月の時期で昨年の同期間から旅行者の増加率が最も大きかったのはパレスチナ自治区（ガザを除くということだろうが）であったことを紹介している。意外かもしれないが、中東・北アフリカ諸国が健闘し、パレスチナ自治区は五七・八％増え（一六年はこの期間約四〇万人）、エジプトも五一％増加した。さらに、チュニジアが三二・五％、イスラエルが二五・一％と続いている。

イスラエルとパレスチナの女性たちによる「ＷＷＰ」（Women Wage Peace：女性が平和を遂行する）は、二〇一七年一〇月八日の晩にエルサレムで三万人の平和集会を開催した。この集会に先駆けて二週間前からガザ地区に近いイスラエルの都市スデロットを出発し、ヨルダン川西岸を通り、イスラエルに再び至る平和行進が行われたが、イスラエルのネタニヤフ首相とパレスチナのアッバース議長に和平交渉を呼びかけた。

ＷＷＰは二〇一四年のガザ戦争後に創設された組織で、現在は二万四〇〇〇人のメンバーがいて、イスラエル・パレスチナの和平合意が成立するまで運動を継続するという。和平合意は、パレスチナ国家承認、ヨルダン川西岸からのイスラエル入植地の撤退などが含まれるのだろうが、女性たちの声がイスラエル政治を動かす力になることが期待されている。

ガザの人々は命の尊厳を忘れない

二〇一八年八月一〇日、ガザのミュージシャンたちがその前日、九日にイスラエル軍の空爆によって破壊されたミスハール文化・科学財団のビルの瓦礫の上で演奏を行った。

このビルは五階建てで、コンサート・ホールもあったが、イスラエル軍はビルがハマスの軍事目的に使用されているという理由で空爆を行い、完全に破壊した。ガザの音楽家たちの演奏は、イスラエルの圧倒的な軍事力にも屈することのないパレスチナの人々の生命力や尊厳を世界に訴えているかのようだった。

イスラエル軍はこの攻撃がハマスによるロケット攻撃に応じたものだと主張し、ハマスのロケット弾一発はネゲブ砂漠にあるビールシェバの町に向けられたと主張した。イスラエル軍は、サイード・ミスハール・ビルの攻撃とともに、ハマスに深刻な打撃を加えることができたという声明を出した。

イスラエル国防軍はガザの一五〇カ所以上の標的を空爆したと発表したが、アメリカ国務省のヘザー・ノーアート報道官はハマスによるミサイル攻撃を批判し、アメリカはイスラエルが自国を防衛し、ハマスの挑発を防ぐための行動を支持すると述べた。

イスラエルは二〇〇七年から継続するガザへの経済封鎖を、ガザを軍事拠点とするハマスへの対抗措置として正当化しているが、イスラエルのネタニヤフ首相はガザで人道支援を行うＵＮＲＷＡをパレスチナ和平の政治的解決を目指すのではなく、反イスラエル感情を助長することによって難民問題を永続化させていると批判している。トランプ政権のクシュナー上級顧問が構想する和平プランは、パレスチナ人たちから難民として地位を奪うことによって、彼らの帰還の権利を奪い、いっそうの人道危機、不安定、暴力をもたらすものである。クシュナー顧問らが目指すＵＮＲＷＡの解体は、トランプ政権がパレスチナ和平交渉を完全に掌握したいという意図の下に行われているが、パレスチナなど中東情勢をいっそう動揺させる可能性がある。

一九九三年に成立したオスロ合意は、イスラエル・パレスチナの二国家共存を目指し、パレスチナ暫定自治機構を設立し、暫定自治開始から三年以内にエルサレムの帰属、パレスチナ難民、入植地や国境等の問題を含むパレスチナの最終的地位交渉を開始し、自治開始後五年をめどに両者が歴史的和解に至るというものだったが、トランプ政権はオスロ合意によって定められた交渉の重要なアジェンダをエルサレムに大使館を移転し、ＵＮＲＷＡを解体することですべて反故《ほご》にしようとしている。デヴィッド・フリードマン・駐イスラエルアメリカ大使はイスラエルの「国民国家法」を、入植地建設を推進するためにユダヤ人の民族的価値があるものと賞賛している。

パレスチナ人に寄り添った世界的なシェフ

二〇一八年六月八日、アメリカの人気シェフのアンソニー・ボーディン氏がフランスで亡くなった。詳細は不明だったが、自殺したとされる。彼は、ＣＮＮの取材で世界各地を歩き、現地の食事情を紹介する番組「パーツ・アンノウン（未知の場所）」を担当していた。

彼は、二〇一四年に全米のイスラム団体「ムスリム公共問題評議会（Muslim Public Affairs Council）」から表彰を受けた際に「パレスチナ人の基本的人権を奪うことほど恥ずべきことはない」と発言した。ボーディン氏は日々のニュースには現れない現地の事情を、食や文化、人々の暮らしを通じて掘り下げて紹介していた。

パレスチナ系カナダ人の人権活動家のダイアナ・バトゥ弁護士は「ボーディン氏はパレスチナ人たちを人間として凝視し、その眼差しがとても力強かった。彼は料理だけでなく、食をめぐるヒューマニティー、文化、また伝統までも愛した。彼は、パレスチナ人の食事情とともに、彼らがいかに人権をはく奪されているかという強いメッセージを伝え続けた」と語った。人口の半分が子どもたちであるガザを歩き、ガザの子どもたちに愛情ともいえる親しみをもち、優しく接し、彼らの境遇に強く同情した。

ボーディン氏はイランについてもその内側から見て、テヘランの街を歩いてイラン人たちに接すれば、ニュースから得られる印象とは異なる場所であり、人々を見て感じることは政府から聞かされる情報とは異なることが容易にわかるだろうと述べている。

イスラエル・ネタニヤフ政権はガザを「テロの温床」として経済封鎖し、トランプ大統領はイランを「テロ支援国家」と形容するとともに、イランに対する「史上最強」の制裁を科すと宣言している。

これらの対決的視点が、ガザの人々の人権を著しく侵害し、またイラン人たちを経済的困苦の下に置き、中東地域の緊張や不安定、暴力・紛争を招いてきた。ガザやイランを訪れれば、圧倒的多数の人々がボーディン氏の感じたようにテロとは無縁の気さくな人間味あふれる人々であることに容易に気づく。

ホーキング博士がパレスチナ問題で訴えた「正義」

二〇一八年三月にイギリスの著名な物理学者で、宇宙を探求し続けたスティーヴン・ホーキング博士が亡くなったが、彼もパレスチナ人にシンパシーを感じ続けた人だった。

二〇一三年六月中旬にイスラエルで開催される国際会議（「大統領会議」と呼称されるイスラエル大統領主催のもの）を欠席し、イスラエルとの学術交流を拒否する「アカデミック・ボイコット」に参加することになった。ホーキング博士は同年五月三日付の書面の中で、パレスチナ人研究者たちの「アカデミック・ボイコット」を尊重するようにという求めに応じたことを紹介した。「かりに会議に出席すれば、イスラエルの現政府のやり方は大悲劇をもたらすという見解を述べたであろう」とも語った。

ホーキング博士は、イスラエルの研究機関、とりわけ大学がパレスチナ人への抑圧に加担・協力していることに疑問を抱き、特にパレスチナ人たちの犠牲をもたらすイスラエル軍との共同の研究や訓練については強く否定的な見解をもっていた。ホーキング博士は、イスラエル政府が大学教員、芸術家、さらには他の文化関係者たちを動員して国のイメージを高め、国際社会の目をパレスチナ人への抑圧からそらそうとしていると考えていた。

ホーキング博士が参加した「BDS（Boycott, Divestment and Sanctions Movement＝ボイコット・資本引上げ・制裁運動）」は、イスラエルに占領と経済封鎖を終わらせ、難民の帰還権などパレスチナ人の生きる権利を尊重し、あらゆる形態の差別を撤廃するようにイスラエルに圧力をかけるものだ。

二〇一七年二月には、ホーキング博士はパレスチナ人の物理を専攻する学生たちが研究を継続できるように、自身のフェイスブックページで献金を呼びかけたこともあり、研究活動・協力、出版の自由のためならば世界のどこの研究者の活動も支援すると述べている。

偉大な物理学者は亡くなったが、その中東問題に関する「公正」な精神や想いはずっと生き続けるだろう。特にトランプ政権が不公平なパレスチナ政策を進める中で博士の訴えは貴重なものに思えてくる。

ホーキング博士は、二〇〇四年一一月、ロンドンのトラファルガー広場で開かれた集会で、イラク戦争は虚偽に基づく「戦争犯罪」だと断じた。ホーキング博士は、戦争はイラクが大量破壊兵器を保有していたこと、またイラクのサダム・フセイン政権が九・一一の同時多発テロに関与したという二つのウソに基づくものであると主張した。イラク戦争は家族を亡くしたイラク人たちにとって悲劇であり、一〇万人の犠牲者のうち半数は女性や子どもであり、これが戦争犯罪でなければ、戦争犯罪とはいったい何なのかと語った。

トランプ政権のパレスチナ政策を批判するセレブたち

トランプ政権は二〇一八年一月一六日に国連パレスチナ難民救済事業機関（ＵＮＲＷＡ）への拠出金一億二五〇〇万ドルのうち六五〇〇万ドルの支払いを凍結した。ガザ地区では人口二〇〇万人の半分以上がＵＮＲＷＡの食糧支援に頼る中で人道的危機が起こることが懸念された。これに対して、一月二五日に俳優のヒュー・グラントやエマ・トンプソン、映画のケン・ローチ監督らがトランプ政権の措置を「ＵＮＲＷＡへの攻撃」と形容し、「パレスチナ難民を支持する」という声明を出した。（「毎日新聞」）

大使館をエルサレムに移転するなどトランプ政権のパレスチナ政策に憤る著名人は少なくない。五月一四日にエルサレムに大使館を移転されたことに抗議するデモの中でパレスチナ人が銃撃で五〇人余り（翌日には六二人）が犠牲になると、歌手・女優のベット・ミドラーは、「五二人が大使館移転に抗議して亡くなった。有り難う、ゲス野郎。トランプよ、あんたの無知で、認知症のような行為でこんなことになってしまったわ。わかってる？　殺されたパレスチナ人たちには家族がいるのよ」とツイートした。また、コメディアンのチェルシー・ハンドラーは、「イヴァンカとジャレッドはアメリカを代表する資格もないのに、忙しいスケジュールをわざわざ割いてアデルソン（トランプ大統領に献金するユダヤ系アメリカ人のカジノ王）の寄付と引き換えに、五〇余人が犠牲になる中で首都移転を祝うなんて嬉しい限りだわ」とツイッターで述べた。さらに、俳優のジェフリー・ライトは、五八人が犠牲になるなんてパレスチナ人の人命を過小評価するのもいいところだとつぶやいた。

ＣＮＮのコメンテーターでのマーク・ラモント・ヒル・テンプル大学教授は、「パレスチナ人に愛、支持、連帯を送る」と述べ、バーニー・サンダース上院議員は、「『ハマス』は無防備なパレスチナ人を銃撃する口実とはならない」とイスラエルの措置を強く批判した。

アメリカは「アラブの大義」を軽んずることはできない

二〇一八年七月二九日、イスラエルのリベラル系新聞「ハアレツ」は、サウジアラビアのサルマン国王からホワイトハウスに宛てた書簡を紹介したが、その中でサルマン国王はトランプ大統領によるパレスチナ和平プランを拒絶した。

トランプ大統領が構想する和平プランは「世紀のディール」と形容されているが（その言葉の響きだけでも不真面目な印象を受ける）、サルマン国王はかりに東エルサレムがパレスチナ国家の首都とされなければ、和平案に賛同できないと主張している。

サルマン国王は、二〇〇二年にアラブの地域機構である「アラブ連盟」において採択された「アラブ和平イニシアチブ」を今でも尊重していると語った。この「イニシアチブ」は、東エルサレムを首都とするパレスチナ国家創設に支持を与えるというもので、イスラエルが、全占領地から撤退すること、またパレスチナ難民問題の公正な解決を求め、かりにイスラエルが受け入れれば、イスラエルとの紛争終結・和平合意、及び正常な関係の構築を実施するという内容になっている。

サルマン国王はトランプ政権の高官たち、またパレスチナ自治政府のアッバース議長、その他のアラブ諸国の指導者たちとの一連の電話会談の中で、「アラブ和平イニシアチブ」による中東和平の実現を確認しているという。サルマン国王は、またパレスチナ自治政府に八〇〇〇万ドル（八九億円余り）相当の援助を行う考えを明らかにした。これは、トランプ政権によって凍結されたパレスチナ支援のための資金に代わるものだ。

サルマン国王は、トランプ政権によるエルサレムがイスラエルの首都であるという認定やアメリカ大使館のエルサレム移転に反発したと見られている。外交筋によれば、サウジアラビア政府は、アメリカの大使館移転の前に両国の間で取り交わされた公約は実施できないとも述べたとされる。

サウジアラビアの外交官は、アメリカはサウジアラビアが他のアラブ諸国にも圧力をかけてアメリカの和平プランを受け入れさせることを望んだのかもしれないが、アラブの指導者たちは、エルサレムも、パレスチナ人も放棄することができないと述べた。

アメリカ大使館のエルサレム移転については、アラブ諸国の抗議の声が盛り上がらないという印象もあったが、サルマン国王の姿勢は、トランプ政権にすり寄る姿勢を見せてきたムハンマド皇太子とは対照的に、エルサレムやパレスチナ人という「大義」をアラブ世界に確認させることになった。イエメンに対する軍事介入も空爆停止など和平に向かうようにサルマン国王には影響力を行使するのが望ましいが、彼の姿勢は親米のサウジアラビアが一九七三年にアラブのエジプト・シリアと戦うイスラエルを支援するアメリカに石油禁輸の措置を発動させたことを彷彿させるものである。

ヘイトは平和への解決ではない

アメリカ公民権運動の指導者マーチン・ルーサー・キング牧師が暗殺されてから二〇一八年四月四日で五〇年となった。長男の人権活動家のマーチン・ルーサー・キング3世は、キング牧師の遺産について、

「父は三つの悪を根絶したいと話していた。貧困、人種差別、軍国主義と暴力だ。そして自由や正義、平等を求めて闘った。こうした努力が一九六四年の公民権法成立などにつながった」と語った。（「日経新聞」二〇一八年三月三一日）

「私には夢がある。それは、いつの日か、ジョージア州の赤土の丘で、かつての奴隷の息子たちとかつての奴隷所有者の息子たちが、兄弟として同じテーブルにつくという夢である。」――キング牧師

二〇一三年に制作されたドキュメンタリー映画「Al Helm: Martin Luther King in Palestine」（アル・ヘルム：パレスチナのマーチン・ルーサー・キング、「ヘルム［フルム］」はアラビア語で「夢」の意味）は、アメリカの黒人のコーラス・グループがパレスチナのヨルダン川西岸を訪れ、歌や演劇でキング牧師の生涯を演ずる中で、パレスチナ人との間で人権や社会正義、非暴力のパワーについて相互に理解を深めていくという内容だ。アメリカの公民権運動と、占領地での人権状況の改善が重なって表現される。

アメリカのコーラス・グループは、アメリカのメディアによってパレスチナ人たちが憤ってテロを行う人々というイメージをもち、他方でパレスチナ人たちはアメリカがイスラエルを無条件に支援する国と考えている。ヨルダン川西岸のジェニンの難民キャンプでの公演は芸術が暴力をなくす手段と考える、イスラエル人とパレスチナ人を両親にもつジュリアーノ・メル＝ハーミスが運営する劇場で行われ、またコーラス・グループは、正義、公正の実現のために非暴力運動を唱えるパレスチナ人のファーディ・クルアーンに面会する。

公演期間中の四月四日、キング牧師が暗殺された日に、メル＝ハーミスもパレスチナ過激派によって暗殺される。しかし、ファーディ・クルアーンは、このような暴力はパレスチナ問題の解決には何らかも有益ではなく、キング牧師の非暴力の姿勢がアメリカ社会に彼の大義の正しさを教えたように、非暴力の運動でパレスチナ人の主張を世界に訴え、正義や公正を実現することを決意する。

自身のマンチェスターでのコンサートでテロが起きたアリアナ・グランデは二〇一七年五月二七日にツイッターで長文のメッセージを出し、「皆さんが示してくれた思いやりや優しさ、愛、強さ、連帯の力は、月曜日（一七年五月二二日）に起きたことと同様に非道な行為をしようとする悪意とは真逆なものです。テロで私たちは分断などされませんし、ヘイトによって私たちが支配されることはありません」と語った。マンチェスター・アリーナで行われたアリアナ・グランデのコンサートが終わった後、エントランス・ロビー付近で爆破が起こり、二三人が死亡した。容疑者はリビア人の難民を両親とする第二世代のイギリス人であった。イギリス在住のリビア系移民・難民はおよそ一万六〇〇〇人と見積もられているが、イギリスに経済的、政治的により良い生活を夢見て移住してきた人たちだ。

その後、アメリカのマティス国防長官は同年五月二八日に、アメリカのＩＳに対する戦略が消耗戦より殲滅《せんめつ》戦に入ったと語った。その視野にあるのは、ＩＳを包囲して皆殺しのような状態にし、外国人のメンバーが出身国に戻ることを不可能にさせ、ヨーロッパなどでのテロを行わせないというものだ。

（http://www.defenddemocracy.org/media-hit/thomas-joscelyn-unfinished-business/）

しかし、このような考えがサミュエル・ハンチングトンの唱えた「文明間の衝突」構造を強め、欧米との対立によってその求心力を高めようとするＩＳのような過激派の考えにかなうものであることは疑いがない。戦争という発想や手段に訴える国は、結局は敗北することは第二次世界大戦後にイギリスが経験した植民地解放運動によっても明らかだ。イギリスは軍事力、警察力によって植民地を維持することが困難になってインドなどを放棄したが、「日の没することのない大英帝国」は莫大な軍事費が大きな負担となって崩壊した。

イギリスのメイ首相は一七年六月四日、マンチェスター事件の背後にイスラムに訴える過激主義があり、それには寛容な態度は取らないと述べ、警察権限の強化など対テロ政策の見直しを行う考えを示した。

しかし、イギリスやアメリカは「対テロ戦争」がどのような形態で勝利するかというシナリオも持ち合わせていない。メイ首相やマティス国防長官が唱えるような軍事力や警察力でテロを封じることがほとんど不可能で、アリアナ・グランデが説くように、教育や雇用などで差別を受け、貧困の下に置かれ、偏見をもたれる国内のムスリムに対して「愛や優しさ」を伝える具体的な施策を行ってこそテロは抑制される。

コービン党首はイスラエルのユダヤ人国家法に反対する

イギリス労働党のジャレミー・コービン党首がイスラエルの国民国家法がパレスチナ人を差別するものだと八月一三日にツイートした。この批判はイスラエルのネタニヤフ首相が、コービン党首が二〇一四年にチュニジアで、一九七二年のミュンヘン・オリンピックでイスラエルの選手・コーチを襲撃した「黒い九月」のメンバーの献花式に出席したことを指摘したことに対する反論の中で行われた。

コービン党首は、一一日にイスラエル・テルアビブで行われた集会で国民国家法に反対したパレスチナ人やイスラエル人と共にあることを明らかにした。

ネタニヤフ首相は、コービン党首が「黒い九月」のメンバーの墓で献花を行ったことは、彼がイスラエルをナチズムにたとえることと同様に誰からも批判を受けるとツイートした。

しかし、コービン党首は、ネタニヤフ首相は虚偽を伝えていると反論し、一九八五年にイスラエルの空爆によって犠牲となった四七人のパレスチナ人の墓で献花を行ったことを明らかにしていて、「黒い九月」のメンバーたちの墓は、イスラエルの空爆で犠牲になった人々の墓にごく近いところにあると述べている。また、献花は一九九二年にイスラエルのモサドによってフランス・パリで殺害された人々に対しても行われたと語った。また、コービン党首は暴力のサイクルでは平和を創造することができず、平和は対話のみによって達成できると語った。

コービン党首は、反論の余地のない非難は二〇一八年三月末以来一六〇人を殺害したイスラエルの行為にこそ向けられるべきであるとも主張している。国民国家法は東西エルサレムをイスラエルの首都とするとともに、イスラエルをユダヤ人国家として、さらに少数派の国民たちを疎外するものであるとコービン党首は述べている。

彼はまたイスラエルのヨルダン川西岸占領は、第二次世界大戦の際にヨーロッパの多くの人々が体験したことと同様であるとも語った。コービン党首はイギリスが労働党政権になれば、パレスチナ国家を認め、二国家共存による和平を目指していくとも主張している。コービン党首はイギリス政府が、イスラエルによって占領されているヨルダン川西岸と東エルサレム、またガザを領土とするパレスチナ国家を承認するように、イギリス政府に要求している。また、彼はトランプ大統領によるエルサレムへの大使館移転が破滅的な誤りであったと形容し、和平への重大な脅威であると語った。パレスチナ和平の進展には、世界各地でトランプ政権や、ネタニヤフ首相の「無法ぶり」が指摘され、非難されて正当な和平への道のうねりになることが求められている。

パレスチナ人を支えてきた日本

日本は中東に関して同盟国であるアメリカとは異なる独自の目標をもち続けるべきだろう。そのような認識は、対テロ戦争後のアフガン戦争、イラク戦争の復興に日本が力を注いだことにも見られた。こうした姿勢はアメリカがトランプ政権の奇矯な、国際法を破り、国際的合意から離脱する中では重要である。国際社会の安全にとって重大な脅威であるイスラム過激派台頭の背景には、地域における社会・経済問題がある。日本には中東イスラム諸国の市場経済化が成功するように投資を増やしたり、技術を供与したりして、その後押しをしていくことが求められる。こうした努力はすでに長期にわたって行われてきたが、その継続や充実が求められている。また、日本の得意な環境技術を中東イスラム諸国に伝えることも可能だ。近年湾岸のアラブ諸国は、石油が枯渇した時や、より多くの石油を輸出に向けるために、風力発電や太陽光発電に関心をもち始めているが、太陽光パネルの価格で中国などとの競合はあるものの、この分野で日本の技術が役立つことは明らかである。

日本は中東和平プロセスの重要性を認め、一九九三年のオスロ合意後、パレスチナ人の環境・生活状態の改善のための努力を図ってきた。また、日本はガザ地区の下水道施設の整備に力を注ぎ、また西岸のエリコに病院を建設した。エリコの病院はパレスチナ人によって高く評価されているが、イスラムは社会福祉を重視する宗教なので、日本のこうした努力はイスラムの宗教的見地からもその継続が求められている。

日本は、さらに西岸に農業団地をつくり、パレスチナ人の職の創出を考えるようになった。二〇〇七年四月に日本はイスラエル、パレスチナ、ヨルダンの高官たちを招いて日本の目標を説明し、協議を行ったように、日本はイスラエル、パレスチナ、アラブ諸国の信頼醸成のための努力を払ってきた。

中東和平が進展すれば、イスラム過激派などによる「イスラエル解体」の訴えも説得力をもたなくなる。イスラエルのネタニヤフ政権は、国際法に違反してアラブ人が永く居住してきた東エルサレムに入植地を拡大させているが、トランプ政権は支持するものの、世界の多くの国々、多くの人々が反対する中で、日本も国際社会と協力して新たな占領地の入植を停止するようにイスラエルに継続して、粘り強くアピールしていくべきである。日本は二〇一八年五月に安倍首相がイスラエルを訪問し、日本がパレスチナ和平の二国家解決を支持したり、イスラエルの入植地建設の自制を求めたりしているが、たとえばイラン核合意、パレスチナ和平などの多国間協議には加われないでいる。国際社会から信頼されるような調停役にいかに日本がなるか、政府には知恵を絞ってほしい。日本の積極的で、主体的な姿勢は中東諸国の人々の心をとらえることができることと思う。

一八年七月二六日付の「パレスチナ解放通信（WAFA）」は、日本政府がヨルダン川西岸の「エリコ農産加工団地（JAIP）」で創業する「ペーパー・パル社」に三八万四〇〇〇ユーロ（およそ五〇億円）を寄付したことを報じた。ペーパー・パル社は環境に配慮したリサイクル紙を製造する企業で、大久保武・パレスチナ関係担当大使は「この取り組みがパレスチナ経済を強化するだけでなく、地域の安定に寄与しうる」と語った。同じ日のWAFAは、日本の「草の根・人間の安全保障無償資金協力（GGP）」でヨルダン川西岸北部のサルフィート県に対して八万九七〇〇ドル（約一〇億円）相当の電力支援事業が完成したことを報じている。電力の充実が民生の安定に寄与することは言うまでもなく、その恩恵を受けるのは四五〇世帯、二七〇〇人のパレスチナ人たちだ。七月二六日にサルフィート県を訪問した大久保大使は、日本がパレスチナ人の「人間の安全保障」に強く関わっていく決意を明らかにした。

(http://english.wafa.ps/page.aspx?id=kYZ056a98543553867akYZ056)

(http://english.wafa.ps/page.aspx?id=GSVKgRa98547360879aGSVKgR)

エリコ農産加工団地は、日本が提唱するパレスチナ和平構想「平和と繁栄の回廊」の中核事業で、パレスチナ企業一二社が操業し、約二〇〇人の雇用を生んでおり、さらにペーパー・パル社が加わることになった。エリコ農産加工団地は最終的には五〇〇〇人の直接雇用と一万人の間接雇用を目指している。アメリカ大使館のエルサレム移転などパレスチナ和平の先行きが曇る中で日本の支援はパレスチナ人たちに少なからぬ光明を与えるものであるだろう。

パレスチナ和平には日本人一人一人が貢献できることも少なからずあるだろう。パレスチナで生産されるオリーブ・オイルに含まれるオレイン酸には、高血圧や動脈硬化、心筋梗塞といった生活習慣病を防ぐ効果もある。パレスチナ製品を購入することがパレスチナ人の生活支援に貢献するものであることは言うまでもない。

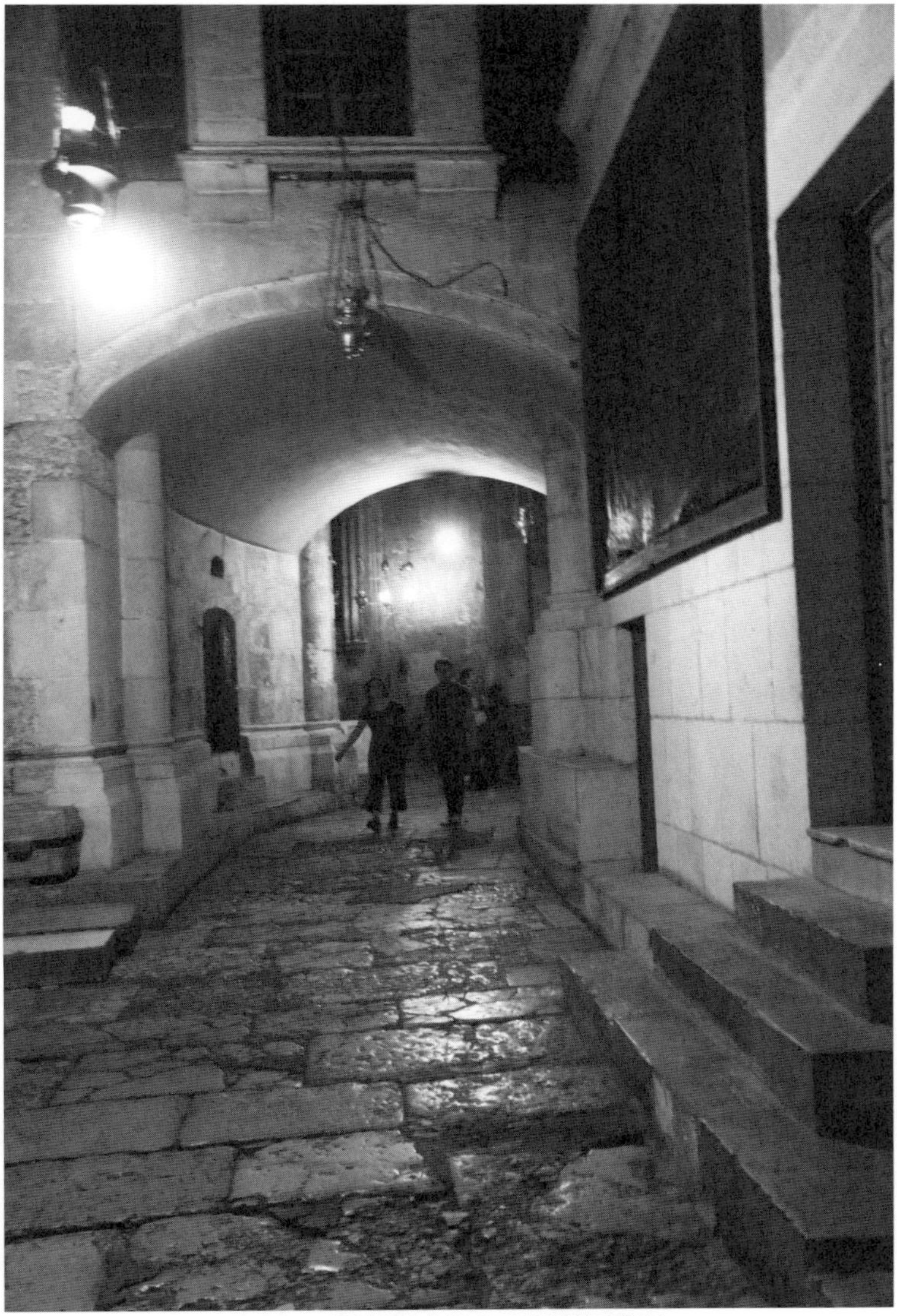

エルサレム聖墳墓教会（キリスト教各派の聖地）

宮田　律（みやた・おさむ）
1955年生まれ。慶應義塾大学文学部卒業。同大学大学院文学研究科史学専攻修士課程修了。カリフォルニア大学ロサンゼルス校（UCLA）大学院修士課程（歴史学）修了。一般社団法人・現代イスラム研究センター理事長。専門はイスラム地域研究、国際関係論。
著書に『中東イスラーム民族史』（中公新書）、『イスラムの人はなぜ日本を尊敬するのか』（新潮新書）、『石油・武器・麻薬』（講談社現代新書）、『オリエント世界はなぜ崩壊したか』（新潮選書）などがある。

無法者《むほうもの》が塗《ぬ》り替《か》える中東地図《ちゅうとうちず》

印　刷　　2018年9月15日
発　行　　2018年9月30日

著　者　　宮田《みやた》　律《おさむ》
発行人　　黒川昭良
発行所　　毎日新聞出版
〒102-0074東京都千代田区
九段南1-6-17　千代田会館5階
営業本部　03（6265）6941
図書第二編集部　03（6265）6746
印　刷　　精文堂印刷
製　本　　大口製本

　ISBN978-4-620-32543-9